# 金融营销学
# 原理与实践

牛淑珍　王峥　于洁　主编

Financial Marketing
Principles and Practice

复旦大学出版社

## 内容简介

金融营销教材的理论体系是市场营销学框架与金融行业特点的结合。本教材基于互联网金融、金融大数据背景探讨金融与营销学科的融合。随着互联网金融和大数据的发展，金融营销学变得越来越重要。

本书以我国金融业现状为背景，阐述了金融营销的基本概念、方法和原则，系统介绍了金融营销领域的诸多问题，包括金融营销战略、金融品牌营销、金融服务营销、金融大数据营销、金融营销客户行为分析、金融营销产品策略、金融营销定价策略、金融营销渠道策略以及金融营销促销策略。除了突出这些理论特色以外，本书根据近年来金融行业的发展变化，还引用了大量的金融实例和素材来诠释营销学在金融领域的运用；为反映互联网时代金融的变化，增加了针对金融大数据、互联网+创新等方面的案例；为适应高校培养应用型人才的需要，增加了一些实训项目的内容。

本书既可作为高等院校管理专业、金融专业的教材，也适合作为金融机构的培训教材。

# 目　　录

## 第 I 篇　认识金融营销：创造和传递价值

### 第一章　金融营销基础 ································································ 3
本章知识结构图 ································································· 3
知识目标 ········································································· 3
能力目标 ········································································· 3
导入案例 ········································································· 4
1.1　营销与金融营销 ··························································· 6
　　1.1.1　市场营销学的形成 ················································ 7
　　1.1.2　市场营销的定义 ···················································· 8
　　1.1.3　对营销的误解 ······················································ 8
　　1.1.4　金融营销的含义 ··················································· 11
　　1.1.5　金融营销的要素 ··················································· 12
1.2　金融营销的演变历程 ····················································· 14
　　1.2.1　市场营销管理哲学的演变 ······································· 15
　　1.2.2　市场营销管理哲学的比较 ······································· 16
　　1.2.3　金融营销的发展过程 ············································· 17
1.3　金融营销的价值 ··························································· 19
　　1.3.1　顾客眼中的价值 ··················································· 20
　　1.3.2　金融机构眼中的价值 ············································· 20
　　1.3.3　社会眼中的价值 ··················································· 22
　　1.3.4　本书架构 ···························································· 22
本章小结 ········································································· 23
关键术语（中英对照） ························································ 23
思考题与实践训练 ······························································ 24
课程互动讨论 ··································································· 24

# 第Ⅱ篇 洞察金融市场：理解消费者的价值需求

## 第二章 金融营销环境 ... 29
- 本章知识结构图 ... 29
- 知识目标 ... 29
- 能力目标 ... 30
- 导入案例 ... 30
- 2.1 金融市场营销环境概述 ... 33
  - 2.1.1 金融营销环境概述 ... 33
  - 2.1.2 金融营销环境的特征 ... 34
  - 2.1.3 金融企业与营销环境的关系 ... 35
- 2.2 金融营销微观环境 ... 37
  - 2.2.1 金融企业内部 ... 37
  - 2.2.2 供应者 ... 38
  - 2.2.3 营销中介 ... 38
  - 2.2.4 顾客 ... 38
  - 2.2.5 竞争者 ... 39
  - 2.2.6 公众 ... 40
- 2.3 金融营销宏观环境 ... 40
  - 2.3.1 人口环境 ... 41
  - 2.3.2 经济环境 ... 44
  - 2.3.3 科技与资源环境 ... 45
  - 2.3.4 政治与法律环境 ... 47
  - 2.3.5 社会文化环境 ... 47
- 2.4 营销环境分析及对策 ... 48
  - 2.4.1 环境分析法——SWOT分析法 ... 48
  - 2.4.2 企业应对环境影响的对策 ... 49
- 本章小结 ... 50
- 关键术语（中英对照） ... 51
- 思考题与应用 ... 51
- 课程互动讨论 ... 51

## 第三章 金融营销中的购买者行为 ... 53
- 本章知识结构图 ... 53
- 知识目标 ... 53

能力目标 ········································································· 53
　　导入案例 ········································································· 54
　3.1　金融客户的含义与分类 ·························································· 56
　　　3.1.1　金融客户的含义 ························································· 56
　　　3.1.2　金融客户的分类 ························································· 57
　3.2　个人购买者及行为分析 ·························································· 59
　　　3.2.1　消费者购买行为 ························································· 59
　　　3.2.2　消费者购买行为模式 ····················································· 60
　　　3.2.3　影响消费者购买的主要因素 ··············································· 61
　　　3.2.4　消费者购买决策过程 ····················································· 68
　3.3　机构购买者及行为分析 ·························································· 70
　　　3.3.1　机构购买者的行为特征 ··················································· 71
　　　3.3.2　影响机构购买行为的因素 ················································· 72
　　　3.3.3　机构购买决策过程 ······················································· 74
　本章小结 ············································································ 76
　关键术语（中英对照） ································································ 76
　思考题与实践训练 ···································································· 77
　课程互动讨论 ········································································ 77

## 第四章　金融市场调研

　本章知识结构图 ······································································ 79
　知识目标 ············································································ 79
　能力目标 ············································································ 79
　导入案例 ············································································ 80
　4.1　金融市场调研概述 ······························································ 82
　　　4.1.1　金融市场调研的含义和作用 ··············································· 82
　　　4.1.2　金融市场调研的历史沿革 ················································· 83
　　　4.1.3　金融市场调研的特点 ····················································· 83
　　　4.1.4　营销调研的类型 ························································· 84
　4.2　金融市场调研的内容与过程 ······················································ 84
　　　4.2.1　金融市场调研的内容 ····················································· 84
　　　4.2.2　金融市场调研的过程 ····················································· 86
　本章小结 ············································································ 91
　关键术语（中英对照） ································································ 92
　思考题与应用 ········································································ 92
　课程互动讨论 ········································································ 92

## 第Ⅲ篇　明确战略方向：制定营销价值决策

### 第五章　金融市场细分与定位 ... 99
本章知识结构图 ... 99
知识目标 ... 99
能力目标 ... 99
导入案例 ... 100
5.1　市场细分 ... 102
　　5.1.1　概念以及细分市场依据 ... 102
　　5.1.2　市场细分的流程以及有效细分的条件 ... 107
5.2　目标市场的选择 ... 109
　　5.2.1　评估目标市场 ... 109
　　5.2.2　目标市场选择策略 ... 110
　　5.2.3　目标市场选择因素 ... 112
5.3　差异化与市场定位 ... 113
　　5.3.1　差异化和市场定位的含义 ... 114
　　5.3.2　定位方式 ... 115
　　5.3.3　市场定位的具体过程 ... 117
本章小结 ... 118
关键术语（中英对照） ... 119
思考题与应用 ... 119
课程互动讨论 ... 120

## 第Ⅳ篇　设计营销组合：创立、交付与传播价值主张

### 第六章　金融营销产品策略 ... 123
本章知识结构图 ... 123
知识目标 ... 123
能力目标 ... 123
导入案例 ... 124
6.1　产品概念与金融产品特点 ... 125
　　6.1.1　金融产品的含义 ... 126
　　6.1.2　金融产品的特征 ... 126
　　6.1.3　产品概念的层次 ... 128
　　6.1.4　金融产品的主要类型 ... 129

6.2 产品生命周期策略 ·········································································· 130
  6.2.1 产品生命周期的含义 ········································································ 130
  6.2.2 各阶段的特点及营销目标 ·································································· 131
6.3 金融新产品开发过程及策略 ································································ 134
  6.3.1 新产品的概念 ·················································································· 134
  6.3.2 新产品开发管理程序 ········································································ 135
6.4 金融产品的品牌创建 ········································································ 140
  6.4.1 品牌概念 ························································································ 140
  6.4.2 金融产品的品牌策略 ········································································ 142
本章小结 ······························································································ 142
关键术语（中英对照） ·············································································· 143
思考题与应用 ······················································································· 143
课程互动讨论 ······················································································· 144

## 第七章 金融营销定价策略 ························································ 145

本章知识结构图 ··················································································· 145
知识目标 ···························································································· 145
能力目标 ···························································································· 145
导入案例 ···························································································· 146
7.1 定价策略概述 ················································································ 147
  7.1.1 金融产品的定价目标 ········································································ 148
  7.1.2 影响定价的主要因素 ········································································ 150
7.2 金融营销定价的具体方法 ·································································· 157
  7.2.1 成本导向定价 ·················································································· 157
  7.2.2 竞争导向定价 ·················································································· 159
  7.2.3 需求导向定价 ·················································································· 161
7.3 常用的价格营销策略 ········································································ 162
  7.3.1 心理定价策略 ·················································································· 162
  7.3.2 折扣定价策略 ·················································································· 163
  7.3.3 产品生命周期定价策略 ····································································· 163
  7.3.4 价格调整策略 ·················································································· 164
本章小结 ···························································································· 165
关键术语（中英对照） ·············································································· 165
思考题与应用 ······················································································· 166
课程互动讨论 ······················································································· 166

## 第八章  金融营销渠道策略 ········· 169

本章知识结构图 ········· 169
知识目标 ········· 169
能力目标 ········· 169
导入案例 ········· 170

### 8.1 金融渠道概述 ········· 172
8.1.1 分销渠道的概念 ········· 172
8.1.2 金融渠道的特点与功能 ········· 173
8.1.3 金融渠道的类型 ········· 174

### 8.2 金融渠道设计策略 ········· 176
8.2.1 分销渠道设计框架 ········· 177
8.2.2 影响金融渠道设计的主要因素 ········· 180
8.2.3 需求分析与目标确定 ········· 181
8.2.4 设计方案评估与决策 ········· 182

### 8.3 金融渠道管理决策 ········· 185
8.3.1 金融渠道管理目标 ········· 185
8.3.2 分销渠道冲突与协调 ········· 186
8.3.3 激励渠道成员 ········· 188

本章小结 ········· 189
关键术语(中英对照) ········· 189
思考题与应用 ········· 190
课程互动讨论 ········· 190

## 第九章  金融营销促销策略 ········· 193

本章知识结构图 ········· 193
知识目标 ········· 193
能力目标 ········· 194
导入案例 ········· 194

### 9.1 促销与促销组合 ········· 196
9.1.1 促销及其作用 ········· 196
9.1.2 促销组合 ········· 197

### 9.2 人员推销策略 ········· 198
9.2.1 人员推销的特点 ········· 199
9.2.2 人员推销的程序 ········· 199
9.2.3 销售队伍的管理 ········· 202

### 9.3 广告策略 ········· 204

  9.3.1 广告目标的制定 …………………………………………………… 204
  9.3.2 广告主题的确定 …………………………………………………… 205
  9.3.3 广告媒体的选择 …………………………………………………… 205
  9.3.4 广告效果的测定 …………………………………………………… 206
 9.4 公共关系策略 ………………………………………………………………… 208
  9.4.1 公共关系的对象 …………………………………………………… 208
  9.4.2 公关营销的实施步骤 ……………………………………………… 210
 9.5 销售促进策略 ………………………………………………………………… 212
  9.5.1 销售促进的特点 …………………………………………………… 212
  9.5.2 销售促进的类型 …………………………………………………… 213
  9.5.3 销售促进的方法 …………………………………………………… 213
本章小结 ………………………………………………………………………………… 214
关键术语(中英对照) …………………………………………………………………… 214
思考题与应用 …………………………………………………………………………… 215
课程互动讨论 …………………………………………………………………………… 215

## 第十章 金融服务营销策略与客户关系管理 ……………………………………… 218

本章知识结构图 ………………………………………………………………………… 218
知识目标 ………………………………………………………………………………… 218
能力目标 ………………………………………………………………………………… 219
导入案例 ………………………………………………………………………………… 219
 10.1 金融服务营销策略概述 …………………………………………………… 220
  10.1.1 金融服务营销的内涵与特点 …………………………………… 221
  10.1.2 服务营销对策 …………………………………………………… 222
  10.1.3 服务营销要素 …………………………………………………… 225
 10.2 银行服务营销 ……………………………………………………………… 226
  10.2.1 银行营销人员的构成 …………………………………………… 226
  10.2.2 银行服务营销策略 ……………………………………………… 227
 10.3 证券服务营销 ……………………………………………………………… 230
  10.3.1 证券营销人员构成 ……………………………………………… 230
  10.3.2 证券服务营销策略 ……………………………………………… 231
 10.4 保险服务营销 ……………………………………………………………… 234
  10.4.1 直接保险服务营销 ……………………………………………… 235
  10.4.2 间接保险服务营销 ……………………………………………… 238
  10.4.3 我国保险销售中存在的问题 …………………………………… 238
  10.4.4 保险销售问题的解决对策 ……………………………………… 239

本章小结 · 240
   关键术语(中英对照) · 241
   思考题与实践训练 · 241
   课程互动讨论 · 242

# 第Ⅴ篇　金融营销扩展:新市场与新领域

## 第十一章　互联网金融与营销创新 · 247
   本章知识结构图 · 247
   知识目标 · 247
   能力目标 · 248
   导入案例 · 248
   11.1 互联网金融的含义 · 250
      11.1.1 互联网金融的概念 · 250
      11.1.2 整体格局与发展历程 · 251
      11.1.3 互联网金融的主要特征 · 251
      11.1.4 互联网金融在中国的现状 · 252
   11.2 互联网金融的主要形式 · 252
      11.2.1 众筹 · 253
      11.2.2 P2P 网贷 · 254
      11.2.3 第三方支付 · 255
      11.2.4 数字货币 · 257
      11.2.5 大数据金融 · 259
      11.2.6 信息化金融机构 · 259
      11.2.7 金融门户 · 260
   11.3 互联网金融的营销创新 · 261
      11.3.1 互联网金融营销的定义 · 261
      11.3.2 大数据对金融营销的影响 · 261
      11.3.3 互联网金融营销的发展特点 · 262
      11.3.4 互联网金融营销的创新应用 · 265
   本章小结 · 266
   关键术语(中英对照) · 266
   思考题与实践训练 · 267
   课程互动讨论 · 267

**参考文献** · 270

# 第Ⅰ篇

## 认识金融营销:创造和传递价值

# 第一章 金融营销基础

## 本章知识结构图

### 知识目标

1. 识别常见的营销误解,掌握市场营销的含义
2. 掌握金融营销的内涵以及要素
3. 深刻理解金融营销如何向顾客传递价值

### 能力目标

1. 厘清市场营销管理哲学的发展演变过程,分析金融企业目前所处的发展阶段特点
2. 结合金融企业实际,分析其金融产品特点以及营销活动差异

 **导入案例**

## 双十一背后的金融暗战

"对于网商银行的商家来说,双十一的整个准备期从 2019 年 8 月 1 日开始,到 11 月 30 日为止,经营活动跨度 4 个月时间。"网商银行行长金晓龙称,支付宝联合网商银行发布的天猫双 11 商家端报告显示,2019 年天猫双十一,网商银行为 300 多万中小商家提供 3 000 亿贷款资金支持,帮助商家解决备货资金周转难题。

不仅阿里巴巴、蚂蚁金服为双十一提供金融服务,苏宁、京东以及多家银行都在 B 端(business,企业端)和 C 端(consumer,最终客户端)提供多种金融产品,助力消费季。

**消费分级时代**

"这是一个消费升级时代,更是一个消费分级时代。"民生银行副行长石杰在"备货通"供应链金融服务品牌发布会上表示,高端白酒价格持续上涨,低端白酒竞争激烈;高端汽车消费高增长,中低档低增速乃至负增长;奢侈品消费全球第一大国,拼多多盛行于三四线及以下城市。消费升级与分级需要新供应链体系支撑,无论制造体系还是分销体系都亟待创新,新供应链体系需要新供应链金融助推,涉及客户重构、业务重构、技术重构和流程重构。

近年,双十一等消费季已成为消费高地。企业如何分享消费季中的红利?金融机构如何助力企业分享消费季红利?

2019 年 11 月 5 日,来自慈溪的天猫商家余雪辉在杭州向笔者表示,作为中国的第一代网商,他早在 2007 年就已入选成为阿里巴巴全球十大网商。今年双十一开始前,他用网商银行的信用贷款,投入新品开发,研发了一款高颜值的三明治早餐机。预售以来,他通过免息分期等方式,吸引消费者购买,目前这款早餐机的预售销量已是预计的 2 倍多。

这样的销售需要大量备货,以前需要提前准备的巨额周转资金,现在可以通过网商贷随借随还,虽然 2019 年是备货量最大的一届双十一,但是资金压力却小了很多。大促后还可以通过提前收款,迅速投入准备下一个爆款新品。

数据显示:截至 2019 年 11 月 1 日,三明治早餐机成为天猫双十一卖得最好、销量涨幅最大的单品,销量比去年翻了 100 倍。仅仅天猫双十一期间的一场直播中,5 分钟内,三明治机就卖出了 8 万台,平均每一秒就卖 267 台。慈溪余姚作为三明治机重要产地,大小商家都纷纷通过网商银行缓解资金压力,增加备货数量,争取创造更好成绩。

贷款需求是商家备货温度的晴雨表。《天猫双 11 贷款报告》显示,2019 年双十一,商家在备战期间,人均贷款 7 次,有 15 万商家甚至超过了 100 次,需求十分旺盛。

"70% 的商家贷款并不是因为穷,或者经济拮据,而是认为这是一个杠杆,是一个良性的经济金融杠杆。利用这样的杠杆,花 1 块钱利息可以赚 2 块钱利润。"金晓龙分析称,这一方面是因为,现在天猫双十一的贷款服务已经支持商家从开店到推广、增值的全链条,另一方面,也是商家的生意经算得好。

当网商银行联合金融机构为中小商家提供金融服务时,民生银行推出"备货通"品牌与服务,聚焦电商平台、汽车、白酒、家电、服装、物流等行业场景,针对供应链分销环节在旺季销售中产生的集中备货需求,借助金融科技手段,提供线上化、智能化、场景化的综合金融服务。

"近几年在大型电商平台造势下,越来越多品牌商加入到线上、线下联动的'消费季'促销活动中,'双十一''双十二'等节点消费已成习惯。"11月1日,民生银行行长在"备货通"供应链金融服务品牌发布会上称,供应链金融是民生银行服务民企的重要手段和发力点。

为服务大中小企业,苏宁金融将共计提供400+亿赋能普惠资金。其中,苏宁金融为1 000家大中型供应商提供300亿+贷款资金,利率更享优惠折扣;对小商户同样赋能,苏宁金融旗下微商金融业务将共计提供100亿+贷款资金,助力20 000家中小微商户。

**补贴与优惠**

C端用户更关心的是,如何用更优惠的价格从电商平台上清空购物车,这也是每年购物季火爆的重要原因之一。

"为帮助商家更好地做生意,此次天猫双十一,蚂蚁金服有两个新尝试,一是为商家提供一键贴息功能,目前天猫商家已经为800万商品开通了花呗分期免息;二是根据场景为商家提供金融工具,在居然之家等家装场景提供借呗'居秒贷'的专项额度。"蚂蚁金服数字金融总裁黄浩指出,开通花呗能够提高交易额,帮助商家更好地做生意。花呗的数据显示,在非双十一期间,商家开通花呗以后,交易额平均就能提高38%,交易用户平均增加32%。

当蚂蚁金服为消费者提供花呗分期免息贴息、提高额度时,苏宁金融双十一则为会员提供免息、免单、有钱、增值、保障五大特权。苏宁金融会员可享受任性付,爆款6/24期分期免息,新用户返100元支付券;享受任性贷,最高30万额度,最快20秒到账。同时,苏宁金融会员使用苏宁支付笔笔返现,最高赢免单;苏宁理财则推出"11·11财神节瓜分1亿现金红包",更准备了多款专属理财产品。售后服务方面,用户购5G手机可享受苏宁金融提供的5折碎屏险、延保6—8折券等。

2019年10月18日—11月15日,京东金融App发起近一个月的全民瓜分10亿"京贴"活动,以京东商城"下单抽抽乐"赢4 999元免单、"京贴"红包裂变最高提现1 000元。京东金融不仅合作京东商城生态,助力用户各类大牌好物轻松下单享大额"京贴";还与快手、Keep等8大超级流量App,以及与农行、交行、招行、中信等19家银行携手,为用户奉上多重福利。

资料来源:经济观察报,"双十一背后的金融暗战",2019-11-09,https://baijiahao.baidu.com/s?id=1649711381396136396&wfr=spider&for=pc。

> **? 营销思考**
>
> 在互联网高度发达的今天，双十一不只是购物，更意味着巨大的金融市场，金融企业的行动与决策影响也会在网络环境中得到放大，他们如何通过营销创新，助力企业分享消费季红利并赢得自身竞争优势？

伴随着我国经济的迅速崛起，金融业也得到了前所未有的长足发展。金融业对经济和社会发展的促进作用是巨大的，它推动了我国经济的市场化进程，在社会经济生活当中发挥着越来越广泛的影响。在本章，我们将介绍金融营销相关概念，从"什么是金融营销"这一基本问题开始学习，了解金融营销的发展历程，并围绕"金融营销如何创造顾客价值"展开讨论，为以后各章的学习奠定基础。

21世纪的金融市场环境发生了重大变化，金融市场创新是最能反映体制创新要求，最能体现经济体制改革市场化取向的创新。债券、股票、基金证券等这些过去被视为资本主义"金融专利品"的直接融资手段进入中国金融大家庭，通过市场配置金融资源的份额逐步扩大，从而显著提高了中国金融的市场化程度。金融市场创新所带来的市场规模扩大和市场结构变化，提高了金融市场的发育程度，为建立统一的社会主义市场体系做出了重要贡献。

随着金融市场的发展，金融机构数量增长迅速，投资者在金融市场中面对的产品数量不断增长，但这些产品以及服务却趋于同质，因此，金融营销日益获得金融行业从业者的关注，在现今的市场环境里扮演着十分重要的角色。能否成功开展金融营销活动传递顾客价值，能否带来足够的市场需求，这已成为能否在金融市场上获取利润的不可或缺条件。

从广义来说，金融营销的重要性还可以拓展到整个社会。随着市场的发展，金融走进了越来越多普通人的生活，面对物质利益的诱惑和变化多端、魅力无穷的市场，人们的冒险精神被激发出来，金融意识大大强化。这种冒险精神和金融意识营造着适应市场经济的文化理念，相对于物质财富的增长，这或许是更重要、更值得珍视的。在这个过程，金融机构通过营销活动，向市场投放新产品或改进现有产品，创造了顾客原本没有的需求，或者提升了顾客对现有产品的满意度，将使人们的生活日益丰富和舒适，同时也创造了新的就业机会。

## 1.1 营销与金融营销

> **? 营销与金融营销的区别与联系？**

金融营销，顾名思义是金融业或金融产品市场营销。对金融营销正确理解的关键在于对市场营销的深入理解。市场营销是伴随着商品经济的发展而产生的，而金融行业由于其繁荣相对落后于工商业的发展，因此"金融营销"概念的产生也相对晚于一般工商业的营销概念。金融营销可以说是工商业中营销的概念与金融行业相融合的产物。因此,要了解金融营销,首先要了解市场营销的形成、发展与含义。

经营有方,生财有道之说,在我国古已有之,但当 marketing 作为一门课程传入中国时,当时流行的译名是"市场学",然而这个译法并不准确,并不符合动态 Marketing 一词的原意,也很容易使人误以为这门学科是研究整个市场问题。实际上,这门学科并非包含所有市场问题(诸如市场体系、市场供求、市场机制、市场调控等问题),而只是研究与市场相关的企业经营活动过程;它的立足点、着眼点是企业,是从卖主的角度研究市场经营问题。

市场营销的核心思想是:企业必须面向市场、面向消费者,必须适应不断变化的环境并及时做出正确的反应。企业要为消费者或用户提供令人满意和各种商品或服务,并且要用最少的费用、最快的速度将产品送达消费者或用户手中,企业只有在满足消费者需求的过程中实现自己的各项目标。

### 1.1.1　市场营销学的形成

市场营销学作为一门学科诞生于 20 世纪初的美国,后来流传到欧洲、日本和其他国家,并实践中不断完善和发展。19 世纪末 20 世纪初,资本主义开始由自由竞争向垄断过渡,美国的社会也发生了前所未有的变化,随着工业革命的发生和发展,经济总量急剧扩张,到 20 世纪初叶,美国国内市场扩大到历史上前所未有的程度。同时,科学技术的发展大大促进了社会生产力的发展,生产过程的机械化和生产规模的扩大化成为工业生产的两大特点,从而为市场提供了日益增多的廉价商品,在生产发展的同时,社会需求也出现了较快的增长。伴随着商品经济的高度发展,生产和资本日益集中于各种大企业和垄断组织,使生产的社会化和生产资料的私人占有的矛盾,即资本主义的基本矛盾日益尖锐,强大起来的资本主义经济力量遇到了不稳定的、需求增长缓慢的国内市场和国际市场的挑战。

面对这种情况,企业不得不更加关心自己商品的销路,日益重视企业的市场销售问题。一方面,各企业,尤其是大企业迫切要求认识市场,了解和分析市场,以利于占领和争夺市场,使自己在竞争中处于有利的位置;另一方面,各种有关的社会和应用科学的发展以及大企业内部组织计划性的加强,使人们有可能运用各种现代科学理论和方法(如市场调研、信息分析、统计分析等)了解和分析市场情况、预测市场发展趋势、规划资源分配、掌握市场的发展和变化规律,从而进行各种经营决策,并制订有效的策略和经营计划。

1905 年,美国宾夕法尼亚大学开设了名为"产品市场营销"的课程;1912 年,第一本以"Marketing"(市场营销学)命名的教科书问世于美国哈佛大学。随着市场经济的发展和营销实践的变化,其内容不断充实,概念时有更新,体系渐趋成熟。现代市场营销学,不只是企业经营实践的一般经验概括和总结,而是已发展成为建立在经济科学、管理科学、行为科学和现代科学技术基础之上的应用学科。

### 1.1.2 市场营销的定义

所谓市场营销(marketing),就是识别并满足人类和社会的需要。对市场营销最简洁的定义,就是"满足别人并获得利润"。当宜家(IKEA)意识到人们想购买质优价廉的家具时,就创造了可拆卸与组装的家具业务。当阿里巴巴(Alibaba)创始人马云经历了两次创业失败之后,意识到:互联网所能带来的最大益处,是能把资源最大可能以及最高效率地聚拢在一起,从而大幅降低沟通和交易成本,提出"让数以万计的中小公司联合起来,与世界对接"的理念,为中小公司提供服务,让天下没有难做的生意,市场营销可以把社会需要和个人需要转变成商机。

美国市场营销协会为市场营销下了一个定义,认为市场营销是创造、传播、交付和交换那些对顾客、客户、合作伙伴和社会有价值的市场供应物的活动、制度和过程。从事上所述的交换活动,往往需要完成很多工作和具有相应的技能。当一方考虑通过各种方式促使另一方做出预期的反应(如购买)时,就产生了营销管理。因此,我们可以把营销管理(marketing management)看成艺术和科学的结合——选择目标市场,通过创造、交付和传播优质的顾客价值来获得顾客、挽留顾客并提升顾客的科学与艺术。

同时,我们也可以从社会的角度来界定市场营销。从社会的角度来看,强调的是市场营销在社会中所扮演的营销角色。例如,有营销人员曾说过,市场营销的作用就是为别人创造出高水准的生活。从这个意义上讲,以下定义更能表示市场营销的社会含义:所谓市场营销是这样一种社会过程,就是个人和集体伙同他人通过创造、提供、自由交换有价值产品和服务的方式以获得自己所需或所求。

有时,管理者认为市场营销就是"推销产品的艺术"。然而,当人们了解到推销并非市场营销中最重要的部分时,他们可能会大吃一惊。实际上推销只是市场营销冰山上的一角而已。

可以这样说,推销往往是需要的。然而,市场营销的目的却是使推销成为多余。市场营销的目的就在于深刻地认识和了解顾客,从而使产品和服务完全适合特定顾客的需要,进而实现产品的自我销售。因此,理想的市场营销应该可以自动生成想要购买特定产品或服务的顾客,而剩下的工作就是如何使顾客可以购买到这些产品或者服务。

当苹果公司(Apple Inc.)推出 iPhone、iPad 等科技产品,引发了抢购热潮席卷全球;当特斯拉汽车公司(Tesla Motors)为减少全球交通对石油类的依赖,大力推动了纯电动汽车在全球的发展;当 Skype 公司提供了免费网络语音聊天服务,让世界通话变得简单,这些公司都是在从事了大量的市场营销研究基础上成功地设计出适销对路的产品。

### 1.1.3 对营销的误解

当提到营销时,最初映入你脑海的是什么?闭上眼睛想想这个词,你会想到什么?你所能想到的将取决于你的年龄、专业背景以及你是否有某些方面的营销经历。以下是一些常见的关于营销的看法(见表1-1)。

- 引人注目、令人愉悦的广告——或刚好相反,无聊的或令人讨厌的广告
- 咄咄逼人的销售人员想方设法劝人立刻购买产品
- 驰名品牌和它们的明星代言人,比如耐克的运动员代言人
- 引起对公司可信度产生怀疑的过分夸张或错误的产品陈述
- 营销部门发起的公司营销活动
- 营销是另外一种"业务"成本

表1-1 营销误解:什么不是营销

| 误解一:营销就是做广告 |
| --- |
| 事实:广告只是将营销与潜在顾客联系起来的一种方法。普通大众很容易看到广告,所以许多人提到营销自然而然就想到广告。 |
| 误解二:营销就是推销 |
| 事实:大众也经常体验到日常发生在零售商店的推销。推销是一种营销沟通方式,除了广告和人员推销之外,营销人员必须选定一系列营销沟通手段,可能包括公共关系、直复营销等。 |
| 误解三:营销就是"炒作" |
| 事实:是的,营销某些方面天生具有娱乐性且光彩炫目。聘请老虎伍兹作为名人代言,让耐克公司的所有人都感到激动,更不用提这给耐克粉丝带来的愉悦和乐趣,不过营销也涉及复杂的研究、仔细的分析、谨慎的决策以及深思熟虑的战略与计划制订。 |
| 误解四:营销天生不道德,有害社会 |
| 事实:营销不比商业的其他领域具有更天生的不道德,安然、世通及其他公司在2000年的会计丑闻就证明了这一点。然而,当一些营销内容被证明为不道德(甚至违法)时,它们更容易被公众看见。虚假广告、高压推销、不环保的包装都是不道德营销的典型例子。 |
| 误解五:只有营销人员才做营销 |
| 事实:每个人都做营销,无论你在公司的职位如何,学习如做好营销都非常关键,拥有很强营销技能的人,在工作内外都更有可能获得成功。如果你从没有想过如何通过建立"个人品牌"进行有效沟通,那现在请思考一下:在求职或"升迁"过程中,这种方法将多么关键。 |
| 误解六:营销只是公司的另外一种"开销" |
| 事实:认为营销是成本而不是投资,这一心态对公司而言是致命的,因为"成本"天生是需要被削减或避免。当管理层无视"营销"为生存之道,不从长期来看营销的作用,公司就很容易从消减成本角度思考问题。避免品牌投资和产品发展,将导致"短期成功、长期受困"。成功的企业必须控制成本保证短期财务业绩,同时进行长期营销投资以保长期竞争力。 |

资料来源:格雷格·W.马歇尔、马克·W.约翰斯顿,《营销管理精要》,北京大学出版社,2014年。

不像商业其他重要领域,营销并非关起门来做活动,它是高度公开和可视的。设想一下:财务管理、会计、信息技术、生产、运营管理和人力资源管理常发生在"后台",公众一般无法看到,但营销则不同,营销很多方面是公开的,在网页上可以看到"营销",它促使人们产生更多兴趣搜集产品信息;从销售人员提供的代表公司产品的优质服务中可以看见营销,从大型比赛现场也可以看见营销,甚至从小区便利店里的货架陈列中也能感受到营销。

对公司之外的人而言，营销几乎是所有商业领域中最具可视性的，尽管人们对其他领域也有负面或僵化的印象（如会计师的精明计算、IT 宅男等），但要想找到一个像营销这样的商业领域，还是十分困难的。回想一下，有多少次日常对话最终都转向了和营销相关的话题，可你在日常交流与对话中又有多少次讨论财务管理上的流入、流出，或是电脑化生产系统的复杂性呢？显然没有，大家似乎对讨论营销话题没有什么障碍，也没有什么不适感——从超市本周特价商品广告到当季流行服饰品牌等，营销是所有人能讨论的话题。

正是因为人们更容易观察到营销的很多方面，它的过度曝光，使营销作为一个值得认真研究的专业领域，并未得到应有的理解和尊重。很多 MBA 学生和本科生（甚至是公司经理）认为财务管理、运营、IT 等业务职能是企业更严肃的业务领域，他们觉得这些领域比营销更实在、更科学、更具有分析性。加之过去"营销学"很少用有效的测量方法，来衡量企业营销投入的效果，而公司其他领域一直以来是受测量结果所驱动的，直到近年来这种情况才有所改观，营销效果的测量已经成为企业关注的焦点。

在了解了营销与生俱来的透明性以及之前缺乏有效方法衡量营销对公司做的贡献之后，理解一些经理认为营销只是一项他们不怎么愿意支付的"开销"，也就不足为奇了。他们不清楚营销如何起作用，甚至也不肯定营销是否真的有用，也许只是由于竞争，公司才日复一日在做营销，他们也就继续在市场研究、品牌发展、广告、人员推销、公共关系等方面投入大笔资金。在营销的管理和控制非常模糊的情况下，"点子"心态就在营销领域发展起来。咨询顾问和"营销热门书"作者，为了迅速走红，不吝使用令人炫目的文字，为企业开出各种"一锤定音"的营销妙方，由此进一步强化了营销与"点子""炒作"的联系，降低了营销作为值得尊敬的业务职能的地位。

有效的营销管理并不是之前提到的各种成见、误解和刻板印象，营销是企业的一项核心职能，是一系列的重要流程，将提供个人、单位和组织的绩效，值得所有学生学习并掌握。接下来的章节将为拓展营销技能和知识打下基础，这些技能和知识将有助于你作为管理者和领导者走向更成功的职业生涯。

知识驿站 1-1

### 市场营销——是善还是恶？

人们可以从不同的视角看待市场营销问题。一个正面的观点认为，市场营销给社会带来了明显的好处。例如，企业努力创新从而为消费者创造了一个选择多样化的世界。用谷歌搜索一下，我们便可以找到想要得到的所有信息；通过 Skype，我们可以与世界另一端的亲朋好友免费通话；而通过淘宝网站，我们可以舒服地坐在我们的书桌旁"逛商店"。随着营销活动的升级，我们一些特殊的需求也将不断得到满足，如果我们仅吃含谷蛋白的食物、钟爱跳伞、对日本的折纸手工艺有热情，那么将会有一些组织来满足我们的需求。随着公司搜集顾客资料的增加，它们可以将解决方案细分，以用来满足各种各样的用户需求。另外,随着公司之间的竞争迫使它们提高自身产品及服务的质量,并且向顾客传递额外的价值。例如,出售低价票的航空公司推动了航空旅行的革命,并且使以前不经常坐飞机去旅游的人增加了坐飞机去旅游的次数。

但是,市场营销也遭到严厉的批判。人们认为它在满足需要的同时,也创造了一些非必需品。批判者认为,公司运用高端的市场营销技术激起人们的欲望,并使消费者购买他们原本不需要的商品,而消费者则因此负债累累,美国和英国等发达国家的消费信贷一直很高。社会中的物质主义观念应运而生。周末购物已经取代了宗教参与、其他形式的休闲活动以及社交活动。但是,心理学家认为,购买的增加并没有增加人们的幸福感与满足感。相反,随着物质主义的发展,世界资源将逐渐耗竭,现在的消费水平将是不可持续的。

此外,以孩子等弱势群体为目标客户的营销策略也饱受诟病,因为这些营销活动甚至会通过儿童心理学家找到更多并且更新颖的方法来将其品牌灌输到孩子的脑子中。批判者也指责了将少女描绘为性对象或者广告中的玩偶如贝兹娃娃的营销方式。最后,有人认为市场营销活动正在侵入社会的方方面面,公共休闲活动,如运动会、演唱会以及公演都会与企业合作。如此一来,一些为青少年举办的大型活动可能会由酒品公司赞助。学校、医院等机构面临着较大的公共基金缺口,使得这些赞助公司有机会将其与这些实体"绑"在一起。

解决这样的争论非常困难,但是这个问题的核心在于市场营销决策中包含的关键因素,即价值和利润。如果企业提供真正的价值给顾客,使公司与社会实现双赢,那么市场营销就做了它应该做的事。但是,如果公司仅创造虚构的价值或者努力寻求榨取顾客而取得高额利润的方法,那么市场营销就损害了顾客及社会的利益。与其他职业一样,市场营销行业也有肆无忌惮的从业者。而且,有许多个人或者组织正在努力寻找利用弱势群体的策略。但是,在信息如此丰富的社会中,这些人都会被查出来并受到谴责。

资料来源:戴维·乔布尔、约翰·费伊,《市场营销学(第3版)》,东北财经大学出版社,2013年。

**? 营销思考**

你认为上述的目标营销是不道德的吗?对什么样的产品和市场进行目标营销是不适当的或者是不道德的?以中国金融市场为例,是否存在类似情况?

## 1.1.4　金融营销的含义

金融营销出现在工商企业市场营销之后,是市场营销在金融领域的发展。首先在银行界得到应用。1958年,全美银行协会会议上最早提出了"银行营销"的概念,但直到20世纪70年代人们才真正意识到营销在金融机构中的重要作用,从而开始了以金融营销为中心的经营管理等。

1972年8月，英国的《银行家》(The Bankers)杂志把金融营销定义为"把可盈利的银行服务引向经过选择客户的一种管理活动"。这里所说的"银行服务"意指金融机构提供的服务，而且是可盈利的金融服务；同时营销目标也并不是所有客户，而是经过选择的客户。之后很多学者和业界人士也提出了多种对金融营销的理解，侧重点各有不同。

在市场经济体系中，金融机构(financial institution)是指从事金融业有关的金融中介机构，主要包括银行、证券公司、保险公司、信托投资公司和基金管理公司等。它的营销活动既与生产消费品、工业品等企业的营销相似，又有其自身的特点和规律。所谓金融营销(financial marketing)是指金融机构对金融产品的营销活动，指金融机构以市场需求为基础，以客户为核心，利用自己的资源优势，通过创造、提供与交换金融产品和服务，满足客户的需求，实现金融机构的盈利目标的一系列社会与管理活动。金融营销与市场营销的共通点如下。

(1) 都是为了满足其营销对象的需求而进行的各种营销行为。

(2) 都强调任何现代企业所进行的市场营销活动必须以"市场"为导向，而非以产品、技术或生产为导向。

(3) 都强调通过组织内外的协调市场营销以实现其目的，而非单一的营销职能部门的职责。

(4) 都强调交换是市场营销的核心，只有通过交换才能实现双方的目的。

(5) 都符合营销要素特征，市场营销与金融营销都符合营销组合策略原则。

与市场营销相比，正确把握金融营销需要注意以下两点。

(1) 金融营销所处的金融市场环境具有更强的复杂性、综合性和变动性，它包括与金融市场及金融产品提供和销售相关的各项活动，如金融营销环境分析、市场研究、市场预测与市场细分，也包括产品开发、价格制定、销售渠道拓展和促销，还覆盖了售后服务、组织管理等各项工作，因此金融营销过程相对市场营销而言，是更加综合、更具金融行业特点的分析与解决问题的过程。

(2) 金融营销中的客户对金融产品的需求有很大的差异性，因此在金融产品的营销过程中要更加注意贯彻"以客户为中心"的理念，以跨越"金融产品雷同化"和"顾客需求差异化"之间存在的巨大鸿沟。目前在金融市场中，许多互联网金融产品雷同，所采用的媒体化营销手段雷同，导致众多金融机构的竞争手段趋同，似乎免费或者降价成为唯一"利器"。实现顾客购买选择差异化，需要认真分析客户的需求，这是金融机构开展营销活动的出发点。不同的客户面临不同的问题，有着不同金融需求，金融机构必须认真分析、研究他们的需求，制定出与市场相符合的营销战略，提供客户满意的差异性产品及服务。

### 1.1.5 金融营销的要素

金融营销涉及至少三个要素，主体(金融机构)、客体(金融产品)以及金融市场。

#### 1. 金融营销的主体

金融营销的主体是金融市场上的金融机构，随着现代经济的发展，金融机构的类型也日益丰富。一般地,我们可以把金融机构分成存款型金融机构、契约型存储机构和投资型金融机构三大类(见图1-1)。

**存款型金融机构**
- 这类机构是为个人和机构提供存款和贷款服务的金融机构,它能创造派生存款,影响货币供应,因此在一国金融系统中占有重要地位。这类机构包括商业银行和信用社。

**契约型存储机构**
- 这类机构以合约方式定期、定量地从持约人手中收取资金,然后按合约为持约人提供服务或养老金,它包括保险公司和养老基金。

**投资型金融机构**
- 这类机构以金融市场上的投资活动作为主要业务,包括投资银行、共同基金、货币市场共同基金、金融市场、财务公司、信托公司和金融租赁公司等。

图 1-1 金融机构的分类

**知识锦囊 1-1**

### 概念辨析——共同基金

共同基金(mutual fund)是一种利益共享、风险共担的集合投资方式,即通过发行基金单位,集中投资者的资金,从事股票、债券、外汇、货币等投资,以获得投资收益和资本增值。

### 2. 金融营销的客体

金融营销的客体是金融产品,金融产品有广义与狭义之分,狭义的金融产品是指金融机构提供的各类金融工具,广义的金融产品包括金融工具以及各种金融服务。目前金融产品可以分为两类:一类是基础金融产品,另一类是衍生金融产品。基础金融产品包括存款、贷款、黄金、外汇、票据买卖、股票、债券、信托及租赁等。衍生金融产品是在基础金融产品上派生出来的,包括期货、期权、远期、掉期、互换等。

**知识锦囊 1-2**

### 概念辨析——互换

互换是一种双方商定在一段时间内彼此交换现金和金融交易,比如说,一家法国公司向一家美国公司贷出一笔为期5年的欧元贷款,利率10%,而这家美国公司反过来又向这家法国公司贷出一笔等值的同样为期5年的美元贷款,利率8%,通过这一过程,这两家公司就交换了本金和利息支付,这就等于法国公司按固定汇率以一定量的法郎换取一定量的美元。

金融服务是指金融机构运用货币交易手段融通有价物品,向金融活动参与者和顾客提供的共同受益的活动。金融机构通过开展业务活动为客户提供包括融资投资、储蓄、信贷、结算、证券买卖、商业保险和金融信息咨询等多方面的服务。

**知识锦囊 1-3**

概念辨析——结算与金融咨询

结算是指把某一时期的所有收支情况进行总结、核算。结算有两种:①现金结算,即直接以现金进行支付。②转账结算,即通过银行将款项从付款单位账户划转入收款单位账户。

金融咨询是指信托公司承办的有关金融业务方面的咨询,包括受托分析和预测国外货币汇率、利率的变化趋势及金价变动等金融动态,了解有关国家的外汇政策和法令。

#### 3. 金融市场

金融市场是指资金融通的市场,它是资金供应者和资金需求者通过交易金融工具进行融通资金的场所。金融市场按照期限性可以分为货币市场和资本市场,货币市场是短期资金市场,是交易一年以内金融工具的金融市场,主要包括同业拆借市场、国库券市场、票据市场、大额可转让定期存单市场、短期信贷市场以及回购协议市场等。资本市场是长期资金市场,是交易一年以上金融工具的金融市场,主要包括股票市场和债券市场。按照功能,金融市场可以分为一级市场和二级市场。一级市场也被称为发行市场,是新的金融工具发行的场所;二级市场也被称为流通市场,是已发行金融工具交易的场所。

## 1.2 金融营销的演变历程

> 金融营销的发展历程是怎样的?

市场营销管理哲学是指企业对其营销活动及管理的基本指导思想,它是一种观念、一种态度或一种企业思维方式。任何企业的营销活动都是在特定的指导思想或观念指导下进行的,其核心是正确处理企业、顾客、社会三者之间的利益关系。在许多情况下,这些利益是相互矛盾的,也是相辅相成的。企业必须在全面分析市场环境的基础上,正确处理三者关系,确定自己的原则和基本取向,并用于指导营销实践,才能有效地实现企业目标,保证企业的成功。随着社会经济的发展,市场营销管理哲学正是在不断的营销实践探索过程中逐步形成并日臻完善。一般认为,生产观念、产品观念、推销观念、市场营销观念、社会营销观念是五种代表性的市场营销管理哲学。

## 1.2.1 市场营销管理哲学的演变

### 1. 生产观念

生产观念(production concept)认为消费者总是接受任何他能买到并且买得起的产品，因此企业应当集中精力提高生产效率和扩大分销范围，以便增加产量、降低成本，其典型口号是"我们生产什么，就卖什么"。

生产观念在西方盛行于19世纪末20世纪初，当时工业革命的出现以及社会生产力的极大发展，特别是随着电力、火车、流水线的出现，使社会的物质财富源源不断地生产出来，这一方面刺激了人们的需求增长，另一方面刺激企业不断地扩大生产。但是由于生产力总体上不甚发达，社会产品表现为供不应求，消费者所希望的仅是能够方便地买到需要的产品，特别是价格低廉的产品，而企业只要生产的产品被消费者所接受，就不存在销售问题。因而企业的经营活动是以生产为导向，通过多种方式提高劳动生产力，降低生产成本，以求在产品批量销售中获得更多的利润。

### 2. 产品观念

产品观念(product concept)认为消费者最喜欢高质量、多功能和具有某些特色的产品，因此企业管理的中心是致力于生产优质产品，并不断精益求精。产品观念和生产观念几乎在同一时期流行，这些公司的经理常迷恋自己的产品，假设消费者购买产品将以产品的品质为中心，好酒不怕巷子深。

在这种经营理念的支配下，企业力求生产出市场上的最优产品。客观地讲，重视产品的质量、品质本身无可非议，但任何事物切不可绝对化，如果过分关注追求产品的高品质，则会容易忽视市场的实际需求，会因为生产成本与产品价格过高而难以被消费者所接受，从而在市场营销中导致失败，我们把这种做法叫"营销近视症"。

### 3. 推销观念

推销观念(selling concept)认为大多数消费者都不会购买不需要的东西，但是，如果企业采取适当的措施，通过宣传产品的性能、特点可以改变人们的消费倾向，从而消费者有可能选择该产品。因此，企业必须重视和加强促销工作，诱使消费者对企业的产品发生兴趣，以扩大销售，提高市场占有率。其口号是：我们卖什么，就让人们买什么。

推销观念盛行于20世纪30、40年代，由于当时社会生产力的极大发展，产品的销售问题显得特别突出，特别是世界性经济危机的爆发，宣告了自由资本主义美梦的破灭，企业不得不反思自己的经营理念和策略，将推销产品、争取广阔的市场作为企业发展的重要任务，因此产生了推销观念。

同生产观念相比，推销观念有了明显的进步，其主要表现为企业经营者已将目光由生产领域转向了流通领域，不仅在产品的设计和开发，而且在产品的销售促进上投入精力和资本。从生产观念转变到推销观念是经营理念的一大进步，但是他并没有脱离"以产定销"的思路。因为推销观念只是重视现有产品的推销,只顾如何把产品推销出去,而对于顾客的需要缺乏必要的关注,没有把消费者放在企业经营的中心位置。

4. 市场营销观念

市场营销观念(marketing concept)是以消费者的需求为中心,其核心是从以企业的需要为中心转变为以消费者的需要为中心,这种观念的准则是:市场(消费者)需要什么,我们就生产和推销什么,或者说,市场上能卖什么,我们就生产什么。

市场营销观念形成于 20 世纪 50 年代,第二次世界大战后,随着技术革命的兴起,西方各国企业更加重视研究和开发,大量军工企业转向民用生产,使新产品竞相上市,社会产品供应量迅速增加,市场竞争进一步激化。同时,西方各国政府相继推行高福利、高工资、高消费政策,社会经济环境也出现快速变化。消费者有较多的可支配收入和闲暇时间,对生活质量的要求提高,消费者需要变得更加多样化,购买选择更为精明,要求也更为苛刻。这种形势迫使企业改变了以卖方为中心的思维方式,将重心转向认真研究消费需求,正确选择为之服务的目标市场,以满足目标顾客的需要。

5. 社会营销观念

从 20 世纪 70 年代起,随着全球环境破坏、资源短缺、人口爆炸、通货膨胀和忽视社会服务等问题日益严重,要求企业顾及消费者整体与长远利益的呼声越来越高。社会营销观念(societal marketing concept)是指营销企业不仅要满足顾客的需要和欲望,并由此获得利润,而且必须符合消费者自身和整个社会的长远利益,要正确处理消费者欲望、消费者利益和社会长远利益之间的矛盾(见图1-2)。

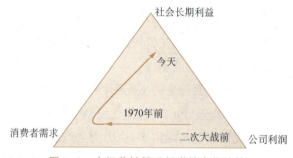

图 1-2 市场营销管理哲学的变化趋势

同市场营销观念相比较,社会营销观念考虑了消费者两个方面的因素,一是消费者的消费是否是理性选择。因为消费者需要和消费者利益有时存在矛盾,消费者的需求有时会呈现非理性,如吸毒、青少年沉溺网吧等。二是消费者整体长远利益。在很多情况下,消费者个体的眼前利益和整体长远利益是有矛盾的,如资源的浪费、环境的污染等。作为社会营销观念,在营销活动中要综合考虑消费者需要与利益、企业利益与社会利益、眼前利益与长远利益、个人利益与整体利益,并在此基础上制定最佳营销方案。

## 1.2.2 市场营销管理哲学的比较

上述这些不同的营销观念,实际上是将其分成了两大类,即以企业为中心的传统经营观念和以顾客需求为中心的新型经营观念。从生产观念、产品观念到推销观念,其本质都是围绕着企业进行的,而从市场营销观念开始,营销观念则转化为以顾客为中心。所以我们说,现代市场营销观念实际上是以顾客为中心的营销理念。

两者存在质的区别：前一类观念的出发点是产品，是以卖方（企业）的要求为中心，其目的是将产品销售出去以获取利润；后一类观念的出发点是消费需求，是以买方（顾客群）的要求为中心，其目的是从顾客的满足之中获取利润，两类观念的比较见表1-2。

表 1-2  两类观念的比较

| | 出发点 | 方法 | 终点（目的） |
|---|---|---|---|
| 传统观念 | 产品 | 增加生产或加强推销 | 通过扩大销售获利 |
| 新型观念 | 顾客需求 | 整合营销 | 通过满足需求获利 |

在新型观念之下，营销人员需要设计营销活动和全面整合营销计划，以便为消费者创造、传播和交付价值，从而使得一加一大于二。整合营销一般包括两大主题：(1)许多不同的营销活动都能够传播和交付价值；(2)在有效协调的情况下，实现各项营销活动的综合效果最大化。也就是说，营销人员在设计和执行任何一项营销活动时都必须全盘考虑。

### 1.2.3　金融营销的发展过程

市场营销观念的产生有其深刻的历史背景，买方市场是营销观念和存在的必要条件之一，只有当产品供大于求时，企业才会以满足顾客需要作为自身经营活动的出发点。这就决定了市场营销活动首先产生于一般工商企业（尤其是生产消费品的制造商），而金融业的主要经营对象——资金，即使在西方发达国家，也始终是最稀缺的资源之一。这一情况使得金融业长期处于卖方市场，银行等金融企业长期以来一直处于"皇帝的女儿不愁嫁"的市场优势地位，直至20世纪50年代初期，营销观念还未能进入金融业，之后随着银行之间吸收储蓄的竞争加剧，营销观念才开始引入金融领域。从金融营销的发展过程来看，主要分为7个阶段。

1. 排斥阶段

20世纪50年代中期以前，营销对于金融业而言还是相当陌生。当时，客户需要银行为他们提供基本的金融服务，金融产品经常出现供不应求的情况，银行完全处于卖方市场，不必要推销自己，客户为了使自己的融资需求获得满足，则不得不向银行求助。因而在这一阶段，金融业完全排斥营销活动。

2. 引入阶段

进入20世纪50年代中后期，商业银行的市场优势地位发生动摇，由于其他银行与非银行金融机构在储蓄业务领域中展开了激烈竞争，极大地改变了原有的金融行业的垄断格局，于是一些有远见的金融从业人员开始寻找解决企业经营困境的途径，并逐渐意识到金融业也需要开展营销活动。1958年举行的全美银行协会（American Bankers Association，ABA）会议第一次公开提出金融业应该树立市场营销观念，它对当时的银行的经营进行了客观分析，扭转了金融从业人员原先对营销观念的排斥态度，从而正式揭开了金融营销管理理论与实践的序幕。

### 3. 广告与促销阶段

20世纪50年代末，以商业银行为代表的金融企业开始注意在日常工作中运用营销管理改善经营业绩。但当时人们对于金融营销的认识还很肤浅，误认为金融营销只不过是广告和促销而已。随着20世纪60年代西方各国金融零售业务的迅速发展，储蓄客户竞争不断加剧，一些银行吸取了消费品市场的营销经验，广泛应用广告与促销手段。

### 4. 友好服务阶段

金融企业发现广告与促销所带来的优势并不长久，为了吸引忠诚顾客，银行开始注意提高服务质量，例如，从业人员的职业培训获得了加强，银行柜台出现了微笑服务，甚至银行内外部的装修设计也受到了重视，从而形成一种令顾客感到温馨的友善气氛，银行进入友好服务阶段。然而，此时银行对于"友好服务"的理解是比较片面的，仅仅认为职员的微笑与友善的气氛即是"友好服务"。率先实施以上措施的银行在吸引顾客方面捷足先登，但很快便为竞争者所觉察，于是金融业兴起了友好服务培训和人性空间装饰的热潮。客户则很难依照服务态度进行选择，即服务态度失去了原有的特殊性，不再成为客户选择时的首要考虑因素。

### 5. 金融创新阶段

由于金融行业服务态度普遍改善，互相之间的差别又难以区分，于是一些银行开始意识到必须寻找一种新的方法以区分自己和竞争者。金融企业开始从创新角度考虑向顾客提供新的、有价值的产品和服务。西方国家金融管制的放松以及各国间金融业发展水平的不平衡，使得商业银行绕过金融管制，提供新的金融产品和服务成为可能。为了获得差别优势、规避风险、寻求利润，金融企业开始在金融工具、金融市场以及金融服务项目方面进行创新。

新的金融产品的出现，改善了金融业内部的运作效率和经营成本，比如保险公司推出了五花八门的险种；商业银行则提供信用卡服务、上门贷款、共同基金、国际保理等。在这一阶段，大额可转让存单（negotiable certificate of deposit，CD）、可转让支付命令（negotiable order of withdraw，NOW）、自动转账服务（automated transfer service account，ATS）、超级可转让支付命令（Super-NOWS）、共同基金（mutual fund，MF）及透支便利等各种新型金融工具纷纷出现，吸引了众多的个人储户与企业客户，扩大了银行的资金来源，增强了资金运作的灵活性。

### 6. 服务定位阶段

金融创新增强了商业银行的竞争力，扩大了银行的影响。但金融产品不同于其他商品，它没有专利权，一项新型金融工具推出之后，很快就会被其他银行模仿，开发新产品的银行便会失去创新优势。各金融企业开始在本领域有所选择，寻找属于自己的最佳市场定位，将自己与竞争对手区别开来。在这个阶段，许多银行纷纷确定自己的企业形象和服务对象。服务定位的目的在于帮助顾客了解相互竞争的各金融企业之间的差异，便于客户选择他们最适宜的、能最大限度满足其需求的金融企业。

#### 7. 系统营销阶段

进入 20 世纪 80 年代以后,西方金融业的迅速发展,进一步推动了金融营销管理的发展与变革。随着金融行业竞争的加剧,人们逐渐认识到营销管理不再是单个的广告、促销、创新、定位,而必须将它们视为一个整体来看待。即要使本企业的经营业务保持优势地位,获得持久的良好业绩,就必须加强对金融营销环境的调研和分析,制定适合本企业的战略目标和经营策略,制订中长期和短期的营销计划,也就是通过分析、计划、执行和控制,谋求建立和保持金融企业与目标客户之间互利的交换,以达到本企业的经营目标。同时,由于市场的不确定性及营销工作人员的能力所限,在营销计划的执行过程中,难免会出现一些失误或差错,为了确保营销目标的实现,银行还必须对营销工作实施全面的控制。

综上所述,金融营销经历了一个由低到高、由浅入深、由零碎到系统的发展过程,如表 1-3 所示。

表 1-3 金融营销的发展过程

| 所处阶段 | 主要观点 |
| --- | --- |
| 排斥阶段 | 商业银行处于卖方市场,不需要开展营销活动 |
| 引入阶段 | 全美银行业协会第一次将营销观念引入金融领域 |
| 广告与促销阶段 | 片面地将金融营销等同于广告与促销 |
| 友好服务阶段 | 偏重于营造一种友好、和谐的服务氛围 |
| 金融创新阶段 | 不断开发金融新品种以客户需求 |
| 服务定位阶段 | 把主要精力集中于某一个细分市场 |
| 系统营销阶段 | 营销是由分析、计划、执行、控制等各环节构成的系统 |

当前,我国的金融营销还停留在第三、第四阶段,仅有少数金融企业达到第五、第六阶段,面对变幻莫测、竞争激烈的营销环境,金融企业必须建立起一整套完善的营销系统,采用系统思考的新方法、新观念,进行分析、计划、执行与控制,以进入第七阶段。

## 1.3 金融营销的价值

消费者、金融机构、社会眼中的价值是怎样的?

价值就是指顾客从购买的有形产品或服务中所得到的利益,营销者通过价值主张的方式把这些利益传递给消费者,价值主张(value proposition)是营销者提供的、能够公平而精确地概括出消费者购买某种产品所能实现的价值。金融营销者的挑战就是创造出一个有吸引力的价值主张,并说服顾客认同自己的价值主张而不是竞争对手的。让我们站在交易过程参与者(顾客、金融机构和社会)的不同角度,来分析一下他们眼中的价值是怎样的。

### 1.3.1 顾客眼中的价值

在日常生活中,想象一样你想要购买的东西,如手机。你已经有了选择范围,你的购买决策无疑会受到每款手机的成本与利益之比的影响。营销者提供的价值主张包括公司承诺传递的全部价值,而不单单是产品本身。

例如,对很多人来说,使用苹果手机并不比使用华为手机速度更快或更省电,但是很多忠实粉丝只对喜爱的品牌情有独钟。这种重要性很大程度上是依靠公司的形象营销。当你购买苹果手机时,你做的不仅仅是去苹果专卖店买手机,你可能也是在表达你是哪类人或者期望成为什么人。除了手机速度以及电池续航能力之外,也是通过购买的产品传递你的部分价值主张。从长远看,营销者如果能在产品和购买者之间建立联系,他们的价值主张就能获得成功。

在金融领域,人们还没有从银行冷冰冰的高台铁窗的记忆中回过神来,就已经被一群群口若悬河的保险基金经纪人围得水泄不通。大家才刚刚弄清楚可以通过银行缴纳各种费用,银行的广告就开始向人们描绘房屋贷款、汽车贷款的美好蓝图。人们的银行存折里刚刚有了一点积蓄,各种基金投资的一揽子服务就已经被推送到耳熟能详。刚刚攒够钱想买点东西犒劳自己,广告又已经在鼓吹"潇洒刷卡,先使未来钱"的消费理念。人们还没有弄清楚四大行的区别,国有银行、股份制银行和外资银行的品牌形象广告已经在电视上展开"三国演义"。然而要让民众说说对金融广告的印象,得到最多的答复是"没印象""看不懂"。许多金融企业没有找到能够打动消费者的核心利益点,无论是从短期传递给顾客的价值,还是从长远传递给顾客的价值来吸引消费者,金融企业都需要认真思考顾客价值。

### 1.3.2 金融机构眼中的价值

我们已经看到了市场营销交易能够为买方带来价值,那么,在金融领域对于卖方(金融机构)有何价值呢?卖方(金融机构)又怎样决定交易是否有价值呢?有一种回答显而易见:一个交易是否有利可图,看其是否能为公司的管理层、员工和股东赚钱。

这是一个非常重要的因素,却不是唯一因素。就像消费者眼中的价值不能仅用功能、效用来衡量,卖方眼中的价值也有很多形式。除了赚一两美元,很多公司还使用其他维度来衡量价值,如在竞争对手中的威望或者出色地完成市场拓展而产生的自豪感。

如今聪明的公司都意识到,一次交易中赚钱并不能为他们提供需要的价值类型,相反,他们的目标是要多次满足顾客需求,与顾客建立长期关系而不仅仅是"一锤子买卖"。他们把顾客看作合作伙伴而不是被动的"接受者"。

金融营销者还会问:"顾客对我们究竟有多少价值?"公司意识到要维持顾客对公司的忠诚需要耗费大量金钱和人力,通常这些行为能得到回报,但有时维持顾客是无利可图的。这种思维方式和我们考虑一个朋友是否"值得交往"是类似的,你帮了两个朋友很多忙,但当你需要帮忙的时候,你发现其中的一个总是在你的左右,但是另外一个却总是找不到。一段时间后,你就会感觉与第二个人维持朋友关系没有什么意义。同样,一家公司可能使用很多资源来吸引两个消费者,发现一个消费者通过买很多产品回报了公司的努力,但是另外一个却几乎没买什么东西。从长期看,公司可能决定"解雇"第二位消费者。

顾客终身价值(lifetime value of a customer)即企业有望从一个特定顾客身上得到的利润总和,包括从现在到将来他进行的每一次和全部的买卖。要计算终身价值,企业需要估计一个人可能的花费,同时减去企业要维持这种关系需要付出的代价。

### 知识驿站 1-2

#### 注重个人客户终身价值管理

个人客户资源日益成为银行竞相争夺的热点,如何建立与客户长期合作共赢的关系,并且有效地维护个人客户关系,是摆在银行面前长期而艰巨的任务。

**一、要注重个人客户终身价值管理**

客户终身价值由客户显性价值、潜在价值和成长价值三个要素构成,各价值要素通过个人交易行为直接反映在银行业务数据库中,银行可从数据库调取客户的业务数据并对客户价值进行分析评估。影响个人客户成长价值和潜在价值的最关键因素之一是财富存量,它直接决定、也最终决定了客户的成长性以及客户潜在价值的大小。因此,要从长期的、动态的角度来评估客户价值和基于客户价值进行市场细分,针对不同目标市场,制定相应的客户服务模式,包括产品设计、价格制定、渠道选择、营销方式选择,从而建立有效的个人客户关系维护和管理模式。

**二、进行全程跟踪服务,提高个人客户满意度和忠诚度**

为了达到客户服务的最佳程度,首先,应开展顾问式营销和服务营销,提升客户关系。商业银行应认真研究个人客户金融消费心理,根据客户金融活动周期,描绘出客户追求其获得的结果所经历的几个关键增值阶段,再对每个关键阶段的增值机会进行评估并找出最佳解决方案,实施顾问式营销和服务营销,以递进客户关系。其次,客户关怀贯穿于市场营销的各个环节。利用直邮或 E-mail 方式,在重要节日或纪念日,开展针对目标客户的关怀、联谊活动,真诚地与客户交朋友,不仅重营销,更应注重与客户关系的递进和发展,以优质的服务贯穿于金融产品营销的全过程,提高客户满意度和忠诚度。再次,与客户保持"连续关系"。银行要选派最好的员工加强与客户的联系,对重要客户,银行高管应登门拜访,真诚相待,赢得客户的信赖与忠诚。最后,提供个性化服务,可根据个人客户的具体要求或不同情况提供"量身定做"的相应金融产品和服务项目,提供"一站式"服务,提高个人客户的满意度和忠诚度。

**三、分群分层营销,实现差别服务**

(1) 对重点客户的维护。日常维护包括:采取单独柜面服务、随时沟通、全方位服务及营销等。特殊维护包括:采取上门服务、重点客户系统服务、及时专项答疑、量身定制服务、问题沟通及处理、危机管理等。客户关怀：节日庆典、生日祝福、病情看望、其他关怀等。

（2）对普通客户的维护。日常维护主要是面向大众的服务。特殊维护则包括：产品推介、大堂答疑、问题沟通及处理、危机管理。客户关怀：根据情况有选择地进行客户关怀等。

资料来源：银行界网，2019-07-15，http://www.tbankw.com/xiuxianbank/qingsongyike/2019-07-15/308854.html。

### 1.3.3 社会眼中的价值

所有公司的活动都或好或坏都影响着周围世界，因此我们必须考虑营销交易是怎样从社会方面增加或消减价值的。很多时候，我们对营销者是仁慈的，因为我们相信他们的产品是安全的，并且就像他们许诺的那样。我们也相信他们会公平地为产品定价和分销。但是当市场成功的压力引发不道德的商业行为时，冲突就出现了——三鹿奶粉的失败就是惨痛的教训。

履行企业社会责任（corporate social responsibility，CSR）正在成为越来越多企业的共识。一项针对参加哈佛商学院CSR高管教育项目的经理人的调查发现，越来越多的企业开始建设多层面的企业社会责任，涵盖纯慈善到环境可持续性，再到积极追求"共享价值"；管理良好的公司已经开始着手设计与公司宗旨和价值观相一致的切实可行的企业社会责任计划，而不是将企业社会责任与其商业战略和目标完全结合起来。剑桥幸福亚太研究院的研究结果表明，CSR活动可以为企业带来加强品牌建设，赢得消费者信任，提高企业创新力，提升员工使命感、幸福度和满意度等诸多好处，企业社会责任作为一种综合战略，可以多方面综合优化企业成长，帮助企业健康可持续发展。自中国银行业协会印发《中国银行业金融机构企业社会责任指引》以来，越来越多的金融机构已经将企业社会责任作为品牌建设的重要部分。

金融机构在开展普惠金融活动时具备天然的优势，而提升全民的金融素养是摆在眼前的现实问题。中国人民银行公布的《消费者金融素养调查分析报告（2017）》显示，消费者贷款知识、投资知识和保险知识较为薄弱，同时对风险责任的意识需进一步加强。为了响应监管机构关于"深入普及金融知识，共同维护消费者权益"的号召，许多金融机构也开展内容丰富的金融知识系列普及活动，以帮助消费者正确地使用金融产品和服务。

### 1.3.4 本书架构

本书共分五篇，围绕着创造和传递价值过程的先后顺序来组织。图1-3展示了这些步骤。第Ⅰ篇，我们首先从认识金融营销谈起，界定了营销是创造和传递价值的过程；第Ⅱ篇，从金融营销环境、金融市场的消费者与组织市场的购买行为、金融市场营销调研几个方面，学习金融机构如何正确理解消费者的价值需求;第Ⅲ篇,我们从战略选择角度,分析金融机构如何制定营销价值决策,怎样在市场上区别于竞争对手,"定位"独特的自己;第Ⅳ篇,我们会讨论金融机构如何创立、交付与传播自己的价值主张,是怎样真实、细致地将让目标顾客了解这一价值主张;第Ⅴ篇,我们将介绍金融营销领域的新市场与新领域,做到与时俱进。

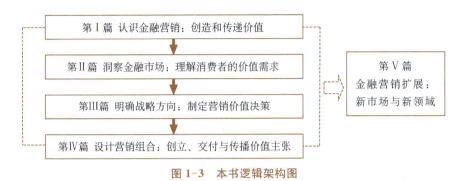

图1-3 本书逻辑架构图

## 本章小结

21世纪的金融市场环境发生了重大变化,金融市场创新可以说是最能反映体制创新要求。营销无处不在,在当今世界,市场营销学所阐述的关于企业营销活动的理论、思路与方法,早已成为工商业界人士必备的专业知识。随着金融市场的发展,金融机构数量增长迅速,投资者在金融市场中面对的产品数量不断增长,但这些产品以及服务却趋于同质,因此,金融营销日益获得金融行业从业者的关注,在现今的市场环境里扮演着十分重要的角色。能否成功开展金融营销活动传递顾客价值,能否带来足够的市场需求,这已成为能否在金融市场上获取利润的不可或缺的条件。

所谓金融营销是指金融机构对金融产品的营销活动,指金融机构以市场需求为基础,以客户为核心,利用自己的资源优势,通过创造、提供与交换金融产品和服务,满足客户的需求,实现金融机构的盈利目标的一系列社会与管理活动。金融业长期处于卖方市场,银行等金融企业长期以来一直处于"皇帝的女儿不愁嫁"的市场优势地位,直至20世纪50年代初期,营销观念还未能进入金融业,之后随着银行之间吸收储蓄的竞争加剧,营销观念才开始引入金融领域。从金融营销的发展过程来看,主要分为7个阶段,即:排斥阶段、引入阶段、广告与促销阶段、友好服务阶段、金融创新阶段、服务定位阶段、系统营销阶段。

## 关键术语(中英对照)

营销(marketing)

营销管理(marketing management)

金融机构(financial institution)

金融营销(financial marketing)

共同基金(mutual fund)

生产观念(production concept)

产品观念(product concept)

销售观念(sales concept)

营销观念(marketing concept)

社会营销观念(societal marketing concept)

价值主张(value proposition)

企业社会责任(corporate social responsibility)

 **思考题与实践训练**

1. 什么是市场营销？询问来自五个不同行业的业内人士对于营销的理解，人们对营销存在哪些误解？原因是什么？

2. 请简述市场营销的观念演变过程及其历史背景。

3. 金融营销的发展历程分为哪几个阶段？各自有什么特点？

4. 总结中国现期金融市场主要的金融产品，并分析这些产品营销策略的异同。

5. 请为你所在的学校或商学院制订一个营销计划，包括：谁是你的目标市场？如何为你的客户提供更高的价值？

6. 班级3—4人一组，实地调查周边银行、证券企业、保险企业开展营销活动的情况。

 **课程互动讨论**

### 金融营销在中国的发展

我国金融营销是随着金融体制改革的深入以及市场化的推进而逐步确立和发展起来的。在1979年以前，我国金融业有以下特点：(1)金融企业缺乏独立的市场定位，例如，银行隶属于财政，基本仅发挥金库、货币发行局以及资金调拨机构的作用；(2)金融需求受到抑制，没有建立金融市场；(3)人民银行一统天下，没有真正的金融企业。1979年以后，随着社会主义市场经济体制改革的深入，这种状况才逐步得到改变。各类金融机构从无到有，蓬勃发展。

就金融机构而言，人民银行获得了相对独立的地位，并逐渐发展成为中央银行，发挥制定货币政策以及实施金融监管的重要作用，中国工商银行、中国农业银行、中国银行、中国建设银行四大专业银行的建立，股份制银行和一些地方银行的设立以及邮政储蓄业务的开展，使用国内银行的商业化架构初具规模。

金融营销管理大约是20世纪90年代中期进入国内银行领域,当时国有专业银行开始向国内商业银行转轨,各银行争夺储户,致使存款市场份额竞争不断升级。此外,保险公司、信托投资公司、金融租赁公司、证券公司、企业财务公司等机构的建立,促使各类金融企业经营的市场格局逐步形成,为满足不同客户的金融需求创造有利条件。各种融资方式相继产生,在坚持间接融资为主的同时,直接融资方式也获得了较快发展。1981年,我国政府开始发行国库券;1983年,少数企业开始发行债券,而具有股权特征的证券也开始出现;1985年,中国工商银行、中国农业银行开始发行金融债券;1986年,各类证券的流通与转让获得允许,同时银行同业拆借市场逐步发展起来;1989年,银行的票据承兑和贴现市场就获得迅速发展,政府在实施外汇留成制度的同时,又适时开放了外汇调剂市场;1990年11月和1991年4月,深圳、上海两地先后成立了证券交易所,股票、债券的发行量和交易迅速增长;1994年,外汇体制并轨,成立了全面外汇交易中心,实现了单一的管理浮动汇率制。2005年5月,股权分置改革开始试点,促进了我国股票市场的发展,揭开了证券市场发展的新篇章。各种金融法规相继出台,金融监管职能不断加强,国家宏观金融政策调控方式了日益改进并趋于科学化。上述情况表明,我国金融业正全面摆脱计划经济的桎梏,向着市场经济所要求的现代金融体系方向稳步迈进。这一发展态势也使得各类金融企业具有了市场意识,树立了营销观念。

资料来源:陆剑清,《金融营销学(第2版)》,清华大学出版社,2016年。

**【思考题】**

由于受传统计划经济的长期影响,中国特色的社会主义市场经济体制还未形成,各种体制性约束大量存在,目前阶段,我国金融机构在营销管理方面主要存在哪些问题?请逐一讨论这些问题所带来的经营风险。

# 第Ⅱ篇

## 洞察金融市场：理解消费者的价值需求

# 第二章 金融营销环境

## 本章知识结构图

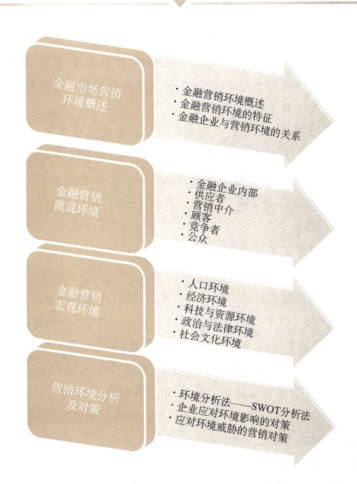

- 金融市场营销环境概述
  - 金融营销环境概述
  - 金融营销环境的特征
  - 金融企业与营销环境的关系

- 金融营销微观环境
  - 金融企业内部
  - 供应者
  - 营销中介
  - 顾客
  - 竞争者
  - 公众

- 金融营销宏观环境
  - 人口环境
  - 经济环境
  - 科技与资源环境
  - 政治与法律环境
  - 社会文化环境

- 营销环境分析及对策
  - 环境分析法——SWOT分析法
  - 企业应对环境影响的对策
  - 应对环境威胁的营销对策

### 知识目标

1. 了解对金融营销产生影响的主要宏观环境因素以及它们在我国的具体表现
2. 了解影响金融营销的微观环境因素

 **能力目标**

1. 识别推动金融市场发展变化的主要推动力
2. 结合实际金融企业,分析其所面对营销环境的机会与威胁

 **导入案例**

### 金融新贵,遭遇印度下沉市场

巨大的人口基数、连年高速增长的 GDP,以及莫迪总理所提出的以"基建+地产+制造业+科技"为核心的振兴印度经济的四大举措,都让我们禁不住把印度当作"下一个中国"来讨论。

然而,印度创业圈的明星人物,以 4 亿美元的价格将自己联合创办 5 年的 FreeCharge 卖给 Snapdeal 的 Kunal Shah 曾一语中地指出,"印度和中国唯一相似的地方就是人口,除此之外别无其他。"

"在 2.5 亿印度家庭中,十分之一(2 500 万)头部家庭的消费占全部家庭消费的 40%—45%;宝莱坞 80% 的票房收入来自 1 000 块屏幕,而全国的屏幕数超过两万;印度第四大私人银行 HDFC 只有三四千万用户,市值却高达千亿美元,而印度国家银行(SBI)有 4.5 亿用户,市值只有 350 亿。"除了 Kunal Shah 给出的这一连串数字之外,在 2019 年 4 月发布的《深度 | 我们发现了一个"不太一样"的印度》一文中,曾提到,印度最富裕的 57 位亿万富翁掌握了印度 70% 的财富,同时印度有 40%(约 5 亿多)人口,其财富水平接近最贫穷的非洲。

不仅如此,95% 的印度人从未使用过电子支付,92% 没有发生过基金理财行为,82% 没有医疗保障,还有 78% 的中小企业得不到任何贷款支持。"在印度,几乎所有的金融创新都是围绕着金字塔尖的这 10% 人口,而将剩下 90% 的人留在了金融体系之外。" Nearby Technology 公司 CEO Anand Kumar Bajaj 这样告诉 Volanews。

正是这家总部位于孟买的金融科技公司,用三年时间,通过与 85 万中小零售商合作移动支付解决方案,完成了对全印度 16 722 个邮政编码所对应地区,近 9 800 万印度用户的覆盖,月交易流水约 6.4 亿美元,而其大多数用户都是或没有智能手机或没有银行账户,原本被屏蔽在整个数字金融体系之外的印度贫民。

**当"含金汤匙"的金融新贵,遭遇印度下沉市场**

在印度活跃的创业者中,不乏自斯坦福、耶鲁、MIT 毕业归来的 MBA、PHD,也常见曾在麦肯锡、波士顿咨询、谷歌、微软任职的互联网新贵,但 Nearby Technology 核心团队却算得上是印度金融科技创业团队中的豪华配置。

Anand Kumar Bajaj 拥有 17 年以上金融从业经验,在印度工业信贷投资银行(ICICI

Bank)任职十年,并在印度第五大私人银行 YES Bank 一直担任到总裁兼首席创新官,才离职创业。联合创始人 Rajesh Jha 同样拥有18年金融科技从业经验和连续创业经验,曾在花旗银行、ICICI Bank 任职,与 Anand 认识超过20年时间。另一位联合创始人 Yashwant Lodha 和 COO Subhash Kumar 则分别是 Yes Bank 产品经理出身和印度第一大零售电商网络 HermesNetwork 的 COO。

Anand 同时告诉 Volanews,目前 NearbyTechnology 共计760余人的团队中,大多数人都来自印度中产及中产以上阶层。这样一群"含着金汤匙"的印度金字塔顶端人士,为什么会将目光投向塔底人群?

Anand 告诉我,在银行工作时,有两个问题一直困扰着他:零售业在发展,但零售商却没有。当电子商务在印度兴起,越来越多的城市人口不是在网上购物就是在大型超市和高端商场里购物时,中小零售商的处境变得越来越艰难。

印度金融业大部分的创新都在围绕10%的金字塔上层人群展开,而将大部分金字塔腰部和底部的人群排除在核心的金融服务之外。

他同时也意识到,那些在本地化社区里扮演着核心交易环节的中小零售商,可以被培训、赋能并成为金融服务输出的重要节点。这不仅能让这些中小零售商有利可图,同时也解决了金融产品在印度这样一个巨大且多样化的市场中分销与落地的问题。

巨大的空白市场和逐渐清晰的商业图景,强烈地驱动着 Anand。2016年,他离任 YES Bank 总裁兼首席创新官,Nearby Technology 就这样诞生了。

**基于地理位置,由点及面的金融服务策略**

在最初设想业务和产品体系时,Anand 试图构建一个极为复杂的服务体系,期望为中小零售商提供全方位的服务,包括如何帮助他们基于地理位置向周边用户售卖更多商品、药品以及各种金融产品。当时的他认为,只有这样,才能让中小零售商从残酷的商业竞争中存活下来,也才能持续地帮助 Nearby Technology 输出各种金融服务。

就在他准备这样开干之前,在一次伦敦的国际金融中心会议上,他遇到了肯尼亚股权银行(Equity Bank, Kenya)的 CFO 兼执行董事 John Staley。在听完 Anand 对 Nearby Technology 的模式和设想后,John 给了他一个颇为有趣又中肯的忠告:"在帮助别人之前,请先戴好自己的氧气面罩。"

这句我们经常在飞机上听到的安全提示,让 Anand 突然意识到,需要首先强大起来的是 Nearby Technology 及其自身业务,才能更好地服务中小零售商。于是,先于最初设想的 BuyNearby,Anand 和他的团队先推出了 PayNearby 的产品,一款基于 Aadhaar 身份验证(一次性随机生成的12位唯一身份号码、与手机号和银行账号绑定)、BBPS 印度账单支付系统等技术集成,可实现存取款、转账、支付账单等一系列基础金融服务的产品。

所有印度城市和乡村的中小零售商,在经过 Nearby Technology 对于从业年限、店铺信用、店主与其家庭背景、个人及商铺银行征信审核之后,即可成为其服务商,并能从为用户提供的金融服务中得到一定比例的佣金,这让不少中小零售商趋之若鹜。短短三年的时间里,PayNearby 就发展了近 85 万中小零售商户,覆盖全印度 16 772 个邮编地址,月交易额超过 450 亿卢比(约合 6.4 亿美元),在整个基于 Aadhaar 身份验证的支付体系中占据 33% 的市场份额。

随后,Nearby Technology 又相继推出了 BuyNearby(一款同样基于地理位置,让用户可以从就近中小零售商店中购买杂货和商品的产品,分商家端和用户端两个 App)、BankNeayby(一款服务于 B 端商户的现金电子化管理产品)、CashNearby(一款基于地理位置就近取现的产品,解决印度乡村最后一公里取现问题)、SalaryNearby(一款 to B 的薪资发放与管理体系,尤其针对偏远地区的工厂和人员流动性强的农业企业等)等一系列产品,以覆盖印度庞大的低收入人群各种金融服务场景。

同时,通过合作、投资与并购,Nearby Technology 还在 PayNearby 的服务体系中逐步添加了包括机票购买、保险购买、投资理财、消费贷款与小额现金贷款等一系列增值金融服务。一方面,继续增强中小零售商在 PayNearby 体系内的黏性,另一方面,也让其所覆盖的低收入人群享受到了更多金融服务所带来的收益。

**印度的金融特产,也可以全球化**

12 月初,Nearby Technology 在获得"印度包容性金融最佳金融科技创新奖"的同时,再度宣布了两项重要举措:其一,与印度零售商协会技术委员会携手,为个体零售商、分销商提供职业培训和职业认证,以更快达到覆盖 200 万中小零售商的目标。在今年 3 月的试运行阶段,Nearby Technology 与印度零售商协会技术委员会通过严格的培训与审核,已成功实现了 24 000 名零售商认证。

其二,与印度国家支付公司(NPCI)和 Equitas 小额信贷银行合作,推出微型 ATM 机,以解决印度偏远地区传统 ATM 部署不足,用户取现受阻的问题,并计划在第一年内在全印度部署 10 万台微型 ATM 机终端。

此外,Anand 还向 Volanews 透露,目前 Nearby Technology 的产品已在斯里兰卡成功落地,并正在与印尼等其他东南亚国家洽谈合作落地事宜。在 Anand 看来,Nearby Technology 这一整套从印度"下沉市场"成长起来的极具包容性的金融科学技术、产品和服务体系,不仅适用于印度,也同样适用于传统银行业覆盖能力不足的其他新兴市场国家。

最后,在聊到关于 Nearby Technology 的未来设想时,Anand 颇为动容地说,包容性金融科技创新,不同于互联网创新,它不是一种大家立马能看到和想用上的"时尚风潮"。对 Nearby Technology 来说,增长和与零售商一起变得更强大是唯一的目标。毕竟在拥有 13 亿人口的印度,至今仅半数人拥有银行账户,而 Anand 和他的团队才覆盖了其中不足一亿用户。

资料来源:东南亚创投速递,2019-12-12,https://www.cyzone.cn/article/567633.html。

> **营销思考**
>
> 印度的金融营销环境有何特点？Nearby Technology 公司里的一群"含着金汤匙"的印度金字塔顶端人士，为什么会将目光投向塔底人群？这家金融企业面临了怎样的机会与风险？

我们在第一章学习了金融营销的基本概念、市场营销管理哲学的内涵及演变历程、金融营销的发展历史，现在我们将开始深入讨论金融营销过程的第一步——洞察金融市场，理解消费者的价值需求。

任何金融企业都是在不断变化着的社会经济环境中运行的，都是在与其他企业、目标顾客和社会公众的相互联结（协作、竞争、服务、监督等）中开展市场营销活动的。以金融企业的各种外部力量为主，构成了深刻影响着金融营销活动的市场营销环境。环境力量的变化，既可以给金融企业的营销活动带来市场机会，也可以形成某种环境威胁。全面、正确地认识市场营销环境，监测、把握各种环境力量的变化，对于金融企业审时度势、趋利避害地开展营销活动具有重要意义。

## 2.1 金融市场营销环境概述

> 金融市场营销环境的含义、内容与特点是什么？

### 2.1.1 金融营销环境概述

了解所处的环境是金融企业市场营销的基础，金融企业在熟悉所处的环境基础上，才能够制定适当的营销策略，从而达到经营目标。分析金融企业营销环境及其特点是金融企业发展的前提，在金融企业市场营销中起基础性的作用。

市场营销环境（marketing environment）是指影响企业市场营销活动及其目标实现的各种因素和力量。金融营销环境是金融企业的生存空间，是营销活动的基础和条件。金融营销环境分为微观环境（microenvironment）和宏观环境（macroenvironment）两大类。微观环境指与金融企业紧密相联，直接影响金融企业营销能力的各种参与者，包括金融企业本身、供应者、营销中介、顾客、竞争者以及社会公众（见图 2-1）。例如，当某个顾客或一些顾客对金融企业的营销活动不满意，他们就会以投诉甚至撤消账户的方式来表达，这些行为会直接影响金融企业的营销业绩和企业声誉。而金融企业就需要反应敏捷，立刻有效处理这些问题，换回企业的声誉。宏观环境则是指金融营销环境的一系列巨大的社会力量，主要是人口、经济、政治法律、科技与资源、社会文化等因素（见图 2-2）。宏观环境的特点是影响广泛，如利率市场化对所有的金融企业就都产生影响。

图 2-1　企业微观环境中的主要影响因素

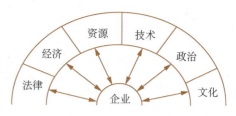
图 2-2　企业宏观环境中的主要影响力量

微观环境直接影响与制约企业的营销活动,大多与企业具有或多或少的经济联系,也称直接营销环境,又称作业环境。宏观环境一般以微观环境为媒介去影响和制约企业的营销活动,在特定场合,也可直接影响企业的营销活动,宏观环境被称作间接营销环境。微观环境与宏观环境并不是并列的,而是主从关系,微观环境受制于宏观环境,微观环境中所有的因素都要受到宏观环境各种力量的影响。

### 2.1.2　金融营销环境的特征

如何适应外部环境,对金融企业开展营销活动至关重要,金融企业要想在复杂多变的环境下驾驭市场,就必须认真研究金融营销环境的特点。

#### 1. 客观性

环境作为金融营销部门外在的不以金融营销者意志为转移的因素,有着自己的运行规律和发展趋势,对金融企业的营销活动具有强制性和不可控性的特点。一般而言,金融营销部门无法摆脱和控制营销环境,特别是宏观环境,金融企业难以按照自身的要求和意愿随意改变它。以经济环境为例,重要的经济指标都会影响金融企业的经营,如国民经济的增速、通货膨胀率、经济景气周期,这些因素都不是能由哪一家金融企业来决定的,金融企业需要对这些客观环境因素进行预测和判断,像著名的金融公司——高盛和摩根士丹利,在经济信息预测方面就受到全世界的关注。

#### 2. 复杂性

金融营销环境的范围很广,所有可能会影响金融企业经营业绩的因素都需要关注,这些因素不仅范围广、数量多,而且还会彼此相互作用和联系。一方面,在进行环境分析时需要综合考虑各种因素,进行辩证分析。例如利率变动本身就会影响到商业银行的存款业务和理财业务,另一方面,利率变动还会影响股市,而股市资金流动的变化又会对银行资金产生影响。金融业环境的复杂性只有业内专家才能充分了解。从市场分类看,资本市场与货币市场会互相影响,也存在资金竞争。从行业看,银行、证券、保险、信托等行业互相联系、互相影响,既存在竞争,又存在合作。例如,保险业如今的发展已经离不开银行,银行保险销售渠道已经成为很多保险公司增长最快的销售渠道,虽然会导致部分银行存款转为保险资金,但银行却因此发展了中间业务,赚到了手续费。

#### 3. 动态多变性

金融营销环境是一个动态系统,构成营销环境的诸因素都受众多因素的影响,每一环境因素都随着社会经济的发展而不断变化,变化也是金融营销环境的常态。例如,产业结构在不断发生变化,20世纪80年代的改革开放使外向型经济部门成为银行信贷扶持的重点,到了90年代末启动内需成为新的重点,21世纪又开始强调绿色信贷。再如,中国保险业最初的发展重点是财产保险,当居民富裕起来,对生活品质要求变高的时候,人身保险变得越来越重要。静止是相对的,变化是绝对的,金融企业置身于市场生态环境的中心,不论这种环境的变化程度如何,应竭力与周围环境保持动态平衡。一旦平衡被打破,金融企业应采取积极的措施来适应这种变化,在新的环境条件下,达到新的平衡,否则,迟早要遭到淘汰。

4. 不可控性

通常情况下,营销环境是金融企业无法控制的外部影响因素。宏观环境状况要看一国乃至全球的发展情况,即便微观环境存在很多不可控制性,如客户的需求和竞争对手的行为就是很难控制的。如果一个商场的客户走进商场,他可能没有任何想买的东西,只是闲逛,店员的热情促销有可能打动他,使他消费。而金融消费则不同,客户的目的性更强,金融消费者一般不会到一个金融场所去无目的地闲逛。客户走进一家金融企业往往就带了很强的目的,已经准备好办理某种业务。即便金融企业通过营销打动客户,出售了产品,前提也是客户有这方面的潜在需求。所以,客户的需求决定于客户而非金融企业,推荐客户不需要的金融产品最终是不可能真正成功的。

## 2.1.3 金融企业与营销环境的关系

金融企业面对着诸多环境力量并不是固定不变的,而是经常处于变动之中,许多变动往往又由于其所具有的突然性而形成巨大的冲击波。金融企业的营销活动就是企业适应环境变化,并对变化着的环境做出积极反应的动态过程,能否发现、认识进而适应环境的变化,关系到金融企业的生存与发展。

就宏观环境而言,金融企业可以用不同的方式增强适应环境的能力,避免来自环境的威胁,有效地把握市场机会。在一定条件下,也可运用自身的资源,积极影响和改变环境因素,创造更有利于金融企业营销活动的空间。就微观环境而言,直接影响金融企业营销能力的各种参与者,事实上都是金融企业营销部门的利益共同体。按市场营销的双赢原则,金融企业营销活动的成功,应为顾客、供应者和营销中间商带来利益,并造福于社会公众。即使是竞争者,也存在互相学习、互相促进的因素,在竞争中,有时也会采取联合行动,甚至成为合作者,"店多拢市"就是把竞争者变为合作者的一种有效机制。

 知识驿站 2-1

### "尤努斯式"小额贷款银行

孟加拉国的穆罕默德·尤努斯是以经济学家和银行家身份获得诺贝尔和平奖的第一人。他和他创办的孟加拉乡村银行,近年来受到全球各界人士的关注。尤努斯的事迹之所以引起强烈反响,是因为30多年来他一直致力于通过小额信贷方式使广大农民走上脱贫致富之路。他建立的包括1 200多个分行的"穷人银行"系统,使孟加拉国4.6万多个村庄中几百万贫困人口从中受益。

**世界上第一家小额贷款银行的诞生并非一帆风顺**

尤努斯创建"穷人银行"的想法产生于20世纪70年代初。尤努斯出生于孟加拉国南部吉大港,后在美国获得经济学博士学位。1972年,他辞去美国田纳西州大学教职,回到吉大港大学教书。原本以为可以运用自己的学识建设国家,但是现实并不如人所愿。1974年大饥荒过后,孟加拉国满目疮痍,民不聊生。眼看着大批饥寒交迫的穷人无路可走,尤努斯便走出教室,决心尽己所能去帮助穷人。

一次下乡调查时,富于怜悯之心的尤努斯拿出自己兜里仅有的27美元,无偿借给穷人,未料到就是这点钱改变了这些人的生活。尤努斯从中受到启发,他知道自己的钱有限,于是劝说银行经理借钱给穷人,但是银行家们都表示"贷富不贷贫"。无奈之下,尤努斯决定用自己的信用来担保,让银行把钱借给穷人。尤努斯并不急着让穷人还钱,也不是让他们一次性还清,而是分期还贷。结果,所有借钱的人都按时足额偿还了贷款。对此,银行经理觉得不可思议,认为这只是个别现象。尤努斯便一个一个村子地做下去,最终都获得了成功。但是,他仍然无法从根本上改变银行家们的成见。

这个时候,尤努斯开始考虑自己建立一家专为穷人提供小额贷款的银行。他向政府提出申请并四处游说,终于在1983年,世界上第一家小额贷款银行在孟加拉国获得批准注册成立,接着小额项目不断扩大。事实证明,尤努斯与他的"穷人银行"模式成功了。

**妇女是小额贷款的主力军**

把妇女作为小额贷款的主力军,是尤努斯的成功秘诀之一。在穷人银行中,最初贷款人的男女性别比例为99∶1,后来上升到50∶50,而目前"穷人银行"的贷款人中,女性比例已占到96%。为什么要使妇女成为借贷人呢?尤努斯认为,妇女具有巨大的自我牺牲精神,她们无私奉献,支撑起了整个家,这是家庭其他成员所不能取代的。妇女是整个家庭最称职的经理,她们能够把理财的才能发挥得淋漓尽致,把家很好地管理起来,尤其在如何使用有限的钱、如何能够赚钱等方面。

2006年10月21日,尤努斯在孟加拉国驻华使馆为其举行的欢迎仪式上曾经自豪地说:"目前在我们孟加拉国农村银行的670万借款人中,妇女的比例已达到了96%。在她们的努力下,58%的借款人及其家庭都已成功脱离了贫困线。从某种意义来说,今年的诺贝尔和平奖是第一次颁发给贫穷女性的诺贝尔奖,荣誉都应归功于她们。"尤努斯还说,他取得的成功得益于他的母亲。母亲经常帮助穷人,这就是他为什么致力于消除贫困的原因。

尤努斯认为,荣誉和自尊已经成为小额贷款的担保,穷人们用诚信的行动来保卫他们的尊严。小额信贷点燃了曾被人们摒弃的社会底层的小小经济发动机。30多年来,

"穷人银行"累计放贷57亿美元,还款率高达98.89%,可以说兼顾了社会公平和经济效益。

**"穷人银行"和小额贷款的世界性影响**

尤努斯的成功引起了全球金融界的深刻反思,并在世界各地发挥着积极的影响。目前,亚洲、非洲和拉丁美洲一些国家仿效孟加拉国"穷人银行"模式,建立起自己的农村信贷体系;美国、法国、挪威、加拿大等发达国家,也开始尝试小额信贷的做法。

业内专家认为,尤努斯把现代金融与科技以一种转化的方式用到自己的国家,开创了一种与掠夺型资本主义完全不同的合作式小经济,这对第三世界是个很好的启发,因为穷人多在第三世界。穷人之所以穷困,往往是因为缺乏机会。正如诺贝尔经济学奖获得者、印度经济学家阿马蒂亚·森所说的,贫困不仅仅是收入低下,更是一种对基本能力的剥夺。尤努斯和他的"穷人银行"致力维护的,正是穷人的这种基本能力。尤努斯和他发起的"穷人银行"获得诺贝尔和平奖的意义在于,要想和平就需要人们和平相处,而和平相处的基本前提是消灭贫困和因此造成的人与人之间的对立。

资料来源:求是,尤努斯与"穷人银行",http://news.ifeng.com/opinion/detail_2007_08/16/1336979_0.shtml。

## 2.2 金融营销微观环境

**金融营销微观环境由哪些要素构成?**

金融营销微观环境涉及的主体如图2-3所示,除了金融企业内部外,还包括供应者、营销中介、竞争者、顾客及公众,一起构成了金融营销微观环境链条,与金融企业形成了协作、竞争、服务、监督的关系。一家金融企业能否成功地开展营销活动,不仅取决于能否适应客观环境的变化,适应和影响微观环境的变化也是至关重要的。

图2-3 微观环境中的利益相关者

### 2.2.1 金融企业内部

市场营销活动不是一个孤立的职能,它必须与金融企业内部的其他职能部门相互配合,包括与企业内部高层管理者、财务部门、研究与发展部门、人力资源部门、行政后勤、分支机构、业务职能等的配合,各职能部门的合理分工、密切配合和相互协作是开展成功的市场营销活动的关键。

由于金融产品存在明显的同质性,近年来,金融营销的竞争日益激烈,使得营销部门在金融机构中的地位日趋提高,这不免会引起各部门之间的矛盾。因此,分析企业面临的内部环境,处理好各部门之间的关系,提高协调合作的能力,是金融机构进行营销活动的关键。

### 2.2.2 供应者

供应者是金融机构整个顾客价值传递系统中的重要一环,是价值创造的出发点。最大的供应者是资源供应者,对于商业银行而言是存款客户,对于资本市场而言是证券购买者,对于保险公司而言则是投保者。此外,许多大的金融机构进入了同业拆借市场,这个市场上也有短期资金的供应者。供应者的变化对营销有重要影响,营销部门必须关注:(1)供应能力,提供资金的数额和速度、期限等因素;(2)资金价格变动——资金成本上升将影响金融产品的销售额。

其次的供应者是设备供应商,金融是高度信息化的行业,随着经营规模的扩大、管理的复杂,信息技术的应用越来越普及、依赖程度也越来越高。例如,管理信息系统(MIS)、客户关系管理(CRM)系统、企业资源计划(ERP)系统、信用卡运营系统等。昂贵的电子设备的硬件与软件的升级换代与兼容性以及维护管理,不仅对投资成本影响很大,同时还涉及金融机构自身和客户资产的安全。因此,重要的管理系统设备必须有充分的研究论证才可以进入采购。

### 2.2.3 营销中介

营销中介(marketing intermediaries)是协助金融企业进行金融产品推广、销售并将产品卖给最终消费者的企业或个人,包括证券经纪人、证券承销商、外汇经纪商、保险代理人、保险公证人、广告代理商、金融咨询公司等。金融企业在经营过程中,不可避免地要获得这些营销中介的支持。如证券买卖离不开证券经纪人,企业的形象策划与产品的推广离不开广告或代理商,保险公司险种的销售、市场的扩大离不开保险代理人、经纪人。因此,金融企业在营销过程中,要对所面对的各种营销中介有较清楚的了解,并与之建立良好的合作关系,以获得它们的大力支持。

### 2.2.4 顾客

顾客是金融企业的衣食父母,是金融企业服务的对象,它是企业直接营销环境中最重要的因素。顾客是企业产品的直接购买者,顾客的变化意味着金融企业市场的获得或丧失。顾客是否喜欢企业的产品、顾客是否对企业忠诚都决定着金融企业市场营销活动的结果,乃至金融企业的生存。为便于深入研究各类市场的特点,按照顾客需求及其购买目的,把顾客分成个人市场、生产商市场、商贸市场、政府市场和国际市场五种,如图 2-4 所示。

(1)个人市场由个人和家庭组成,它们仅为自身货币资产保值增值而购买金融产品。

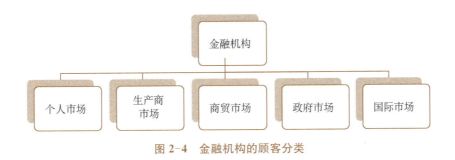

图 2-4　金融机构的顾客分类

（2）在生产商市场，厂商购买金融产品和服务是为了提高资金运作效率，通过市场方式融通资金，利用金融工具锁定原材料或产品价格以规避风险。

（3）在商贸市场，贸易商购买金融服务产品是为了得到资金，获取便利和快捷的支付方式，加速贸易物流周转，从买卖价差中获取利润。周转次数越多，获取的利润越大。

（4）政府市场由政府机构构成，金融机构为其提供专项资金管理与支付，或者为公共产品提供柜台收费便利性服务。例如，银行为其提供专项资金管理与支付，再如，居民通过银行支付税费及通信、交通、水电费用，保险公司代理政府收取交通事故强制保险，等等。

（5）国际市场由其他国家的购买者构成，包括消费者、生产者、经销商和政府。每类市场不仅有国别的差异，也有各自不同的特点，销售人员需要对此进行深入研究。

## 2.2.5　竞争者

金融企业竞争对手的状况是影响企业营销活动的重要因素。如竞争对手的营销策略及营销活动的变化会直接影响企业营销，最为明显的是竞争对手的产品价格、广告宣传、促销手段的变化，以及产品的开发、销售服务的加强将直接对企业造成威胁。为此，企业在制定营销策略前必须先弄清竞争对手，特别是同行业竞争对手的生产经营状况，做到知己知彼，有效地开展营销活动。

金融企业营销中的竞争包括两个方面：金融企业与非银行金融机构间的金融竞争，金融企业间的同业竞争。

（1）对于我国金融企业与非银行金融机构的金融竞争来说，一是造成我国金融企业的储蓄存款不断下降，从而使整个金融企业的资金结构发生重要变化；二是促使我国金融企业向低利或微利方向发展，失去行业优势。要改变这种状况，除了要在挖掘内部潜力、强化内部管理上下功夫，多数金融企业会寄希望于金融创新和扩大经营范围。

（2）对于我国金融企业的同业竞争来说，随着我国金融改革的不断深入，政府先后组建了多个新型金融企业，国际大型银行也纷纷在我国建立了分支机构。我国金融企业的机构和成分增多带来了两方面的影响。一是打破了国有金融企业一统天下的垄断局面，激发和增强了金融竞争，进而对国有金融企业的资金结构、服务对象、工作作风、服务水平、经营管理、领导观念等产生了广泛影响。二是外资银行的进入,给我国带来了世界一流的、最新的金融企业经营管理理论、方法、手段、技术等。这对加强和提高我国国有金融企业的经营管理水平具有非常重要的促进作用。

### 2.2.6 公众

公众(public)指对金融企业实现营销目标的能力有实际或潜在利害关系和影响力的团体或个人。金融企业必须采取积极措施,树立良好的企业形象,力求建立和保持与公众之间的良好关系。公众主要包括以下五类。

#### 1. 金融公众

金融公众即其他金融机构,如银行、投资公司、证券公司等的统称,它们影响一个金融机构从外部获得资金的能力。股东作为公司的投资者,是金融机构内部资金的重要来源。

#### 2. 媒介公众

媒介公众即报纸、杂志、广播、电视等具有广泛影响的大众媒体。大众媒体对金融企业有着很大的影响,它能传播企业的正面信息,也会传播负面信息。金融企业要与之保持沟通和联系,争取通过大众媒体树立良好的企业及产品形象。

#### 3. 政府公众

政府公众即负责管理金融企业业务经营活动的有关政府机构。如财政、工商、税务、物价、商品检验等部门。金融企业应该自觉遵守政府的各种政策和规定,积极参加政府倡导的各种公益活动,与政府保持密切的联系,争取得到政府部门的信任和支持。

#### 4. 社团公众

社团公众即各种有影响力的公众团体。如保护消费者权益的组织、环境保护组织、少数民族组织等。金融企业要注意倾听社团公众的各种相关意见和建议,妥善解决问题,树立良好的企业形象。

#### 5. 社区公众

社区公众即金融企业所在地附近的居民、社团组织等。金融企业要积极支持社区的各项公益活动与公益事业,争取社区公众理解和支持,与社区建立起融洽的关系。

## 2.3 金融营销宏观环境

> 金融营销宏观环境如何体现对企业的影响?

影响金融企业市场营销的宏观环境要素主要有人口环境、经济环境、科技与资源环境、政治与法律环境、社会文化环境,宏观环境的构成要素如图2-5所示。

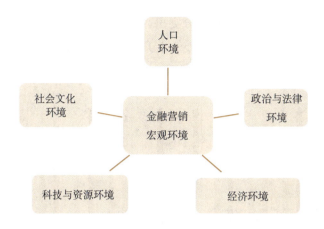

图 2-5　金融营销宏观环境的构成要素

## 2.3.1　人口环境

市场是由具有购买欲望与购买能力的人所构成的,人口统计学(demography)研究人口的数量、分布、构成、受教育程度以及在地区间的移动等人口统计因素,这就形成金融企业营销活动的人口环境。中国保险业的研究表明,影响保险业发展的人口因素中,主要是人口结构因素在发挥作用,如城乡结构、收入结构、年龄结构、教育结构等。改革开放以来,人口红利是推动我国经济高速发展的重要引擎,但现在人口红利已渐消失。

### 1. 人口规模及增长

人口规模是衡量一个国家或地区市场潜力的基本指标。一般来说,人口规模越大,市场潜力也就越大,但这并不表示现实市场也大,这还需要了解人口环境中的购买力等其他要素。人口数量和变化趋势是决定市场规模的基本要素,尤其是生活必需品。

人口密度是金融机构选择目标市场的首要因素,金融机构网点分布的密度与人口密度分布大致吻合,东部密集,西部稀疏,在有发展潜力的新城区,新增网点在加速扩张。民工进城,市民跨国的迁徙活动,使资金频繁流动,汇兑业务随之大幅增长。随着中国公民出国留学、经商、旅游逐渐兴起,国内客户把外汇款项打到国外的需求不断增加,全球资金流动量也随之增大。与此同时,旅居海外的华人不断增加,这是一个引发境内外资金汇兑流动的庞大群体。不仅国内银行汇兑业务兴旺发达,国际汇款巨头,如美国的西联汇兑、英国的速汇金和通济速汇也成为强有力的竞争对手。

### 2. 人口结构

人口结构主要包括人口的年龄结构、性别结构、家庭结构、社会结构以及民族结构。研究人口结构有助于企业根据自身优势,选择目标市场。

(1) 年龄结构。

不同年龄的消费者对商品的需求不一样。老年人、中年人、青年人与儿童等的需要是大不相同的。目前我国人口老龄化现象十分突出,如图2-6所示,以2010—2019年人口数据为例,我国65岁以上老年人口比例一直处于上升趋势。这样,诸如保健用品、营养品、老年人生活必需品等市场将会兴旺,一些保险公司也顺应趋势推出了以房养老产品。

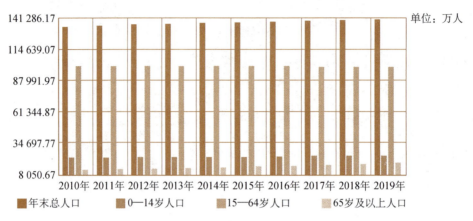

图 2-6 我国 2010—2019 年人口数据的统计分析

数据来源:http://data.stats.gov.cn/easyquery.htm?cn=C01。

### 知识驿站 2-2

**女性在互联网金融领域的机遇**

中国改革开放已有数十载,但传统的家庭结构仍是中国社会的重要一环。诚然,女性已经能够得到良好的教育,并且在毕业后通常都能找到工作,但社会对她们寄予的期望依然是希望她们能扮演好妻子和母亲的角色。因此,仍有部分女性在生育后会辞掉工作,而这段时期恰好是她们职业生涯中可能会晋升到中高级职位的关键时期。

中国金融机构中女性高管占比偏低就反映了这一点。据奥纬咨询2016年发布的第二期《金融服务业中的女性》研究报告显示,中国企业中女性高管占比为8%,而在北美这一比例为21%,欧洲则为16%。

然而,中国主流银行业之外的情况却开始发生变化。中国的互联网金融行业蓬勃发展,2015年中国风险投资(VC)基金接近27亿美元,比2014年的6.2亿美元高出四倍多,而相比之下,2015年全球互联网金融领域的风险投资基金只比2014年翻了一番。2015年,中国风险投资基金占全球风险投资基金近20%,远超2011年5%的占比。

由于互联网金融领域的蓬勃发展,相关企业对拥有技术、金融、运营和服务等方面所需能力的员工有着巨大的需求,尤其是在中高级管理层。因此,如果女性具备所需的技能和经验,互联网金融领域的雇主很有可能会逐渐忽视对女性当前或未来家庭责任的顾虑。点融网首席市场官潘静在与奥纬咨询的访谈中表示:"互联网已成为互联网金融领域投资增长的主要驱动力,同时优秀人才匮乏。这就为女性在职业生涯中取得更大发展创造了更多机遇,并非因为她们是女性,而是因为她们是优秀的管理者。"

随着人才需求不断增长,合格女性人才的数量也在增加。世界银行的相关数据显示,中国高等教育性别平等指数(GPI)从 1994 年的 0.52 上升到 2013 年的 1.14,这意味着女性毕业生的数量大幅增加。这一现状背后的原因有很多,其中包括妇女教育的发展以及经济改革的深化。对于互联网金融公司来说,女性人才数量的增加极具价值。除了注重较为传统的金融服务和技术外,互联网金融公司还强调创造性、客户服务和承诺、数字化营销、社交媒体以及商业运营。互联网金融领域工作的多样性也要求员工的多样化,这就为女性的发展创造了更多的机会。

因此,很多女性开始担任中国互联网金融企业高管也就不足为奇了。在中国互联网金融企业 20 强(基于 2015 年的融资数据)中,50% 的创始人、首席执行官或高管为女性。从产品的角度来看,互联网金融行业使金融服务更加多样化,形成更强的服务导向。例如,我们首先从加深对客户行为的理解入手,包括客户的线上行为和社交媒体表现。由于女性在这些领域更有机会脱颖而出,所以这将有助于提升女性在高层管理岗位中的占比。

金融行业仍在努力应对许多与过去相同的挑战,包括阻碍女性发展的职业生涯中期差距以及人们无意识偏见。展望未来,一些重要因素亦将影响性别平衡的推进,如经济衰退带来的威胁、比以往更难解决的文化问题,以及行业的数字化进程。

资料来源:https://www.sohu.com/a/356734431_99906407, https://www.iyiou.com/p/27902.html。

(2)性别结构。

性别差异会给人们的消费需求带来显著的差别,反映到市场上就会出现男性用品市场和女性用品市场。男性与女性在消费心理与行为、购买商品类别、购买决策等方面有很大的不同。一般来说,女性市场需求旺盛,女性服装、化妆品等成了女性市场的主要商品。女性还担负着抚育儿女的重任,儿童商品在某种程度上也可纳入女性市场,企业由此可针对不同性别的需求来生产适销对路的产品,制定有效的营销策略。奥纬咨询最新发布的《2020 年金融服务业女性报告(Women In Financial Services 2020 Report)》显示,通过更好地为女性提供服务,金融服务公司每年可获逾 7 000 亿美元的额外收入。这一估计超过了全球最大金融机构的年收入。

(3)家庭结构。

家庭是购买、消费的基本单位。一个国家或地区的家庭单位的多少以及家庭平均人数的多少,直接影响到某些消费品的需求数量。同时,不同类型的家庭往往有不同的消费需求。

家庭结构有以下几种类型:独身家庭(未婚,离异无子女,丧偶无子女);同居家庭(未婚);夫妻家庭(未生育,空巢);核心家庭(夫妇,子女);主干家庭(完整,残缺);单亲家庭(离婚有子女,未婚有子女)。

传统家庭通常是三代同堂、人口众多的大家庭。今天,这类传统大家庭已经越来越少了,而核心家庭是由丈夫、妻子和孩子(或包括祖父母、外祖父母)组成的家庭。自 20 世纪 80 年代开始,中国家庭呈现出"小型化趋势"。银行为此类小型家庭设计的金融产品或理财方案,才比较受城市居民欢迎。

(4) 社会结构。

近几年来,随着国家城乡一体化和农业现代化战略的推进,我国逐渐改变了城乡人口的比例,城镇人口已经超过农村人口,市场需求结构已发生重大变化。农村市场的需求也由原来追求量上升到追求质。

### 2.3.2 经济环境

经济环境(economic environment)指影响企业营销活动的购买力因素,包括消费者的收入、消费支出倾向和消费结构及社会经济发展等内容。这些指标趋势的变化对消费者的购买能力和消费结构均有较大程度的影响。

#### 1. 消费者收入水平

消费者收入水平对企业营销活动影响极大,不同收入水平的消费者,其消费的项目是不同的,消费的品质是不同的,对价格的承受能力也是不同的。如价格昂贵的品牌服饰的购买对象为高收入消费者。在研究消费收入时,要注意以下几点。

(1) 个人可支配收入。这是在个人收入中扣除税款等后所得余额,它是个人收入中可以用于消费支出或储蓄的部分,它构成实际的购买力。

(2) 个人可任意支配收入。这是在个人可支配收入中减去用于维持个人与家庭生存不可缺少的费用(如房租、水电、食物、燃料、衣着等项开支)后剩余的部分。这部分收入是消费需求变化中最活跃的因素,也是企业开展营销活动时所要考虑的主要对象。因为这部分收入主要用于满足人们基本生活需要之外的开支,一般用于购买高档耐用消费品、旅游、储蓄等,它是影响非生活必需品和劳务销售的主要因素。

(3) 家庭收入。家庭收入的高低会影响很多产品的市场需求。一般来讲,家庭收入高,对消费品需求大,购买力也强;反之,需求小,购买力也弱。

#### 2. 消费者支出模式

这是指消费者各种消费支出的比例关系,也就是常说的支出结构。在收入一定的情况下,消费者会根据消费的急需程度,对自己的消费项目进行排序,一般先满足排序在前即主要的消费,如温饱和治病肯定是第一位的消费;其次是住、行和教育;再次是舒适型、提高型的消费,如保健、娱乐等。

在分析消费者支出模式时,还必须考虑我国消费者储蓄意识比较浓厚的这个特征。存的钱越多,用于消费的钱就越少。近年来,我国居民储蓄额和储蓄增长率均较大,使得国内消费总规模始终不能显著增长,影响了很多商品的销售。

### 知识锦囊 2-1

**恩格尔定律**

当家庭收入增加时,用于购买食物的支出比例下降,而用于服装、交通、保健、娱乐、教育的支出比例上升。这一研究结论被称为"恩格尔定律"。恩格尔定律的具体运用主要是通过计算恩格尔系数,恩格尔系数的计算公式:

恩格尔系数 = 食物支出 / 总支出 × 100%

食物支出占总消费量的比重越大,恩格尔系数越高,生活水平越低;反之,食物支出所占比重越小,恩格尔系数越小,生活水平越高。恩格尔系数反映了人们收入增加时支出变化的一般趋势,已成为衡量一个国家、地区、城市、家庭生活水平高低的重要参数。

#### 3. 储蓄倾向

可支配收入没有消费掉的部分就是储蓄。高消费意味着低储蓄,低消费意味着高储蓄,两者互补,此消彼长。金融营销不仅要关心居民消费方式,还要关心储蓄倾向。前者影响与消费品生产有直接或间接关系的公司借贷活动,后者涉及居民储蓄水平和个人理财等零售业务。不同国家、不同收入、不同文化都会影响储蓄水平。从国际比较看,美国是比较典型的低储蓄率国家,而我国是典型的具有东方色彩的高储蓄率国家。

储蓄率是储蓄增加量所占的百分比,自 2009 年以来,我国储蓄率排名世界第一,人均储蓄超过一万元,究其原因是中国生活保障不足,大家只能自己储备以备不时之需。高储蓄率阻碍中国经济的发展,是导致国内消费动力不足的原因之一。当务之急是逐步降低当前过高的储蓄率,优化消费金融环境,努力提高居民生活保障,让他们敢于消费、主动消费,从而加速中国经济走出低谷,推动经济转型。

### 2.3.3 科技与资源环境

科学技术是社会生产力的新的和最活跃的因素,作为金融营销环境的一部分,科技环境(technological environment)不仅直接影响金融企业内部经营,还同时与其他环境因素互相依赖、相互作用,尤其与经济环境、文化环境的关系更紧密。以计算机、通信、互联网为基础的现代信息技术,正全面改变人们的生产、生活方式,电子化正渗透到社会的各个角落,金融机构只有顺应潮流走电子化道路,才可以避免被技术淘汰的命运。金融电子化是金融行业利用现代信息技术改造传统产品,提供更迅速、多功能、远距离、低成本服务的统称。以银行为例,电子银行的出现,改变了人们对传统"水泥银行"的印象,开创了银行业渠道创新的新时代。金融机构营销人员应注意下列技术发展趋势。

#### 1. 科技高速发展,新兴行业出现

创新的长期影响有时不可预见,例如,避孕药使家庭规模变小,更多的已婚妇女就业、家

庭可支配收入增加,使得人们有足够的钱用于度假、购买耐用消费品和奢侈品。手机、电子游戏和互联网不仅降低了人们对传统媒体的关注,还由于人们使用手机听音乐、看电影,减少了面对面的社交活动。电子化、虚拟化程度很高的金融业更是如此,很难有长盛不衰的金融产品,甚至金融行业的传统融资模式也受到诸如"余额宝""众筹"等网络金融的挑战。金融机构需要直面网络金融的挑战,利用新的信息技术不断创新,才是互联网时代的生存之道。

2. 向节能环保代碳经济发展模式转变

在各国遏制全球变暖的共同努力中,2009年12月在哥本哈根召开的联合国气候变化大会被喻为"拯救人类的最后一次机会"。时任国务院总理温家宝18日在大会领导人会议上发表了题为《凝聚共识、加强合作、推进应对气候变化历史进程》的重要讲话。我国低碳经济发展模式由此更大规模地展开。

向低碳经济转型过程中有大批传统产业改造、大量新兴产业成长,如新能源产业——风能、太阳能、核能和生物质能等最具发展潜力的可再生能源,智能电网改造与建设,新能源汽车,清洁煤和碳捕捉技术,节能技术,绿色家居与交通,环保技术等。随之而来的"低碳金融"将成为中国金融业新的"兴奋点",将产生巨大的"绿色信贷"需求,银行可提供信用咨询、理财产品、低碳项目融资等新服务产品,还可以直接参与碳交易市场。资本市场通过创业板可以推出许多低碳、绿色、环保、新能源的新兴行业公司,加速其发展步伐,通过并购重组改造或淘汰落后产能。

3. 注重微小技术改进

由于研发新技术成本较高,许多金融机构现在一般只做些小的技术改进而不冒险去开发新技术。许多金融机构的研究经费主要用于模仿竞争对手的产品,并做一些形式上的微小改进,只提供现有品牌的简单延伸。因此,许多研究只是防御性的而不是进攻性的,只能够在一定时间内取得较好的市场效果。

4. 管制的加强

美国次贷危机就是一个因金融创新缺乏适当的风险管理和风险监管,从而演变为金融风险的典型事例。由于金融产品的衍生变得越来越复杂,公众需要了解这些产品是否安全。因此,政府机构会对有不安全因素的产品进行调查,决定是否禁止销售这些管制使金融机构的研究成本增加,并使产品从制造到面市的周期变长,可能对金融创新产生压制作用。

知识锦囊 2-2

### 美国次贷危机

美国次贷危机(subprime crisis)也称次级房贷危机,也译为次债危机。它是指一场发生在美国,因次级抵押贷款机构破产、投资基金被迫关闭、股市剧烈震荡引起的金融风暴,它致使全球主要金融市场出现流动性不足危机。美国"次贷危机"是从2006年春季开始逐步显现的,2007年8月开始席卷美国、欧盟和日本等世界主要金融市场。

## 2.3.4 政治与法律环境

政治与法律是影响金融企业营销的重要的宏观环境因素。政治因素像一只有形之手,调节着金融企业营销活动的方向,法律则为金融企业规定经营活动行为准则。政治与法律相互联系,共同对金融企业的市场营销活动发挥影响和作用。

### 1. 政治环境

政治环境(political environment)指金融企业市场营销活动的外部政治形势、国家方针政策及其变化。

在国内,安定团结的政治局面不仅有利于经济的发展和人们收入的增加,而且影响到人们的心理状况,导致市场需求发生变化。党和政府的方针、政策,规定了国民经济的发展方向和速度,也直接关系到社会购买力的提高和市场消费需求的增长变化。2014年资本市场开放取得了突破性进展,我国决定建立上海与香港股票市场交易互联互通机制,简称"沪港通"。2016年12月5日,"深港通"也正式落地,这促使境内股市与全球经济联系更加紧密,从市场运作机制、监管机制等多方面,推动中国内地资本市场深化改革。以市场准入、利率和汇率的改革为核心的金融改革过程,在"一带一路"倡议的引领下将更快推进,最终将改变金融市场格局,带来新的竞争力量和新的多样化的产品。所以,善于解读政策,具有灵敏的政治嗅觉的人,往往能捷足先登,抓住市场机遇。

对国际政治环境的分析,应了解"政治权力"与"政治冲突"对企业市场营销活动的影响。政治权力对金融企业营销活动的影响主要表现在有关国家政府通过采取某种措施限制外来企业及产品的进入,如进口限制、外汇控制、劳工限制、绿色壁垒等等。政治冲突则指的是国际上重大事件和突发性事件,这类冲突即使在以和平和发展为主流的时代也从未绝迹过。这种冲突对金融企业的市场营销工作的影响或大或小,或意味着机会或产生巨大的威胁。

### 2. 法律环境

法律环境(legal environment)是指国家或地方政府颁布的各项法规、法令、条例等。法律环境不仅对企业的营销活动而且对市场消费需求的形成和实现具有一定的调节作用。金融企业研究并熟悉法律环境,不仅可以保证自身严格依法经营和运用法律手段保障自身权益,还可通过法律条文的变化对市场需求及其走势进行预测。

各个国家的社会制度不同,经济发展阶段和国情不同,体现统治阶级意志的法律制度也不同。从事国际市场营销的金融企业,必须对相关国家的法律制度和有关的国际法规、国际惯例和准则进行深入的学习研究并在实践中遵循。

## 2.3.5 社会文化环境

在企业面临的不同环境因素中,社会文化环境(social and cultural environment)是较为特殊的，它不像其他环境那样显而易见与易于理解，却又无时不在地深刻影响着金融企业的市场营销活动。文化，作为一个社会历史范畴，涵盖面很广，在这里指在一种社会形态下形成的价值观念、宗教信仰、道德规范以及世代相传的风俗习惯等被社会所公认的各种行为规范。具体包括一个国家或地区的价值观念、生活方式、风俗习惯、民族特征、宗教信仰、伦理道德、教育水平、文学艺术等内容的总和。

金融企业的市场营销人员需要分析、研究和了解社会文化环境，以针对不同的社会文化环境制定不同的营销策略，尤其要考虑社会诚信文化和财富价值观。诚信是一种文化，是一种社会公共产品，而不仅限于参与金融交易的当事人的狭隘范围。事实上，由于经济主体的所有活动都是在社会网络中进行的，一个经济主体相互不信任的社会极有可能会陷入"所有人对所有人的战争"。如果在社会网络中存在一种诚信规范或者诚信规则，并作为一种类似文化和习俗的东西传承下去，一直被社会经济活动中的当事人所遵守，就形成了诚信文化。在诚信文化水平低的社会，金融机构的经营成本将十分高昂。

有千年文化传统的中国民众，也沉淀了许多特别的财富观念，比如"财不露白"的财富高度私密性；"不患寡而患不均"的均贫富观念；"不患贫而患不安"的风险意识；崇尚勤俭节约的美德；孝文化强调养老和敬老，年轻时要为养老留够储备；"盛世收藏"使传统文件珍宝和稀缺性资源工艺品成为投资理财的热土。社会文化决定人们的财富观念，观念决定做事方法，并产生相应的行动与结果。

## 2.4 营销环境分析及对策

> 营销环境分析工具具体如何运用？

金融企业的生存与发展既与其生存的市场环境密切相关，又取决于金融企业对市场环境要素及其影响所持的态度和相应对策。市场环境的客观性、多变性、复杂性决定了企业不可能去创造、改变营销环境，而只能主动地适应、利用环境。为此，企业应该运用科学的分析方法，加强对营销环境的监测与分析，随时掌握其发展趋势，从中发现市场机会和威胁，有针对性地制定和调整自己的战略和策略，不失时机地利用营销机会，尽可能减少威胁带来的损失。

### 2.4.1 环境分析法——SWOT 分析法

在对环境的分析中，人们较多地运用一种简便易行的"SWOT"分析法。如图 2-7 所示，SWOT 分析法是将宏观环境、市场需求、竞争状况、企业营销条件进行综合分析，以得出与企业营销活动相关的优势、劣势、机会和威胁。

一般来说，运用 SWOT 分析法研究金融企业营销决策时，强调寻找四个方面中与金融

图 2-7 SWOT 分析模型图

企业营销决策密切相关的主要因素,而不是把所有关于企业优势、薄弱点、外部机会与威胁逐项列出汇集。营销环境分析的重点是市场机会和威胁,即可能涉足的新的市场机会,或对金融企业营销造成威胁的因素。

## 2.4.2 企业应对环境影响的对策

在对市场机会和环境威胁进行评价的基础上,金融企业就可以有的放矢地制定相应的营销对策。

### 1. 应对市场机会的营销对策

市场机会指对金融企业营销中某些因素的变化及其发展趋势,给金融企业带来的有利时机和条件。如政策支持、技术进步、消费者需求增加、主要竞争对手出现失误、与供应者关系良好、投资者支持等。面对客观的市场机会,金融企业应该给予足够的重视,制定适当的对策。金融企业常采用的策略有三种。

(1) 及时利用策略。

当市场机会与企业的营销目标一致,金融企业又具备利用市场机会的资源条件,并享有竞争中的差别利益时,企业应抓住时机,及时调整自己的营销策略,充分利用市场机会,求得更大的发展。

(2) 待机利用策略。

有些市场机会相对稳定,在短时间内不会发生变化,而金融企业暂时又不具备利用市场机会的必要条件,可以积极准备,创造条件,等待时机成熟时再加以利用。

(3) 果断放弃策略。

市场机会十分具有吸引力,但金融企业缺乏必要的条件,无法加以利用,此时金融企业应做出决策果断放弃。因为任何犹豫和拖延都可能导致错过利用其他机会的时机,从而一事无成。

### 2. 应对环境威胁的营销对策

环境变化对企业的影响是客观存在的,那些不利于企业营销的因素及其发展趋势,会给金融企业带来压力与危害,如市场上新产品的出现、市场出现大幅波动、竞争对手实力强大、市场成长放缓、目标市场购买力下降等。金融企业必须给予足够的重视和制定适当的对策。面对环境对金融企业可能造成的威胁,常用的对策有三种。

(1) 转移策略。

当金融企业面临环境威胁时,通过改变自己受到威胁的产品现有市场,或将投资方向转移来避免环境变化对金融企业的威胁。该策略包括三种转移:一是产品转移,即将受到威胁的产品转移到其他产品上去;二是市场转移,即将金融企业的营销活动转移到新的细分市场上去;三是行业转移,即将金融企业的资源转移到更有利的行业中去。例如,将银行资金抽取一部分转移到保险、信托投资、证券交易等部门,这可以分散或转移风险。

(2) 减轻策略。

当企业面临环境威胁时,力图通过调整、改变自己的营销组合策略,尽量降低环境威胁对企业的负面影响。营销方略改变,一般既可以减轻环境威胁的程度,又能将环境威胁转变为有利的商机,其关键在于方略是否及时恰当。

(3) 对抗策略。

对抗策略通常被称为是积极主动的策略。当金融企业面临环境威胁时,试图通过自己的努力限制或扭转环境中不利因素的发展。例如某企业经营不善,亏损严重,拖欠银行贷款无力偿还,面临破产危险,放款银行面对这一情况,应尽快采取措施力争多索回一些贷款,或争取一旦该企业破产能多获得一些资产作为抵偿,从而减少银行的经济损失;或者放款银行经过慎重分析,再追加一些资产作为抵偿,使其能更新设备开发新产品,改善经营管理,从而扭亏为盈,最终能如数偿还银行贷款本息,使银行获得更多的经济效益。金融企业在某种情况下,还可以通过各种方式督促政府颁布法令或制定某项政策以改变环境威胁,这在国际金融营销中往往能发挥重大作用。

 **本章小结**

一般来说,金融市场营销环境是指影响金融企业营销活动与成效的所有因素和力量的集合,外部环境的变化不以营销者的意志为转移,它对金融企业营销活动的影响具有强制性和不可控性,可分为宏观环境因素和微观环境因素两大类,它们构成了金融企业的生存空间,是营销活动的基础和条件。

金融企业市场营销环境的宏观因素主要有政治法律因素、经济因素、科技与资源因素、社会文化因素、人口因素等。微观环境因素是指介于宏观环境因素和金融企业内部可控因素(产品、价格、渠道、促销)中间的一些影响因素,除了金融企业自身外,主要包括供应者、营销中介、竞争者、顾客及公众等。金融企业在营销环境分析的基础上,可以运用SWOT分析法分析金融企业所面临的市场机会与环境威胁,并针对竞争者分析自身的优势和劣势,为制定企业营销战略提供科学依据。

### 关键术语（中英对照）

营销环境（marketing environment）
宏观环境（macro marketing environment）
微观环境（micro marketing environment）
营销中介（marketing intermediaries）
公众（public）
人口统计（demography）
社会文化环境（social and cultural environment）
经济环境（economic environment）
科学技术环境（technological environment）
政治环境（political environment）

### 思考题与应用

1. 金融营销与外部环境之间存在怎样的关系？
2. 金融机构最关注哪些经济因素？它们的营销意义是什么？
3. 人口老龄化问题在大中城市日益突出，请列举这一变化所形成的三个方面的市场机会？
4. 尝试联系访问一家金融企业，进行 SWOT 分析，撰写市场营销环境分析报告。
5. 社会文化如何影响金融营销？
6. 什么因素导致我国居民储蓄居高不下？这对于金融营销有什么意义？

### 课程互动讨论

#### 全球金融市场遭遇"黑色星期一"

近日全球金融市场遭遇了"黑色星期一"，尤为美股暴跌显眼：北京时间 2020 年 3 月 9 日，标普 500 指数开盘即告暴跌 7%，直接触发美股一级熔断机制，暂停交易 15 分钟。截至当日收盘，美股三大指数——道琼斯工业指数、标普 500 以及纳斯达克指数跌幅均超过 7%，其中道琼斯工业指数和纳斯达克指数更是创下历史跌幅最大纪录。

本次美股熔断是 1997 年后的首次，曾经 1987 年美国"黑色星期一"是催生美股熔断机制的直接原因。事实上，自 2020 年 3 月以来，随着全球新冠肺炎疫情发展与地缘政治风险共振，全球避险情绪不断升温，市场也出现了新一轮调整，恐慌指数（VIX）攀升至 50 以上——2008年金融危机以来新高,美国30年期国债收益率跌破0.8%,创下历史新低。在此期间,美元指数剧烈震荡,原油等大宗商品价格接连遭遇重挫,国际油价在3月9日创下1991年以来最大单日跌幅。

摩根士丹利中国首席经济学家邢自强3月13日在接受中新社记者专访时称,金融市场近期出现"海啸"的主因是新冠疫情全球蔓延,导致经济衰退风险陡增,另有四大因素使其"雪上加霜"。

第一,美国经济和金融市场在过去十年"超长待机"的牛市已积累了脆弱性并出现疲劳,疫情更像是"压倒骆驼的最后一根稻草"。第二,海外抗疫不够果断。邢自强认为,欧美一些国家并没有快速行动,采取有力的隔离措施。邢自强预测,如果海外不采取更严格的遏制政策,仅指望药物和天气转暖来抑制疫情,那么存在较大不确定性,疫情或许会延续至夏季,甚至第三季度。由此,对全球经济来说"短痛会变成长痛"。第三,各国政策刺激空间收窄。邢自强表示,2008年各国央行降息,可一路从高利率水平降下来,而现在本身利率水平极低,可能几个礼拜之内就下调至零利率,可用子弹不多,只能重启量化宽松,美联储可能购买国债及风险资产。同时,财政空间也有掣肘,因美国恰逢大选之年,很难看到两党合作推出较大规模的财政刺激计划。第四,全球缺乏协调。邢自强直言,此次疫情发生前,全球已经历英国"脱欧"、贸易摩擦、欧佩克油价战等多轮国际组织"退群"大考,全球经济政策群龙无首,协调欠缺,削弱了政策反应速度和强度。

经济复苏应分三步走,一是遏制病毒,二是恢复生产,三是刺激需求,答题顺序要对。邢自强称,先要控制住疫情,而后刺激政策才能提振信心,不然上来就越过前两道题,去直奔最后一题,哪怕是零利率加财政刺激消费,疫情不受控,对市场和经济的作用犹如隔山打牛。

资料来源:https://baijiahao.baidu.com/s?id=1661037777662032143&wfr=spider&for=pc。

**【思考题】**

面对全球金融市场动荡,中国金融环境自然无法独善其身,也正在经历考验,而身处其中的中国金融机构应如何"对症下药",应对经济疫情危机?

# 第三章 金融营销中的购买者行为

## 本章知识结构图

- 金融客户含义与分类
  - 金融客户的含义
  - 金融客户的分类

- 个人购买者及行为分析
  - 消费者购买行为
  - 消费者购买行为模式
  - 影响消费者购买的主要因素
  - 消费者购买决策过程

- 机构购买者及行为分析
  - 机构购买者的行为特征
  - 影响机构购买行为的因素
  - 机构购买决策过程

### 知识目标

1. 了解金融客户的含义与分类
2. 理解影响个人消费者与机构购买的主要因素
3. 厘清个人消费者与机构购买者的购买决策过程

### 能力目标

1. 培养分析金融市场购买者行为及其影响因素的能力
2. 根据购买者的行为特征制定相应的营销策略

导入案例

## 2018埃森哲中国消费者洞察系列报告——智金融，人为本

新一轮科技革命蓬勃发展，不断催生新的产业形态和商业模式。金融行业在历经电子化、移动化之后，也将进入金融与科技相结合的新阶段——智能金融时代。对于金融机构来说，智能金融的最终目标是实现以客户为中心，利用金融科技提供随人、随时、随地、随需的智能金融服务。那金融消费者的需求究竟是什么？"2018年中国消费者趋势研究"发现，中国消费者的行为和预期正在快速变化，从当前数字化的生活转向未来智能生活，呈现出四大特点。

### 一、数字方式领跑，渠道更现多样

智能手机已成为消费者数字化虚拟世界日常行为的中心，它改变了消费者行为，也改变了金融服务的传统方式，许多金融创新服务都围绕着智能手机发生。通过智能手机，金融机构可以与消费者建立更直接的双向联系，并集合生态伙伴们的业务流程，实时了解消费者的行为场景，满足客户所需。

埃森哲中国消费者数字趋势研究发现，手机已超过传统ATM、网点等物理渠道，成为消费者最常使用的银行渠道，以手机为主导的多渠道格局已经形成。中国消费者巨大的理财需求，也能在指尖上轻松实现。同时，以社交媒体、视频服务为代表的新渠道正在悄然崛起，部分消费者正在尝试使用社交媒体、可穿戴设备等新潮方式获取银行服务。

调研中，四成消费者已开始通过手机理财，只有不到二成的消费者还经常去银行网点。其中，80后、90后更依赖以手机为载体的数字化生活方式。超过半数的80后、90后经常使用手机银行，该群体中有三成通过社交媒体获取银行服务。

### 二、便捷的手机支付使消费行为更激进

在中国，手机支付已无处不在。据埃森哲统计，2016年非银行支付机构共处理移动支付业务970.51亿笔，金额51.01万亿元，同比增长143.47%和132.29%。同年，美国的移动支付金额1 120亿美元。

如今，使用手机支付的消费者比例已接近现金支付。在一线城市，超过七成的消费者使用手机支付，超过现金支付成为最常用的支付方式。80后、90后的手机支付比例更是高达80%。便捷的手机支付正使得消费者的消费行为变得更加激进，手机的便利支付加剧了月光族的比例。支付更便捷成为消费者冲动消费次数增加的首要原因。

### 三、个人资产配置更均衡

近年来，以第三方支付、互联网理财、网络借贷、股权众筹等为代表的新兴金融业态呈爆发式发展，对消费者的金融行为产生了实质性改变。埃森哲调研发现，非传统金融机构广受欢迎，72%的消费者购买过其产品。其中，理财、投资产品最受大众喜爱。80后、

90后群体是非传统金融机构的忠实客户,他们中近六成购买了互联网金融机构的理财产品,选择互联网金融产品的首要原因在于价格与收益率。

互联网金融产品的高渗透率,也导致家庭财富配置的变化,银行存款及银行理财产品的原有蛋糕被再分配。调研显示,银行存款在消费者家庭财富的占比中已低于50%。替代银行存款的一部分资产来自非传统金融机构的理财产品,各类投资理财产品投入占家庭财富比已达14%。

此外,便捷的互联网消费贷产品蚕食了部分原属于银行的消费者金融市场。60%的消费者表示使用过互联网消费贷。其中,经常使用消费贷的消费者近20%,主要原因在于有优惠、无分期手续费。年轻群体是目前互联网消费贷的主要用户,且收入越高,使用率越高。

调研还发现,互联网消费贷用户更易冲动消费、更倾向"月光族"的生活理念。经常使用消费贷的用户,冲动消费增加的比例达54%,赞同"月光族"的比例达34%,均显著高于不经常使用消费贷的用户。

### 四、乐于接受智能化金融产品和服务

中国消费者已高度接受人工智能金融服务这一新晋"网红"。超过八成的消费者乐意接受完全由人工智能提供的金融服务,涵盖银行、保险、投资等领域。在养老、退休财务规划方面,中国消费者接受度较全球消费者高出14个百分点。此外,各个年龄段的中国消费者对其接受度也高于其他三项金融服务。这或将成为中国人工智能金融服务的突破口。

在对人工智能金融持开放态度的消费者中,约六成人表示人工智能更为快速高效。相比较而言,只有四成左右的全球消费者持相同意见。而作为拥抱人工智能金融服务主力军的80后、90后群体则认为,除了快捷高效,人工智能还能为其提供更好的建议,相关理财服务更经济便宜。

互联网保险也是未来智能化金融产品的一部分。相较于全球消费者,中国消费者对互联网健康保险、汽车车险和家庭财产保险的购买可能性较高。八成以上的80后、90后对互联保险购买意愿更高。

面对中国消费者金融行为和期望的变化,金融机构特别是银行应如何实现以客户为中心,为消费者提供随人、随需、随时、随地的智能金融服务?埃森哲提供了四点建议。

\* 以人为本。每一个消费者都在寻觅快速、便捷同时定制化的银行服务。人工智能的快速发展正在助力银行推出高效、自动化的智能金融服务,为银行实现个性化服务另辟了一条蹊径。

\* 设计为人、由人做主的客户流程。银行需要重塑客户流程,实现其产品在数字渠道的智能化高效分销;并且设计新的流程来实现共创新产品,邀请消费者共同参与新产品研发。

* 拥抱 API。鉴于银行渠道多样性的提高，银行需要多渠道、多频次全面触达消费者。它们可考虑通过应用程序编程接口（API）提供产品或服务，使消费者能够在非银行相关情景下获取和购买银行产品。

* 赢得数据之争。银行需要通过获取更多客户数据，提供更有竞争力的价格，更快、更便利的服务，以及更符合客户金融需求的产品。与客户的关系变得愈发被数据驱动的同时，扮演客户隐私数据的保护者，赢得客户之心。

资料来源：2018 中国消费者洞察系列报告——智金融，人为本，2018-07-07，https://www.sohu.com/a/239763834_263856。

> **营销思考**
>
> 面对金融消费需求的不断变化，各类金融机构具体应该有怎样的应对之策？请结合实际金融机构进行分析。

与其他营利性组织一样，金融机构营销的目标是最大限度地满足购买者与客户的需要，从而实现企业盈利。金融机构如何从购买者的角度看待自己的业务，这要求对购买者心理与行为具有更为广泛的洞察力，包括什么能打动购买者、他们对企业及其产品的认识和态度以及对自己决策过程的理解。

过去，金融机构因为对购买者关注不够而受到批评，因而已经开始慢慢采用了营销学的理念。购买者与客户的需要直接受其心理和行为的影响，在认识购买者或客户间存在差异的基础上，金融机构的营销者应意识到，最有效的方法在于分析各个市场部分的不同需要和愿望，然后设计一套营销组合以满足这些需求。

## 3.1　金融客户的含义与分类

> 如何对金融客户进行分类？

### 3.1.1　金融客户的含义

在现代广阔而复杂的市场中，产品营销者根本不可能获得整个市场，也不可能用一种产品和销售模式应对所有的客户，更不可能对所有的客户提供其需要的所有产品，金融营销者也是如此。一方面，每个金融企业的资源都是有限的；另一方面，客户的数目巨大，分布广泛，所需金融服务又迥然不同。所以，金融企业必须了解客户需求，根据客户的不同需求提供相应的优质服务，以取得竞争的优势以及市场份额。

金融客户是指使用金融企业所提供的金融产品与服务的个人或组织，为金融企业的服务对象。无论是在货币市场还是在资本市场,参与各种金融交易的主体或中介,甚至某些金融机构本身,在不同的时间、场合以及不同的交易过程中,都有可能会成为金融客户。

### 3.1.2 金融客户的分类

#### 1. 按金融交易主体划分

(1) 个人或家庭。个人或家庭是金融市场中的基本客户,从整个社会各部门的资金供需状况来看,由于个人或家庭的收入一般大于支出,因而个人或家庭通常是社会资金的盈余部门。尽管个人或家庭也会成为金融市场的资金需求者,如购买住房、开办企业或因短期资金需求而在二级市场抛售证券等,但就总体而言,个人或家庭大多是金融市场的资金供给者和长期投资者。

(2) 工商企业。工商企业主要包括生产性企业、流通性企业和非金融服务性企业。在现代市场经济中,工商企业是金融服务的主要对象,作为金融企业的客户,工商企业既可能是资金的供给者,也可能是资金的需求者。在资本市场上,除了极少数企业外,多数企业以一定的方式筹集所需要的资本金。同时,企业也可以通过产权交易、投资或持有其他企业股票、债券等形式而成为资本市场供给者。在货币市场上,企业的金融需要主要以融通为目的的资金余缺密切相关。当企业有闲置资金时,为了充分利用资源可以通过存入银行或购买有价证券等形式而成为资金的供给者;当企业缺乏周转资金时,则可以通过向金融企业短期贷款等形式来融通资金,这时企业就成为资金的需求者。

(3) 政府。政府通常是金融市场的大宗客户,它虽然可以作为金融市场的资金供给者,但更主要的是金融市场的资金需求者。作为资金供给者,政府部门的预算收入和各种经费在短期内所形成的闲置资金一般需要存入金融机构;作为资金需求者,中央或地方政府为了弥补财政赤字或开展基础建设,经常通过发行政府公债的方式募集所需资金。在国内金融市场上,政府一般具有双重身份,它不仅是金融市场的客户,而且是金融市场的调控者。

(4) 金融企业与机构投资者。金融企业主要包括银行和非银行金融机构,诸如商业银行、专业银行(储蓄银行、外汇银行等)、政策性银行、保险公司、信托投资公司、证券公司、投资银行、金融租赁公司、财务公司以及各种金融合作机构(如信用社)等。这些金融机构有些是在间接融资领域从事经营,有些则是在直接融资领域开展业务,或两者兼而有之。

机构投资者主要是在资本市场从事大宗投资交易的金融机构,例如保险公司、信托投资公司、财务公司、投资基金公司、养老基金以及其他各种允许在金融市场运作以实现保值增值目的的基金等。机构投资者参与金融交易的资金数额较大,对于金融市场的影响也较大,其投资对象主要是公司股票、企业债券和政府公债。

(5) 事业单位与社会团体。主要包括研究机构、医院、学校、党群组织以及各种具有活动经费的社会团体等,由于上述组织一般是社会资金的盈余部门,因而会把闲置资金用于银行储蓄或在证券市场购买股票或委托投资公司参与中长期投资。

### 2. 按金融交易需求划分

(1) 头寸需求者：主要指实行存款准备金制度的金融机构，如商业银行等。货币头寸是银行同业拆借市场的主要交易工具，当商业银行实际存款准备超过法定准备时，便形成"多准备金头寸"，可以借出其多余的头寸，以增加利息收入；反之，当其实际存款准备不足法定准备时，则出现"少准备金头寸"，需要拆入头寸以补足法定准备额度，以避免受中央银行处罚。

(2) 筹资者：指通过金融机构在金融市场筹资的资金使用者，主要包括生产与流通企业、其他金融性服务企业、政府等，也包括某个机构投资者、急需资金的社团组织和个人等。

(3) 投资者：指金融市场上以一定报偿为前提而出让资金使用权的资金供应者，包括各类存单持有人、政府公债持有人、企业债券持有人、信托或基金受益凭证持有人等。尽管投资回报率不同，所承担的风险程度也不同，但都是以获取一定收益为目的的出资人。

(4) 套利者：指金融市场上的投机者，一级市场与二级市场都有，并以二级市场最为常见。在发达的金融市场尤其是二级市场上，投资者与投机者只是动机不同，其金融行为一般难以分辨，并且受各种因素的影响，相互之间还会转化。金融市场上的投机难以避免，但如果超过一定程度而出现过度投机则不利于市场的健康发展。

(5) 保值者：指因担心金融资金贬值而持有具有保值性质的金融产品的客户，如参与保值储蓄者、黄金珠宝购买者等。

(6) 信用中介者：指在投资者与筹资者之间发挥信用保证作用的机构。投资者为了能够在约定期限内收回投资资金和回报收益，一般要求筹资者以有效可信的形式提供保证，于是第三者采取抵押担保便成为一种重要的信用保证方式。信用中介者往往是具有良好信誉或有较强担保偿付能力的机构，如银行、大企业、专业的担保公司等。

(7) 投保者：指保险公司的客户或保险受益凭证的持有人。在与保险公司签订保险合约后，投保者通过承担依约交纳保费的义务，有权要求保险公司按保险凭证约定对其保险标的（如财产、人寿等）履行保险责任。

(8) 经纪者：指在金融交易中以获得佣金为目的者，主要指发挥代表代理、承销、经纪、咨询等作用的金融中介机构，如货币经纪人、证券经纪人、证券承销商、外汇经纪商、金融咨询公司等。

### 3. 按金融交易量划分

(1) 大户：指交易相对集中、交易量较大的客户，其既可能是大宗资金的需求者，也可能是大宗资金的供给者，诸如企业、政府、金融机构、机构投资者等。由于大户交易集中、交易量大，易于管理且收益可观，因而成为金融企业竞相争取的对象，但同时大户对于金融企业所提供的服务质量要求也较高。

(2) 散户：指交易量小、交易相对分散、交易次数频繁的客户，主要为社会公众。尽管散户人群中既有资金供给者，也有资金需求者，但总体而言，散户大多为资金供给者，是社会中的一般投资人。由于散户人群量大面广,需要金融企业广设网点,并且不断增加服务人员,因而营销成本较高,然而只要金融企业积极开发散户人群所需要的金融产品与服务,善于经营与管理,依然可以做到有的放矢,获得营销成功。

## 3.2 个人购买者及行为分析

> 消费者购买行为模式是怎么样的?

金融机构的一切活动最终都是为大众和机构需求服务的,大众和机构客户构成的金融市场是营销研究的核心。对金融市场客户行为的研究依据特点可分为两大类:个人金融行为和公司金融行为。在金融机构内前者为零售业务,后者为公司业务。个人金融市场的交易特点为:(1)市场广阔、人数众多、次数频繁、数量不大;(2)品种规格多,技术专用性不强、可替代性强;(3)大多数人凭情感交易;(4)供需不易控制。公司金融市场交易的特点为:(1)交易者是机构或企业;(2)许多属于(消费需求)引发性需求;(3)产品专业性强、替代性弱,需求弹性小;(4)需求量大、金额大;(5)产品供需结构复杂。

市场营销强调企业的经营活动必须以满足消费者的需求为导向,然而真正重视对消费者购买行为的全面分析却是从20世纪50年代才开始的。第二次世界大战以后,美国和西欧的经济向全面的买方市场发展,消费者在市场交换活动中的主动地位越来越明显,主要从经济学的角度研究企业市场营销活动的早期营销理论已经很难解释当时市场中出现的许多现象。这时,从行为科学角度研究企业市场营销活动的消费者购买行为学派开始出现。社会学、心理学的研究方法开始被用于市场营销的研究,从而使购买行为的研究最终成为市场营销理论体系中的一个重要组成部分。

长期以来,银行界一直运用单纯的金融分析来研究它的购买者和客户,尤其重视对贷款供应量、透支范围、信用等内容的分析。而这类分析只注重了表面现象,而忽视了隐藏在这些金融分析背后的是购买者的行为特性。

### 3.2.1 消费者购买行为

消费者购买行为(consumer buyer behavior)是指消费者在寻求、评估、购买、使用预期能满足其需要的产品和服务时表现出来的行为。通过研究消费者的购买行为可以有效地发现市场机会,开发新产品,获取更高的利润。如果一个企业不注重研究消费者的购买行为,只是片面依靠商品销售方面的统计数字,市场调研的结果就难以符合实际,而以此为依据所制定的市场营销计划也只能落空。作为金融机构营销人员,要研究消费者购买行为的规律,必须回答以下7个问题,通过这7个问题营销人员才能认清消费者购买行为的每个环节,更有针对性地开展营销活动。由于答案的7个英文单词的首字母都是O,所以就构成了7O's框架,如图3-1所示。

图 3-1 7O's 框架

例如，信用卡这类金融产品，个人消费者将选择怎样的信用卡产品？不同的个人消费者在选择信用卡时有何差异？他们选择信用卡哪些不同的服务？他们选择信用卡追求什么利益？在什么情况下会使用不同的信用卡？使用信用卡的地点有何特点？使用时机有何特点？当新的信用卡产品上市，他们会更换原有的信用卡吗？办新的信用卡的原因有哪些？这些问题往往要通过广泛深入的市场调研来获得答案，而金融机构则必须在此基础上去发现消费者的购买行为规律，并有的放矢地开展营销活动。

### 3.2.2 消费者购买行为模式

消费者在购买行为中的收集信息、比较方案、购买等活动不是凭空产生的，他们会受到诸多因素的影响，有来自消费者自身的，也有来自外部环境的。消费者这些行为的出现有一定的规律可循，金融营销人员如果掌握了这一规律，就可以通过适当的手段对消费者实施刺激，使外在刺激因素与消费者的内在心理发生整合作用，促使消费者做出购买决策，产生购买行为。这一规律，正是消费者购买行为模式所要研究的问题。

对于金融营销人员而言，核心的问题是：消费者对金融机构可能采取的市场营销刺激会如何反应？行为心理学理论认为人的行为都是由外界刺激引起的，根据这一理论，科特勒提出"刺激—反应"模型，认为消费者行为是一个刺激与反应的过程。

如图 3-2 显示，消费者行为来源于受到的来自环境和营销的刺激，面对刺激，消费者会因为个人特性的不同而做出反应，表现出营销人员能观察到的一系列行为。但消费者的内

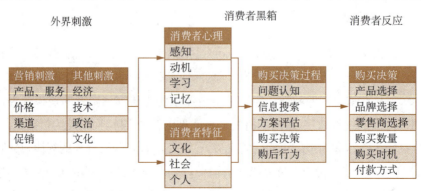

图 3-2 消费者购买行为模式

心经历了一个怎样的决策过程,这一过程又受到哪些因素的影响?这是营销人员最感兴趣,但又无法完全认识的领域,被称为"消费者黑箱",营销人员必须探明黑箱中有什么。

市场营销刺激由产品、价格、渠道和促销构成,其他刺激包括消费者所处环境中的重要力量和事件,包括经济、技术、政治和文化等方面。所有这些因素进入消费者黑箱,在那里它们转化成一系列可以观察的消费者反应。金融营销人员需要理解刺激怎样在黑箱中转化成反应,这主要由两部分构成:消费者特征和心理以及消费者购买决策过程。

### 3.2.3 影响消费者购买的主要因素

消费者不可能在真空中做出自己的购买决策,科特勒提出消费者行为影响因素主要有三个方面:文化因素、社会因素、个人因素。在个人因素中,心理因素具有重要作用,通常情况下会单独分出来,如图 3-3 所示。

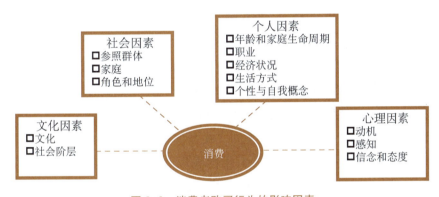

图 3-3 消费者购买行为的影响因素

1. 文化因素

(1) 文化。

广义的文化(culture)是指人类所创造的一切物质文明和精神文明的总和。具体来说,文化是在一定的物质、社会、历史传统基础上形成的价值观念、道德、信仰、思维和行为方式的综合体。文化犹如空气一般,看不见、摸不着,但又无时无刻不在影响着人们的行为。每个人都在一定的文化环境中,通过潜移默化的方式形成了基本的文化观念。

文化通过规范影响人们的行为。文化会对个人行为设置"边界",也就是我们通常所说的规范。规范是关于特定情境下人们应当或不应当做出某些行为的规则,规范源于文化价值观。文化价值观导致了一定的社会规范以及不遵循这些规范时的惩罚,而规范与惩罚则最终影响了人们的消费模式(见图 3-4)。

从文化的层面来看,对中国消费者行为影响最大的文化价值观主要有如下方面。

- 以"根"为本的文化:重家、族、国;生命的延续;望子成龙、光宗耀祖。
- 中庸文化:阴阳平衡的行为导向;福祸相依。
- 关系文化:礼尚往来,来而不往非礼也。

图 3-4 价值观、社会规范、惩罚和消费模式

- 和文化:和谐、和气、和睦、和平;天时、地利、人和。
- 面子与从众:有脸有面;群体舆论。
- 礼与地位:儒家强调举止行为与地位要一致。

这些文化价值观形成了中国消费者独特的消费行为,例如,在"根"文化影响下,消费者基于延续目的,经常会进行超越经济能力的购房消费、对下一代的教育投资、对上一代的祭祖消费等。面子消费也是中国消费行为一大特点,为了追求面子,消费行为互相攀比,或者是进行炫耀性消费。这都是中国独特的文化造成的。

文化的差异引起消费行为的差异,不同文化下的消费者在衣食住行、建筑风格、节日和礼仪等物质和文化生活各个方面都会有不同表现。奥利奥近年来在中国销量下滑,最大的原因就在于中国消费者对美食"喜新厌旧",不喜欢一成不变的口味,很容易失去对商品的新鲜感。对于中国人而言,每天的饭菜应该是换着花样来的,天天吃一样的口味很难接受。

文化的不同还影响着商业银行分支机构的设立。例如,在拥有大量外国移民的国家,在移民集中的主要城市有专门为本国人的需求所服务的金融机构。在英国,存在着上百家小的银行分支机构,其中有一些即为了迎合不同文化群体的需要。

(2) 社会阶层。

社会阶层(social class)指一个社会中相对稳定且有序的分层,每个层级的成员都具有相似的价值观、兴趣爱好和行为方式。同在一个社会阶层中的消费者会倾向于呈现相似的购买行为。社会阶层不是由单一因素例如收入造成的,而是职位、收入、教育、财富和其他的各种变量共同作用的结果。社会成员的阶层不是天生的,随着职位、收入等条件的变化,人们可以进入上一阶层或降入下一阶层。

陆学艺在《当代中国社会阶层研究报告》中,认为现阶段中国主要存在 10 个社会阶层(见表 3-1),当然,随着中国经济的发展,社会阶层的划分可能会有些不同,特别是不同阶层所占比率发生了不小的变化,但这是近年来第一次系统性地对我国社会阶层进行的划分,对于营销人员来说还是有很大的借鉴意义。

表 3-1 当代中国 10 个社会阶层

| 层级 | 名称 | 占比 |
| --- | --- | --- |
| 第一层 | 国家与社会管理者阶层 | 2.1% |
| 第二层 | 经理人员阶层 | 1.5% |
| 第三层 | 私营企业主阶层 | 0.6% |
| 第四层 | 专业技术人员阶层 | 5.1% |
| 第五层 | 办事人员阶层 | 4.8% |
| 第六层 | 个体工商户阶层 | 4.2% |
| 第七层 | 商业服务业员工阶层 | 12.0% |
| 第八层 | 产业工人阶层 | 22.6% |
| 第九层 | 农业劳动者阶层 | 44% |
| 第十层 | 城乡无业、失业、半失业阶层 | 3.1% |

例如，较低社会阶层的人趋向于借入资金供个人使用，而社会阶层高的人则趋向于为消费以外的其他目的借入资金，比如说公司贷款、提高家庭生活质量的贷款等。不同的阶层对信用的使用持不同态度。社会阶层越高的人越倾向于将信用卡作为方便的支付工具，而社会阶层越低的人越倾向于用信用卡作为消费信贷。

2. 社会因素

人们在做出购买决策时，一般乐于听取所信赖之人的意见来降低风险，并从了解他们的想法和行为中获得慰藉。因此，消费者购买行为会受到参照群体、家庭、角色和地位等一系列社会因素的影响。

（1）参照群体。

参照群体（reference group）是指个人在做出购买或消费决策时用来作为参照、比较的个人或群体。对群体成员有直接影响的群体称为成员群体，比如身边的家庭成员、亲戚朋友、同事、邻居等。还有一些虽然个体不属于某个群体，但是会受到来自这个群体的影响，这种群体可能是个体渴望加入的（崇拜性群体），也可能是个体讨厌和反对的（厌恶群体）。

参照群体对消费者购买行为的影响主要表现在三个方面。

- 示范性：参照群体的消费行为和生活方式为成员提供了可供选择的模式。
- 效仿性：参照群体的消费行为会引起人们效仿的欲望，影响消费者的产品选择。
- 一致性：由于效仿，参照群体的消费行为会趋向于一致。

研究发现，对于日常生活中那些不易为他人所觉察的产品，比如洗衣粉、食盐等，参照群体的影响较小。而购买使用时十分显眼的服饰、家电、汽车等，参照群体的影响会更加明显。在相关群体对购买行为影响较强烈的情况下，企业应设法影响相关群体中的意见领导者。

意见领导者既可以是首要群体中在某方面有专长的人,也可以是次要群体的领导人,还可以是期望群体中人们仿效的对象。意见领导者的建议和行为,往往被追随者接受和模仿,因此,他们一旦使用了某种产品,就会起到有效的宣传和推广作用。企业应首先针对他们做广告,或干脆就请他们做广告,以对追随者起到示范或号召作用。

参照群体通常被当作评价金融服务机构所提供信息的基础,这也就意味着,广告必须以特定目标区域购买者所述的参照群体的知识为基础。

(2)家庭。

家庭(family)是社会的基本单位,也是社会中重要的消费者购买组织,它强烈地影响着人们的价值观、人生态度和购买行为。营销人员比较关注的是家庭中丈夫、妻子和孩子在购买不同产品时所发挥的影响。

对不同产品类别而言,夫妻在不同购买阶段的参与程度差别很大。电子产品、汽车在设计时更多地关注男性的习惯、需求,但是随着女性在相关产品的购买者中开始起到决定性影响,越来越多的产品更加"女性化",更"温柔",比如LG电子发布的一些新手机就根据女性胳膊的长度校正了照相机的自动对焦功能。

实证研究表明,对于第一次开立账户的学生来说,父母的影响仅次于银行分支机构地点影响,居于第二位。学生离家越近,开账户时成为其父母所选择的银行的客户的可能性就越大。因此,购买者越是年轻,他们的购买决定受其父母影响的可能性越大。

(3)角色和地位。

一个人在社会中会属于许多群体,家庭、社会、各种组织等,每个人在群体中的位置可以用角色和地位(roles and status)来定义。角色是周围的人期望此人履行的所有职责构成。每个角色都传递一种地位,反映出社会给予此人的尊重程度。一个人在孩子面前是父亲,在妻子面前是丈夫,在公司可能是经理。那么他在做出购买选择时往往会考虑自己的角色和地位,不同的角色和地位可能导致不同的购买行为。金融机构必须善于识别这些差异,能够分离出这些特定的细分市场,才能更好地利用购买者的社会地位与角色这一因素。

 案例小链接3-1

### 2019中国"她经济"发展现状与用户行为分析

在互联网整体人口红利消失的背景下,垂直群体的蓝海吸引企业转移竞争焦点,针对服务具高适配性要求的垂直群体进行业务布局,加速推动着互联网群体经济的发展。"她经济"是指围绕女性群体展开的一系列消费行为与经济现象。艾媒咨询数据显示,2020年中国"她经济"市场规模将达到4.8万亿元。

艾媒咨询分析师认为,随着中国女性受教育水平不断提升,女性自我独立意识觉醒,越来越多女性积极参与就业,推动了女性消费的升级,女性逐渐成为新时代消费主力军,孕育出市场规模达到万亿级的"她经济"。

> **2019人群经济洞察榜——"她经济"**
>
> 艾媒咨询分析师研究发现,最受女性用户喜爱的产品涵盖摄影图像、女性健康、育儿亲子、视频娱乐、电商购物领域。女性自主独立意识的觉醒提高了女性对身份归属感的需要。当代女性更加追求美与时尚,愈发重视女性健康。而网购也成为了女性生活中不可或缺的购物方式。
>
> **女性用户移动互联网行为分析**
>
> 数据显示,女性网民在娱乐、生活、购物方面对互联网依赖程度较高,对母婴、海淘、外卖需求较高,而拍照是女性网民的一大兴趣,短视频则成为女性网民重要的娱乐方式。
>
> **"她经济"标杆平台分析——美柚**
>
> 美柚是一个综合型女性平台,提供健康管理、孕育科普、社区交流和垂直电商等线上服务,贯穿于女性经期、备孕、孕期和辣妈整个生命周期。
>
> 艾媒咨询分析师认为,美柚以年轻女性为目标顾客群体,通过提供实用的工具和电商服务,满足其健康管理、社交、情绪释放的多样化需求,并开设社区以增加用户黏性,在行业中处于领先位置。未来女性健康管理市场的竞争焦点主要集中在生态竞争,美柚作为该领域头部平台,具有庞大的用户基础,其优势或将更加凸显。
>
> 总而言之,中国宏观环境变化正在提速,人们在物质文化水平提高、生活基础提升的情况下,对于生活产品和服务的需求也呈现专业化的趋势。另一方面,国际局势不断变化,中美贸易战背景下,中国需要拉动内需,促进经济发展。
>
> 而垂直群体经济具有巨大的挖掘空间,针对各类群体的特点和需求衍生的服务,有望催生各类万亿级别市场,同时倒逼产业链条上其他企业变革,因此群体经济发展将成为拉动内需的重要动力,"她经济"便是极好的例子。
>
> 资料来源:女性成消费主力军:2019中国她经济发展现状与用户行为分析,2019-12-22,https://www.iimedia.cn/c1020/67344.html。

**? 营销思考**

全球近一个世纪以来,中国女性可能是角色、生活方式和消费方式变化最大的群体,从金融营销者的角度如何判断中国女性消费群?

### 3. 个人因素

除了文化因素和社会因素这些外在因素会对消费者购买行为产生影响外,消费者自身的一些内在特性也会产生影响,特别是年龄和生命周期、职业和经济状况、生活方式、个性和自我概念的影响。

(1) 年龄和家庭生命周期。

消费者的年龄(age)会对消费者购买行为产生明显的影响,是决定其需求的重要因素。

当你还处在孩童阶段较多关注的是玩具,到了青少年阶段关注的会是时装和娱乐,成年阶段则会关注房产、家具和子女教育,老年了就会关注保健品。此外,家庭生命周期(life-cycle stage)也会影响购买行为。西方营销学家把家庭生命周期分为七个阶段:单身青年、已婚无子女家庭、满巢Ⅰ(有6岁以下子女的年轻夫妇)、满巢Ⅱ(有6岁以上子女的年轻夫妇)、满巢Ⅲ(子女长大却尚未独立的年轻夫妇)、空巢(子女长大且离开家庭的中年夫妇)、单身老人。不同的生命周期群体有着各不相同的购买习惯,凭借消费者生命周期的数据,营销人员可以根据人们如何消费、如何与品牌和周围世界互动,制定切实可行的、个性化的营销宣传活动。

(2) 职业和经济状况。

不同职业(occupation)的消费者扮演着不同的社会角色,有着不同的购买习惯。体力劳动者偏好购买结实耐穿的服装,管理人员则偏好商务套装。

经济状况(economic situation)的好坏、收入水平的高低对消费者的购买行为有着直接的影响。不同的收入水平,决定了不同的购买能力,决定了需求的不同层次和倾向。中国经济发展存在不平衡现象,沿海地区相对于内陆地区而言,经济发展比较好,该地区的消费者相对而言具有更强的品牌意识,也能接受更高的产品价格。

(3) 生活方式。

来自相同文化、社会阶层和职业的人可能有着很不相同的生活方式,生活方式(lifestyle)是一个人的生活模式,根据对消费者生活方式的了解,可以预测消费者的行为。生活在一定文化和社会背景下,具有自我个性和人口特征的消费者总是会追求自己的生活方式。对生活方式的追求影响他们的需求、欲望,进而影响他们的购买决策和使用行为。比如,一个有环保意识的更热爱自然生活方式的人,可能更喜欢去购买自行车而不是汽车,更可能成为一个素食餐厅的重要顾客。

(4) 个性和自我概念。

个性(personality)是指使一个人或一群人区别于其他人或群体的独特心理特征,这些特征能使一个人对他所处的环境产生相对稳定和持久的反应。例如,喜欢冒险的消费者容易受广告的影响,成为新产品的早期使用者;自信的或急躁的人购买决策过程较短;缺乏自信的人购买决策过程较长。当某个品牌的个性和消费者的个性保持一致时,这个品牌将会更受欢迎。同时,越来越多的消费者倾向于购买不同风格的产品来展示自己独特的个性。

自我概念是对自我的看法,或对"我是谁"的理解。它是理解消费者行为中一个很重要的概念,因为人们总是购买有助于强化自我意识的品牌和产品。例如:当商业银行推出网上银行时将其服务宣传为向精力充沛的客户提供,那么自诩为生活节奏快且精力充沛的客户会积极尝试采用,借以树立自我概念。

4. 心理因素

个人的购买决策还受到四种主要的心理因素影响,分别是动机、感知、学习、信念和态度。

（1）动机。

人类的行为是由动机（motive）支配的，动机则是由需要引发的。需要是人们由于缺乏而导致的一种不平衡状态。当需要强烈到一定程度时，就变成了一种动机。动机，也称驱动力，是一种足够充足地促使人们去追寻满足他们需要的需求。

主要的动机理论有两个：弗洛伊德的理论和马斯洛需要层次理论。弗洛伊德的理论表明，一个人的购买决策受到潜意识动机的影响，消费者本身可能也不了解这些潜在动机。那么营销人员要研究消费者的购买行为，必须通过各种心理学探寻方法去测试消费者潜意识动机。马斯洛需要层次理论认为一个人的需要是有不同层次的，由低到高分别是：生理需要、安全需要、社交需要、尊重需要和自我实现的需要。个体总是试图首先满足最重要的需求，只有那些没有被满足的需求才能成为行为动机。低级需要得到满足后，下一层级的需要就会随之出现。比如，一个食不果腹的人是不会考虑食物的卫生问题，更不会考虑别人的眼光。

（2）感知。

每天我们通过5个感觉器官：视觉、听觉、嗅觉、触觉和味觉，获取大量外界信息，但是同样的信息，却经常"仁者见仁，智者见智"，这是因为在思维、经验、记忆等的参与下，我们每个人都在用不同的方式来接受、整理和解释这些信息。感知（perception）就是指个体选择、组织外部信息并以一种有意义的、整体的方式对之加以解释的过程。

营销实践中往往有这种现象：在同样的营销刺激下，消费者的感知会有很大不同，因为感知具有选择性，主要表现为选择性注意、选择性曲解、选择性记忆。

- 选择性注意意味着消费者易于接受对自己有意义的信息以及与其他信息相比有明显差别的信息。每天我们处在广告的海洋，可是有大量的广告甚至都没有被消费者注意到，更不会起到影响消费行为的作用。
- 选择性曲解是指人们会将信息加以扭曲使之符合自己原有的认识，然后加以接受。比如，当你对一家公司印象不好时，你就会"理所当然"地认为这家企业的广告可能存在不实信息。
- 选择性记忆是指人们易于记住与自己态度和信念一致的信息，而可能忘记所有与自己信念不一致的信息。比如，一个"果粉"一定会记得 iPhone 操作系统的流畅而忘记它较差的续航能力。

由于存在选择性感知，营销人员就必须更加生动、重复性地传递营销刺激，这样才能让消费者最终感知到产品信息，从而影响其购买行为。

（3）信念和态度。

通过实践和学习，人们会获得信念和态度，而这些反过来又会影响其购买行为。所谓信念（belief），是指一个人对某些事物所持有的具体看法。信念可能建立在现实的知识、观念或信仰之上，可能夹带着情感因素。消费者的信念决定了企业和产品在其心目中的形象，决定了顾客的购买行为。营销人员如果发现消费者的信念是错误的，并阻碍了其购买行为，就应运用有效的促销活动予以纠正以促进产品销售。

态度(attitude)是个人对事物或观念相对稳定的评价、感觉和偏好。态度使人们喜欢或是讨厌、亲近或是疏远某一事物，态度是一种倾向而非行为，是一种持久状态而不是瞬时的状态。消费者是否购买一个产品，在很大程度上依赖于消费者对它的态度，如果消费者对产品持有肯定态度时，购买行为就很容易发生。

以上文化、社会、个人、心理等方面的因素，是影响消费者购买行为的主要因素。其中一些因素，如消费者的年龄、性别、职业、经济状况、社会阶层、态度等，对金融企业来说是不可控或难以施加影响的。但了解这些因素，可以使企业更好地识别可能对其产品或服务最感兴趣的购买者，为市场细分和选择目标市场提供必要的线索，也为制定营销组合策略提供依据。另外一些因素，如消费者的购买动机、感觉、知觉、信念、生活方式等，容易受到企业营销的影响，在了解这些因素的基础上，金融企业可以制定相应的营销策略，在一定程度上诱导消费者的购买需求。

### 3.2.4 消费者购买决策过程

在分析了影响购买者行为的主要因素后，还需了解消费者如何真正做出购买决策，即了解购买过程的具体步骤。

图 3-5 消费者购买决策过程

如图 3-5 所示，消费者购买决策过程一般由需求识别、收集信息、评价方案、购买决策、购后行为五个阶段构成。在日常生活中，消费者并不是每一次购买都完全遵循以上过程进行决策，对于那些已经十分熟悉的产品，消费者可能并不需要进行信息收集，对于那些消费者已经使用多次的产品，也可能不会进行购后评价。

1. 需求识别(need recognition)

购买者的需要往往由两种刺激引起，即内部刺激和外部刺激。有的需求消费者自身可以意识到，比如当口渴时，你就会产生找水解渴的需求。但是更多时候，消费者并不知道自己需要什么，这就需要营销人员通过各种手段去挖掘、发现消费者的需求，并让他发觉自己有这种需求，或者是为其创造一种需求。

例如，通货膨胀或紧缩，人们出于财产规避风险或增值的动机而产生的投资理财的需求。针对这个阶段，金融营销者所能做的就是如何加强对消费者的刺激，以激起消费者购买的动机和欲望,并要注意两方面的问题,一是注意了解那些与本企业的产品在实际上或潜在有关联的驱使力;二是注意消费者对某种金融产品的需求强度,会随着时间的推移而变动,并且被一些诱因所触发。

2. 收集信息(information search)

一般来讲,引起的需要不是马上就能满足的,消费者需要寻找某些信息,这些信息包括产品信息、价格信息、购买地点信息、评价信息等。消费者信息来源主要如下。

(1) 个人来源:家庭、朋友、邻居、熟人;

(2) 商业来源:广告、推销员、经销商、包装、展览会与展示;

(3) 公共来源:大众媒体、消费者评比机构;

(4) 经验来源:消费者过去的亲身经历和感受。

不同的信息来源,消费者可以获得的信息和信息的可信度有很大区别。一般而言,经验来源和个人来源的可信度较高,但是信息量较少。而商业来源和公共来源的信息量很大,但是消费者对其的信任度有限。通过收集信息,消费者可以加深对产品的了解,熟悉产品的不同品牌、销售渠道等。消费者对产品的购买意愿越强烈,对产品的专业知识越少,搜集信息就会越积极。

针对这个阶段,企业营销的关键是要能掌握消费者在收集信息时会求助于哪些信息源,并能通过这些信息源向消费者施加影响力。比如对于持币理财者而言,在这一阶段营销者如何行动,要看他本人是否熟悉金融市场、他的工作和生活圈子以及获取有效信息的能力。客户在了解到可能的理财产品有储蓄、国债、基金、委托理财、信托计划、股票投资、保险分红等形式后,接着就进入下一个"评价方案"阶段。

3. 评价方案(alternative evaluation)

经过多方面信息的搜集,消费者对市场中的产品品牌、各品牌特点都有了一定的了解,同时会根据各种信息筛选出多个可供选择的品牌,并对这些品牌进行比较、评估。每个消费者用来评估方案的标准可能是不同的,标准的设定具有很大的主观性。比如,在对理财产品进行判断选择时,顾客会考虑多重因素,如产品属性、重要程度、品牌形象、评价程序等。

(1) 产品属性:不同的理财产品有不同的属性,包括期限、利率或收入、成本、流动性和风险等,产品之间的差异是用属性来描述的。

(2) 重要程度:顾客会根据自己的需要,划分产品各种属性的重要程度,顾客会赋予标准不同的权重来体现标准对他而言的不同重要性。有稳定收入者看重收入属性而不在意期限属性。有人用准备买车、买房或支付孩子读书费用的钱来购买理财产品,则更看重流动性。

(3) 品牌形象:它是关于某个特定品牌的一系列信念,之前提到的持币待理财者可能选择银行与券商合作的集合投资产品,原因是可以避开对某个银行理财产品所留下的不良印象。

(4) 评价程序:顾客通过某种评价程序而形成对不同品牌的态度,在不同的交易决策中顾客会使用一种或几种评价程序。假定之前提到的持币待理财者综合评价后圈定的几种较为相近的投资产品为：集合投资、一年期储蓄存款、一年期通知存款、开放式货币基金。因为市场普遍对国债行情看好，他选择了开放式货币基金。尽管预期收益有一定程度的不确定性，但是远程交易的便利可以使他在市场变化之初及时套现，从而调整投资策略，再选择其他更合适的产品。

除了像上述这类理性顾客，对交易产品做仔细估计和逻辑思考外，还有一些冲动型顾客，几乎不做评价，凭感觉交易。此外，一些顾客倾向于自主做出交易决策；一些顾客则会谨慎地向朋友或销售人员进行更多的咨询。

4. 购买决策(purchase decision)

当消费者根据标准、权重理性分析了各个方案后，一般会选择自己最喜欢的品牌作为最后的购买意图。不过，在购买意图和决定购买之间，有两种因素会起作用，一是他人的态度，二是意外情况。例如，即使持币待理财者已经做出购买开放式货币基金的决定，但只要没有最后实施交易，就仍然可能改变决定。可能是意外事故、重大政策变化或社会事件，甚至家人或好友的一句话都会改变他交易意向，使他在产品选择序列中寻找第二方案——一年期储蓄存款或通知存款。

市场营销人员必须了解引起消费者有风险感的那些因素，进而采取措施来减少消费者的可觉察风险，避免这些因素导致购买行为终止。

5. 购后行为(post-purchase behavior)

不是消费者结束了购买行为，购买过程就已经结束。营销人员必须关注消费者购买后对产品的满意度。那么，到底是什么决定了消费者是否满意？学者认为，这取决于消费者预期和产品感知绩效之间的关系。如果产品达到了预期，消费者就会感到满意。如果产品没有达到预期，消费者就会不满意。

只有让消费者满意，才能吸引和保留顾客，带来重复购买，并向他人推荐该产品。如果不满意，消费者就会通过放弃不用、退货、诉诸法律、四处抱怨等做法来发泄心中的不满。市场营销人员应采取有效措施尽量减少消费者的不满意程度。

通过研究完整的消费者购买决策过程，金融营销人员可以帮助消费者顺利做出购买决策。例如，如果消费者因为没有发觉需要而不购买某种新产品时，市场营销者可以通过广告信息来刺激消费者产生需求。如果消费者是因为对产品缺乏好感而不购买，营销人员就要想方设法转变消费者的态度，或者更新产品。

## 3.3 机构购买者及行为分析

? 影响机构购买行为的因素包括哪些？

机构是营利机构与非营销机构的总称，营利机构主要是工商企业，非营利机构是以政府为主体,包括各类社团的组织机构。我国金融机构将面对机构市场的业务统称为对公业务。这是一个巨大的市场,在金融机构的产品和服务中占比很大,我国银行传统信贷产品几乎主要是面对工商企业的(个人零售金融市场只是改革开放以后,随着居民财富增长而发展起来的)。政府金融服务具有一定的中国特色,我国经济发展模式是政府主导型,政府政策、政府采购和公共项目都离不开金融支持。随着公民意识不断提高,各类社团越来越活跃,如公益慈善社团、权益维护社团、环保社团等,给金融行业带来了新的市场和商机。

工商市场是银行机构市场的主体,该市场的金融行为与大众化的个人市场行为有许多不同之处,最大差异是企业从事金融活动的目的是为生产提供服务。虽然企业金融行为没有个人行为复杂,但由于单笔交易金额大、总量占比大、对业务的构成和经营业绩影响大,金融机构十分重视机构市场的研究与开发。

针对企业金融需求的特点,金融机构提供了相应的产品与服务。商业银行对公业务包括企业电子银行、单位存款业务、信贷业务、国际业务、委托性住房金融、资金清算、中间业务、资产推介、信托业务、租赁业务等。证券公司的对公业务有投行业务、代客理财、财务咨询、并购顾问等。保险公司的对公业务有企业员工保险计划、企业财产保险、经营风险保险、企业年金受托管理等。

### 3.3.1 机构购买者的行为特征

当面向机构购买者提供金融服务时,营销者必须了解该机构购买者的需求、资源、政策和购买程序,同时必须考虑到在购买者市场中不常见的某些问题。

(1) 与个人购买者相比,机构客户购买银行服务所要达到的目标更多样化,包括获取利润、降低成本、满足员工需求以及承担法律义务、履行社会职能等。

(2) 在购买决策方面,机构客户的参与者更多,尤其是在一些重大购买项目中更是如此,这些参与者代表不同的部门,所采取的决策标准不尽相同。

(3) 购买人员必须遵守其机构所制定的各项规章、政策、限制要求。

(4) 机构客户所应用的购买工具,如报价、建议书等都是个人购买者在购买过程中比较少见的。

尽管各机构客户的购买行为不完全相同,但商业银行还是可以发现机构客户行为中的某些共性,以利于改进自己的营销战略计划或策略。与个人消费者市场相比较,机构购买者的特征主要表现在以下几个方面。

(1) 购买者数量较少,但购买量较大。

在机构客户市场上,购买者绝大多数是企业单位,其数量相对于个人消费者市场的购买者数量要少很多。机构购买者数目虽少,但单个客户的购买量和购买金额却相对较大,因此,金融营销者要特别注意保持与机构客户间业务关系的稳定性。

(2) 购买者需求的衍生性。

机构客户尤其是企业客户对银行服务的需求有很多是由购买者对该机构客户的需求衍

生出来的。例如,某企业产品在市场上供不应求,急需抓住机会扩大再生产,这时就需从银行借贷以购买机器设备与厂房,即企业产生了贷款需求。若企业借贷后,市场情况发生变化,销售额下降,企业还贷能力出现问题,自然又与银行有关。鉴于此,银行营销人员还必须关注与机构客户密切相关的最终购买者市场的变化情况。

(3) 业务选择较稳定,随意变更关系银行的可能性相对较小。

由于机构客户的购买决策都由购买决策小组来进行,也就是购买决策的参与者较多,每个人在决策过程中扮演特定的角色,其购买过程较复杂。因此,一项决策一旦做出就会相对固定,在对商业银行的选择上也是如此。所以商业银行一旦获得某个机构客户,就是提供最为周到的服务,增强其忠诚度。商业银行间的竞争日趋激烈,一旦机构客户成为别家银行的客户,要想转变其购买决策必将花费更大的成本和代价。

(4) 特定生命周期之下的金融需求。

在企业开业阶段,需要低利率的贷款,如政府担保的小企业贷款和银行启动的贷款;在企业扩张分销网络阶段,需要信用卡零售服务和厂房设备租赁服务,如企业商铺租赁购置专项贷款;在更新产品时,需要业务顾问和专营服务及厂房设备贷款;在出品贸易中,需要出口融资和信用证业务;企业职工需要保险和退休计划服务;企业健康发展进入扩张阶段,将收购、兼并其他企业,需要财务顾问服务和股本融资等。金融机构需要经常了解企业情况,并评估企业的财务状况、业务性质和运营的市场状况,对处于不同阶段的企业,通过一揽子服务方案的实施,给予相应的资金支持。

### 3.3.2 影响机构购买行为的因素

对于机构市场的营销人员来说,为了根据需求有针对性地制订营销方案,有必要了解机构购买者做出购买决策的过程,分析影响其决策的主要因素。

图3-6显示了机构购买者在受到各种因素作用后做出营销决策的经过。首先,外部环境的压力以及来自供应商的营销努力会对机构产生刺激,这两类刺激因素进入机构内部后,参与购买决策的往往不是一个人,而是来自不同领域,有着不同身份的人共同组成的决策小组,通常被称为采购中心(buying center)。采购中心将做出一系列决策,比如选择哪家供应商,选择什么产品和服务,采购的数量以及运输、服务和付款方式等。采购中心在决策过程中,除了受到外部环境和营销方面的影响外,还会受到来自机构本身相关的因素,以及采购中心内部成员的个性及相互关系等的影响。

下面,我们先来分析一下影响机构购买行为的因素。

1. 环境因素

指机构所面临的外部环境因素。诸如一个国家的经济前景,市场需求,市场竞争,政治法律等情况。这些因素都是客观存在的,机构不能轻易改变,但可以利用环境因素做出有利于机构目标的购买行为。

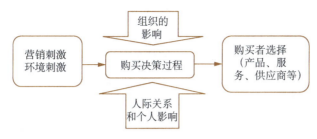

图 3-6 组织购买者反应模型

(1) 经济环境因素。经济环境的变化对政府和机构的影响不大,因为这些部门的采购通常按年度计划进行。但是,经济状况变化对企业的影响却很大。以机构客户中的工商企业为例,假如经济处于衰退时期,工商企业就会减少对厂房或设备的投资,并且想方设法减少存货,这些就会减少银行贷款。金融机构营销人员在这种环境下采用刺激总需求来扩大货款是收效不大的。

(2) 政策法律因素。任何机构的购买行为都要受到政策和法律的制约。政府出于稳定经济,减轻贫富差距,保护本国企业,维护企业间正当竞争等原因而行使政府职能,从而对机构市场施加影响。

### 2. 组织因素

即企业本身的因素,诸如企业的目标政策,职能部门设置、组织的采购政策,金融交易政策、流程、权限等,显然,这些组织因素也会影响机构购买者的购买决策和购买行为。比如大型工商企业的贷款需求通常由企业内相关部门负责人经过多次会议研讨决定贷款的用途、数量、方式,反映出其参与金融交易有着严密的政策、权限和程序。一些中小企业,尤其是处在创业阶段的家族式企业,内部缺乏科学合理的职能部门设置,也缺乏严格的金融交易制度与程序,通常由"家长"决定金融交易行为。两个规模不同的工商企业,组织因素的差异必然导致它们的金融交易存在明显的差异。

### 3. 采购团队因素

为了弄清楚机构购买行为的参与者是如何进行购买决策的,必须了解采购中心的成员构成,以及他们在购买决策中分别扮演什么样的角色。一般来说,购买决策的参与者大致扮演以下五种角色中的一种或几种。

(1) 使用者(users):指机构中将使用所购产品或服务的成员。如操作人员、维修工程师、秘书等。他们往往首先提出购买建议,并协助决定产品规格,品种和购买数量。一旦所购产品使用后不能满足需要,对他们的影响最大。因此,为了避免给自己找麻烦,他们参与决策的意识较强,对产品的技术性能,质量,功能等要求较高。他们在采购中心的影响力也比较大,其他成员多倾向于征求他们的意见。

(2) 影响者(influencers):指直接或间接影响购买决策的人。通常指技术人员,如工程师、质量控制专家和研发人员。他们能够运用自己的技术知识对购买决策施加影响,为保证生产进度和维持设计要求,他们比较重视产品的技术性能,协助决定产品的规格、品种。

(3) 采购者(buyers):指被赋予权力,按照采购方案选择供应商,商谈采购条款的人员。如购买代理人、采购部门办事员或负责人,主要任务是选择供应商和负责交易谈判。采购人员重视价格和产品功能。若是比较复杂的采购,来自高层的管理人员也会参与到采购谈判中。

(4) 决策者(deciders):指有正式或非正式的权利决定买与不买,决定产品规格、购买数量和供应商的人员。决策者可以是高级、中间甚至是初级的管理人员。有时还涉及多层决策的状况。在一般的例行采购中,采购者往往就是决策者。决策者考虑问题多从单位整体利益出发,重视价格以及该项采购能给企业发展带来的利益。

(5) 信息控制者(gatekeepers):指有能力控制供应商的信息到达采购中心主要成员的人。比如采购代理、接待员、秘书、甚至电话接线员、门卫。

以上是采购中心大致的参与者以及他们在采购中可能扮演的角色类型,但并不是每次购买行动都一定配齐这五种角色的参与者。实际上,采购中心的规模及其成员构成会因所处的购买阶段,采购对各职能部门的影响,所购产品的性质、价值和数量的不同而有所调整。营销人员应当据此预测哪些人是机构客户采购中心的主要成员,谁是主要的决策参与者,他们对决策的影响力如何等,进而针对主要决策者的购买方针和评价标准制定营销对策。

### 4. 个人因素

机构购买虽然是集体决策,但采购中心的每个成员的个性、经历、教育背景、职务、所在部门、利益、信息来源等都有所不同,这种个体的差异会影响各个参与者对要采购的产品和供应商的感觉、看法,从而影响购买决策和购买行为。

对于备选的产品和服务,采购中心成员的评价标准往往各不相同。以机构客户中的工商企业用于购买某项先进设备的企业贷款为例,在该金融交易行为中,生产部门率先提出购买先进设备代替老设备,以降低职工劳动强度、提高产品质量;设备采购部门经考察认可建议,并初步测算设备款提交财务部门;财务部门根据财务状况提出同意购买和贷款建议(含金额、选定的金融机构),并上报企业负责此项工作的管理者审批;该管理者同意后,将贷款方案提交董事会最终审核;银行审核该企业资信后同意贷款。自此企业就将与其选择的金融机构发生金融交易行为。

### 3.3.3 机构购买决策过程

金融营销人员只有了解机构客户购买过程各个阶段的情况,才能采取适当的措施,去适应客户在各个阶段的需要。机构客户购买过程的繁简,取决于机构客户购买情况的复杂程度。一般情况下,机构客户对商业银行服务(或产品)的购买过程包括以下步骤。

(1) 明确需求。

与个人购买过程的情况相似,机构客户的购买过程始于认识组织的需求。当机构客户发现取得某项产品(或服务)能够解决组织的某一问题或满足组织的某一需求时,其购买过程便开始了。觉察问题主要由内部和外部两种刺激所引起。内部刺激来源于内部运营的各种需要,比如企业研发了新产品,就需要购买设备、原材料以及相关服务;企业原有的设备发生故障,则需要更新或需要购买新的零部件;或者已采购的原材料不能令人满意,企业决定物色新的供应商。外部刺激主要指企业相关人员收到各种信息后获得启发,产生购买欲望。比如在某个商品展销会上被新产品或服务所吸引,或者接受了广告宣传,或者接受了某些推销员提出的可以提供质量更好、价格更低的产品的建议,等等。

通常一个机构客户选择银行的首要动机是获得信贷服务的需求,而且批准或拒绝贷款是机构客户建立或终止与银行关系的最主要原因。同时,机构客户也需要非信贷服务,如票据结算业务、结汇、售汇、付汇业务、电子印鉴业务等。

(2)确定购买目标和规格。

觉察到某项需求之后,机构客户接着就要拟出一份需求要项说明书,定出所购买银行产品(或服务)必须达到的目标及规格。机构客户通常会进行价值分析,以降低接受服务的成本。在这一阶段,机构客户将具体制定几套购买方案,并根据其详细的需求来评价服务之间的区别。例如,机构客户制定了几套为雇员购买薪金直接存款服务的方案,其中有几家银行可供选择,机构客户将详细研究几家银行提供的服务。机构客户的评估可从多方着手:咨询相关指导机构;查询电脑信息;打电话给其他公司请其推荐好的银行;观看商业广告等等。最后,机构客户会归纳出一份合同银行的名单。此阶段,商业银行应该特别重视广告宣传,并到各种商业指导或指南、宣传机构中登记自己银行的名字,争取在市场上树立良好的信誉。

(3)选择金融机构。

这是机构客户在选择金融产品(或服务)最关键的一个环节。比如:机构客户选择商业银行的标准通常包括位置、银行职员的技巧与态度、银行地位和规模、贷款政策、非信用服务范围、声誉以及服务程度的便利性。

(4)正式购买。

机构客户一旦对金融机构做出选择,便正式签订协议,正式购买该金融机构的产品(或服务)。金融机构应争取在向机构客户提供优良服务的同时,与之建立一种长期的关系并促使其成为忠诚客户。

(5)满意度评估。

在这一阶段,机构客户将对使用金融机构产品(或服务)的满意度情况进行评估,如果满意,机构客户就会继续接受原金融机构的服务,否则他将做出新的选择。因此,金融营销人员的任务就是要掌握机构客户用于判断银行是否令其满意的共同标准,并做出相应的努力。

 **本章小结**

金融机构的一切活动最终都是为大众和机构需求服务的,大众和机构客户构成的金融市场是营销研究的核心。对金融市场客户行为的研究依据特点可分为两大类:个人金融行为和公司金融行为。在金融机构内前者为零售业务,后者为公司业务。

最简单的消费者购买行为模式是"刺激—反应"模型,根据这一模型,营销刺激(4P)和其他因素(经济、技术、政治、文化)进入到"消费者黑箱"中,产生可以观察到的消费者反应。黑箱中的消费者特征和心理、消费者购买决策过程是营销人员必须探究的内容。

个人消费者自身所处的文化、社会环境,以及个人因素构成了影响消费者购买行为的主要因素。这些因素相互作用,共同影响了消费者对于产品最终的购买行为,也帮助我们了解了黑箱的部分内容。黑箱中另一部分就是消费者购买决策过程。对于不同的购买行为类型,消费者的购买决策可能各不相同。但是一般情况下,大多数的购买决策过程都包括五个步骤:需求识别、收集信息、评价方案、购买决策、购后行为。金融营销人员要理解消费者每个阶段购买行为,并通过各种营销活动来影响其决策,使其向着对企业有利的方向进行。

影响机构购买行为的因素主要有环境因素,组织因素,采购团队因素和个人因素。营销人员应当预测采购中心的成员构成,了解各个成员在购买决策中所扮演的角色,以及他们背景、经历、评价标准等,进而有针对性地制定营销对策。金融营销人员只有了解机构客户购买过程各个阶段的情况,才能采取适当的措施,去适应客户在各个阶段的需要。机构客户购买过程的繁简,取决于机构客户购买情况的复杂程度。

 **关键术语(中英对照)**

消费者市场(consumer buyer market)

消费者购买行为(consumer buyer behavior)

文化(culture)

社会阶层(social class)

参照群体(reference group)

家庭(family)

角色和地位(roles and status)

年龄和家庭生命周期(age and life-cycle stage)

职业(occupation)

经济状况(economic situation)

生活方式(lifestyle)

个性和自我概念(personality and self-concept)

动机（motive/drive）

感知（perception）

信念和态度（belief and attitude）

需求识别（need recognition）

收集信息（information search）

评价方案（alternative evaluation）

购买决策（purchase decision）

购后行为（post-purchase behavior）

采购中心（buying center）

使用者（users）

影响者（influencers）

决策者（deciders）

采购者（buyers）

信息控制者（gatekeepers）

### 思考题与实践训练

1. 按金融交易主体划分，金融客户的分类。
2. 文化因素对个人购买者的市场购买行为会产生哪些影响？
3. 假设你正准备办理个人信用卡，请解释：
（1）可能影响你购买的动机；
（2）选择信用卡将考虑哪些因素；
（3）请描述本次选择信用卡的整体决策过程。
4. 机构购买者与个人购买者有哪些不同的特点？
5. 用一个金融交易行为的例子，说明个人特征的影响。
6. "工商客户市场的波动比个人客户市场的波动大"，这对金融机构业务发展有什么启示？
7. 金融产品购买决策有哪几类角色参与其中？

### 课程互动讨论

#### 郁金香泡沫案例

"郁金香泡沫"是人类历史上第一次有记载的金融泡沫。16世纪中期，郁金香从土耳其被引入西欧，不久，人们开始对这种植物产生了狂热。到17世纪初期，一些珍品卖到了不同寻常的高价，而富人们也竞相在他们的花园中展示最新和最稀有的品种。到17世纪30年代初期，这一时尚导致了一场经典的投机狂热。人们购买郁金香已经不再是为了其内在的价值或作观赏之用，而是期望其价格能无限上涨并因此获利(这种总是期望有人会愿意出价更高的想法，长期以来被称为投资的博傻理论)。

郁金香原产于小亚细亚。1593年，传入荷兰。17世纪前半期，由于郁金香被引种到欧洲的时间很短，数量非常有限，因此价格极其昂贵。在崇尚浮华和奢侈的法国，很多达官显贵家里都摆有郁金香，作为观赏品和奢侈品向外人炫耀。1608年，就有法国人用价值3万法郎的珠宝去换取一只郁金香球茎。不过与荷兰比起来，这一切都显得微不足道。

当郁金香开始在荷兰流传后，一些机敏的投机商就开始大量囤积郁金香球茎以待价格上涨。不久，在舆论的鼓吹之下，人们对郁金香表现出一种病态的倾慕与热忱，并开始竞相抢购郁金香球茎。1634年，炒买郁金香的热潮蔓延为荷兰的全民运动。当时1 000荷兰盾一朵的郁金香花根，不到一个月后就升值为2万荷兰盾了。1636年，一株稀有品种的郁金香竟然达到了与一辆马车、几匹马等值的地步。面对如此暴利，所有的人都被冲昏了头脑。他们变卖家产，只是为了购买一株郁金香。就在这一年，为了方便郁金香交易，人们干脆在阿姆斯特丹的证券交易所内开设了固定的交易市场。正如当时一名历史学家所描述的："谁都相信，郁金香热将永远持续下去，世界各地的有钱人都会向荷兰发出订单，无论什么样的价格都会有人付账。在受到如此恩惠的荷兰，贫困将会一去不复返。无论是贵族、市民、农民，还是工匠、船夫、随从、伙计，甚至是扫烟囱的工人和旧衣服店里的老妇，都加入了郁金香的投机。无论处在哪个阶层，人们都将财产变换成现金，投资于这种花卉。"1637年，郁金香的价格已经涨到了骇人听闻的水平。与上一年相比，郁金香总涨幅高达5900%！1637年2月，一株名为"永远的奥古斯都"的郁金香售价高达6 700荷兰盾，这笔钱足以买下阿姆斯特丹运河边的一幢豪宅，而当时荷兰人的平均年收入只有150荷兰盾。

就当人们沉浸在对郁金香的狂热中时，一场大崩溃已经近在眼前。由于卖方突然大量抛售，公众开始陷入恐慌，导致郁金香市场在1637年2月4日突然崩溃。一夜之间，郁金香球茎的价格一泻千里。虽然荷兰政府发出紧急声明，认为郁金香球茎价格无理由下跌，劝告市民停止抛售，并试图以合同价格的10%来了结所有的合同，但这些努力毫无用处。一个星期后，郁金香的价格已平均下跌了90%，而那些普通的品种甚至不如一颗洋葱的售价。绝望之中，人们纷纷涌向法院，希望能够借助法律的力量挽回损失。但在1637年4月，荷兰政府决定终止所有合同，禁止投机式的郁金香交易，从而彻底击破了这次历史上空前的经济泡沫。

资料来源：https://baike.baidu.com/item/郁金香泡沫/5143656？fr=aladdin。

【讨论题】

请运用"影响个人消费者购买的主要因素"相关知识点，结合该案例，分析有哪些因素影响了此次金融交易行为？具体是如何产生影响的？

# 第四章 金融市场调研

## 本章知识结构图

- 金融市场调研概述
  - 金融市场调研的含义和作用
  - 金融市场调研的历史沿革
  - 金融市场调研的特点
  - 营销调研的类型

- 金融市场调研的内容与过程
  - 金融市场调研的内容
  - 金融市场调研的过程

**知识目标**

1. 了解金融市场调研的含义和作用
2. 理解金融市场调研的内容
3. 掌握金融市场调研的程序、方法与工具

**能力目标**

1. 能熟练掌握金融市场调研流程
2. 会制定并实施市场调研方案,能撰写市场调研报告

 导入案例

## 2019 银行业用户体验大调研报告

微众银行·银行用户联合体验实验室（以下称"实验室"）发布了《2019年银行业用户体验大调研报告》，从2017年起，实验室针对中国银行用户体验进行了持续的研究，已经连续三年发布大调研报告。在今年的报告中详细地描述了普通用户在存、花、贷、保和银行渠道使用上的五大变化趋势。

经济运行进入新常态，银行用户的行为也有新的变化，2019年用户投资理财和借贷上变得谨慎，偏好简单易懂的低风险理财产品。支付方式更加多元，但一线城市与下沉地区、年轻人和老年人之间出现分化。手机银行App成为银行接触客户的最主要渠道，但线下门店在功能性和情感性方面依然有很强的吸引力。信用卡还款方面，平台的用户体验甚至比是否免手续费更重要。以下从存、花、贷、保四个方面看用户更谨慎的理财态度。

**存：保守的理财态度，谨慎地评估风险**

2019年73.5%的用户认为理财投资环境一般或严峻，受P2P暴雷、股市行情变化等因素的影响，理财态度保守的用户占比提高12.3%。

随着理财投资态度更加保守，用户对于收益和风险评估更加谨慎。对比3年来的数据发现，用户对理财投资的收益风险评价逐渐向低收益移动，其中认为收益年化率达到5%—6%就可能存在风险的用户比例上升，说明不再一味追求高收益，会谨慎综合评估收益和风险的用户占比有所提升。随着经济、金融环境的变化，用户在评估理财投资产品时更加谨慎，理财投资态度更保守，用户对安全、稳定的理财投资方式更加青睐。

**花：多种控制手段让消费更加理性**

报告发现在2019年，超过8成用户量入为出，其中51.6%的用户评价目前的消费现状是"理性消费，略有结余"。

年轻人消费观相对积极，年轻人也通常被认为更容易超额消费，但一个有趣的现象是，相比于60后、70后和80后用户，90后尤其是95后用户的消费控制意识更强，当其意识到消费支出超过个人消费能力时，更会主动进行消费控制，懂得在感性消费与理性消费间寻求平衡。

不同年龄段的用户，控制消费的手段存有一定差异。90后尤其是95后用户控制消费的手段，则更倾向于采用"减少信用支付使用"，而70后、80后用户更倾向采取"购买理财"，60后则是通过"储蓄存款"来控制。

**贷：借贷选择更谨慎，还款更在意使用体验**

2019年，金融监管加强、借贷负面事件曝光等因素，对用户贷款观念产生了影响，对贷款持保守观念的用户占比进一步上升，占比超过50%，较2018年上升近十个百分点。

除利率之外,安全性以及放贷机构是否正规也是用户选择互联网贷款或银行贷款时主要考虑的因素。用户在借贷时更倾向于选择有较高知名度、相关背景方可靠的平台。

另外一个趋势是,体验变得更加重要,当用户进行还款时,用户对还款的操作是否便捷的重视度要高于是否免手续费。如果平台收取信用卡还款手续费,40.3%的用户表示手续可以接受,已经习惯了还款平台,收费不超过一定的范围就不会更换。而表示只要收取手续费就会立刻更换到免费平台的用户占比为34.7%。

**保:不懂所以不买**

2019年用户对保险的接受程度在持续提高,相比2018年,用户保险产品配置比例有所提升,在理财投资方式中使用保险的用户比例增长到27.4%。

但从用户对保险知识的了解程度上看,78.6%的用户都对保险缺乏了解。对保险的不了解也阻碍了用户配置保险,33.7%的用户因为不了解保险知识,不知道买哪种保险合适。

与此同时,近两年出现的"互助产品"也受到用户关注,在网络互助产品中投入过资金的用户中,仍有27.6%的用户认为这些产品是保险,有12.1%的用户并不清楚此类产品的性质,说明部分用户对于产品性质的认知存在误区,保险知识欠缺,分辨能力较弱。

**银行渠道:手机银行App是首选,线下渠道需聚焦情感需求**

2019年的报告还研究了银行与用户的接触渠道,并分别从线上、线下两个方面展开。2019年手机银行App成为用户办理业务的最主要渠道,且用户体验整体满意度连续3年攀升,用户对手机银行App的整体满意度从2018年的70.9%,上升到2019年的76.4%。

但银行线下网点在部分业务办理、满足用户情感需求等方面仍有不可替代的作用。用户前往银行网点的驱动力有2种,功能性和情感性。这表明,能为用户提供情感性价值是线下网点的比较重要的优势。

2019年大调研历时7个月,走过15个城市,回收49 000多个样本数据,拓展了5家来自高校或行业合作伙伴,获得了50家银行的支持。

"当银行还在探索未来的时候,用户已经在用体验去评价服务",微众银行副行长、实验室创始人陈峭认为,在开放式浪潮席卷之下,体验好的银行才能够拥有未来。实验室成立以来,不断拓展研究方向和领域,在向行业分享研究成果及实践经验,未来也将继续在洞察银行用户体验方面探索,持续助力银行为用户提供有温度的服务。

资料来源:《2019年银行业用户体验大调研报告》解读:更谨慎的银行用户,2019-12-23,http://www.xinhuanet.com/money/2019-12/23/c_1125378713.htm。

**? 营销思考**

结合以上调研报告,请分析此次调研属于何种类型的调研?采用了哪些调研方法?并尝试总结金融市场调研实施的流程。

在本章，我们将要讨论营销者如何去了解市场与消费者，而且也会关注公司如何开发和管理关于环境的重要因素的信息——消费者、竞争对手、产品和营销计划。实践证明，营销职能特别需要详细、准确和最新的情报，营销调研正是为不断提供这种情报服务的。在深入调研、掌握信息的基础上，科学的预测方法帮助金融营销管理者认识市场的发展规律，做出对新企业、新产品投资的决策，以及制定营销组合。

## 4.1 金融市场调研概述

> 金融市场调研的含义与作用是什么？

现代市场竞争是信息的竞争，谁先获得重要信息，谁就将在市场竞争中占得先机。我们对金融市场调研的日益重视，正是源于我们对信息的这种需求，而金融营销调研的内容也是需要我们了解学习的重要部分。

### 4.1.1 金融市场调研的含义和作用

金融市场调研（financial marketing research）是指金融企业运用科学的方法，有目的、有计划地收集、整理和分析研究有关市场营销方面的信息，提出解决问题的建议，供金融营销管理人员了解营销环境，发现机会与问题，作为市场预测和营销决策的依据。

市场调研与市场调查两者互相联系又互相区别。市场调查主要是通过各种调查方式与方法，系统地收集有关商品产、供、销的数据与资料，进行必要的整理和分析，如实反映市场供求与竞争的实况；而市场调研则是在市场调查的基础上，运用科学的方法，对所获得的数据与资料进行系统、深入的分析研究，从而得出合乎客观事物发展规律的结论。

金融市场调研是金融企业营销活动的出发点，其作用主要体现在以下三个方面。

（1）有利于制定科学的营销规划。通过营销调研，分析市场了解市场，才能根据市场需求及其变化、市场规模和竞争格局、消费者意见与购买行为、营销环境的基本特征，科学地制定和调整金融企业的营销规划。

（2）有利于优化营销组合。金融企业根据营销调研的结果，分析研究金融产品的产品生命周期，开发新产品，制定产品生命周期各阶段的营销策略组合。如根据消费者对现有金融产品或服务的接受程度，改进现有金融产品或服务，研究产品创意开发；测试消费者对产品价格变动的反应，分析竞争者的价格变化后策略，确定合适的定价；综合运用各种营销手段加强促销活动、广告宣传和售后服务，增进金融产品知名度和顾客满意度，以提高竞争力。

（3）有利于开拓新的市场。通过市场调研，金融企业可发现消费者尚未满足的需求，测试市场上现有产品及营销策略满足消费需求的程度，从而不断开拓新的市场。营销环境的变化,往往会影响和改变消费者的购买动机和购买行为,给企业带来新的机会和挑战,企业可据以确定和调整发展方向。

### 4.1.2 金融市场调研的历史沿革

金融市场调研作为一项相对独立的企业经营活动,是近几十年才发展起来的。20世纪以前,西方金融企业的业务功能较少,其技术还不很复杂,金融企业通过业务活动来了解市场状况,可以基本满足其经营决策的需要,因而对于金融市场的调研并未予以重视。直到20世纪60年代初,才有少数金融企业认识到市场调查对金融业务活动的重要作用。1973年,英国所有的大清算银行都成立了市场营销部,并且有目的地开展了金融市场调研,此外,随着金融业发展竞争的加剧以及外部环境的变化,金融企业日益清楚地认识到开展市场调研的必要性,并着手对诸如客户的数量和构成、开立活期账户和定期账户的种类、影响客户选择银行的因素、企业形象的比较、金融产品和服务如何更好地吸引客户、申请贷款者的情况及其贷款用途等进行认真的调查分析。而其他的金融企业如保险公司、财务公司、证券公司、养老基金、信托公司、投资公司等各种非银行金融机构,也认识到开展市场调研的重要性。

在计划经济体制下,我国金融企业尤其是银行由国家集中统一管理控制,其业务范围界限分明,经营活动按照政府指令性计划进行,而客户的需求只能服从行政计划安排,因而基本没有金融市场调研。随着改革开放的不断深入,市场经济体制基本形成,以及金融企业的职能逐步转型,金融市场调研的作用迅速凸显。具体表现为:多种性质的商业银行已经建立,其分支机构也急速增加;同时,各种非银行金融机构也纷纷成立并开展业务;此外,外资金融机构也开始参与竞争。在这种情况下,我国金融企业为了在市场竞争中求得生存和发展,就必须重视金融市场调研。

### 4.1.3 金融市场调研的特点

从金融市场调研的含义中,可以发现它具有以下几个特点。

(1) 科学性:金融市场调研活动采用科学的研究方法,在整个调研过程中都必须按照科学的原则和步骤来进行。

(2) 系统性:金融市场调研活动的研究程序有着周密的规划和安排,调研人员一般要在既定的研究程序和日程安排下开展活动。

(3) 客观性:在研究活动中,调研人员不应受到个人或其他权威人士的价值观取向的影响,要以公正和中立的态度对信息进行收集、整理和分析。

(4) 针对性:金融营销调研往往针对某个特定的营销问题而展开,它不是金融企业组织中的连续营销职能,而是可以根据需要间断进行的一项活动。

(5) 局限性:金融市场调研活动只是金融企业进行信息管理的一种工具和手段,它不能保证营销决策一定是正确的,只能在一定程度上提供营销决策所需要的信息,降低决策的风险。

### 4.1.4 金融市场调研的类型

金融市场调研可根据不同的标准,划分为不同的类型。如按调研时间可分为一次性调研、定期性调研、经常性调研、临时性调研;按调研目的可分为探测性调研、描述性调研、因果性调研;等等。下面主要介绍根据调研目的的不同,营销调研的不同类型。

#### 1. 探测性调研

探索性调研(exploratory research)通常被看作调研的起始阶段,目标是收集初步信息,确定问题并提出假设。企业在情况不明时,为找出问题的症结,明确进一步调研的内容和重点,需进行非正式的初步调研,收集一些有关的资料进行分析。有些比较简单的问题,如果探测性调研已能弄清其来龙去脉,也可不再做进一步调研。

#### 2. 描述性调研

描述性调研(descriptive research)是一种常见的项目调研,是指对所面临的不同因素、不同方面现状的调查研究,其资料数据的采集和记录,着重于客观事实的静态描述。

在已明确所要研究问题的内容与重点后,拟定调研计划,对所需资料进行收集、记录和分析,一般要进行实地调查,收集第一手资料,摸清问题的过去和现状,进行分析研究,寻求解决问题的办法。

#### 3. 因果性调研

因果性调研(causal research)是指为了查明项目不同要素之间的关系,以及查明导致产生一定现象的原因所进行的调研。通过这种形式调研,可以清楚外界因素的变化对项目进展的影响程度,以及项目决策变动与反应的灵敏性,具有一定程度的动态性。

因果关系调研的目的是找出关联现象或变量之间的因果关系。描述性调研可以说明某些现象或变量之间相互关联,但要说明某个变量是否引起或决定着其他变量的变化,就用到因果关系调研。因果关系调研的目的就是寻找足够的证据来验证这一假设。

## 4.2 金融市场调研的内容与过程

❓ 金融市场调研的具体过程是怎样的?

金融市场调研对于改善金融企业的营销管理十分重要,而市场调查的对象十分广泛,对于直接或间接影响金融营销活动的各种信息均应列入调查范围,以利收集信息资料,开展全面分析。

### 4.2.1 金融市场调研的内容

金融市场调研的内容涉及营销活动的各个方面,如图 4-1 所示。

图 4-1　金融市场调研的主要内容

### 1. 营销环境

金融营销环境是客观存在的,为了使金融营销活动能够顺利开展,必须了解宏观环境中的各种相关因素,分析其对企业的影响,从而避免所制订的营销计划与实际环境发生偏离。营销环境具体由以下三个部分组成:

(1) 法律政策环境。法律政策环境在很大程度上决定了金融企业的客户范围和业务领域。不同的国家以及同一国家不同地区间的法律政策也会不尽相同,而企业只能在严格遵守法律政策的基础上开展营销活动,并根据法律政策变化及时调整其营销计划。

(2) 宏观经济环境。金融营销活动在很多方面受到宏观经济环境的制约。在萧条期,企业普遍不景气,客户对金融业务(如贷款)的需求量就会大大下降,而进入繁荣期,贷款需求又会急剧上升。因此,宏观经济环境直接影响着金融市场的需求变化,企业应根据经济发展水平与市场特点采取不同的营销方略,制订相应的营销计划。

(3) 社会文化环境。人们的社会风尚、生活传统、消费习惯、消费模式以及消费结构的差异会对金融营销活动产生较大影响。例如,在一个具有节俭习惯的社会中,金融企业应着重于储蓄产品的开发,以吸引更多的存款,而在一个消费倾向较强的地区,金融企业则应积极开拓消费信贷业务,以引导客户的消费。此外,文化因素在金融营销活动中亦不容忽视,企业只有根据人们文化知识、思维方式的特点有针对性地开展营销活动,才能实现其经营目标。

### 2. 客户需求

金融营销的出发点是满足客户需求,因此,企业在制订营销计划时应充分考虑客户的基本状况,以便更好地适应客户的要求,从而吸引更多的客户,占领更大的市场份额。对客户需求的调查主要包括以下两个方面。

(1) 人口数量与构成。一般而言,人口数量决定着市场需求量,人口数量越多,对金融业务的需求量也就越大。同时,确定人口数量也要充分考虑流动人口的影响。此外,企业还要对人口构成进行分析。人口构成分析主要包括年龄构成、职业构成、性别构成、民族构成、收入构成等,而不同的人口构成会形成不同的市场需求。

(2) 金融客户行为。金融客户的消费行为多种多样,由于受到需求动机、文化程度、宗教信仰、经济状况与生活方式等因素的影响,因而金融企业对其消费动机、购买方式、购买习惯等要进行全面分析,要了解潜在顾客的需求情况(包括需要什么、需要多少、何时需要等),影响需求的各因素变化的情况,消费者的品牌偏好及对本企业产品的满意度等。通过了解各种因素变化对其消费行为的影响,从而制订适合的营销计划,以正确引导人们的购买活动。

3. 市场供求

市场供求是金融市场调研的一项重要内容,它主要包括以下内容。

(1) 金融产品的市场供求情况,即是供过于求还是供不应求或供求平衡。

(2) 市场潜在需求量,即金融产品在市场上所能达到的最大需求量是多少。

(3) 不同的细分市场对于某种金融产品的需求状况,以及各个细分市场的需求状况与潜在需求量。

(4) 金融产品的市场占有率,哪些细分市场对于企业经营最有利。

(5) 其他金融企业的市场动态及其在竞争中的地位和作用,本企业如何扬长避短,从而在竞争中发挥自身优势。

(6) 金融新产品投放市场的最佳时机。金融企业通过对市场供求状况的分析研究,从而制订更优的金融营销计划。

4. 金融产品

这一调研所涉及的内容主要包括以下方面。

(1) 金融产品的种类、数量及其覆盖范围和市场占有率。

(2) 金融产品生命周期,该分析有助于金融企业根据产品生命周期的不同阶段采取相应的营销方略。

(3) 如何提高现有产品质量,增强其对客户的吸引力,从而维护老客户、增加新客户。

(4) 如何通过产品创新,不断开发新产品,以使产品升级换代,增强产品的市场竞争能力。

(5) 如何改进金融营销过程的服务质量,诸如咨询服务、信托服务等。

(6) 如何确定本企业的资产组合,使得营利性、安全性与流动性获得满足。

(7) 如何对金融产品进行比较分析,提出增强本企业金融产品竞争力的建议和措施。

(8) 如何树立优秀金融企业形象,增强本企业的知名度和影响力,从而不断提高客户对本企业金融产品的信任程度。

总之,对金融产品进行调研,其目的就在于使本企业能够更好地提供适应市场需求、满足客户需求的金融产品和服务,以取得良好的经营绩效。

### 4.2.2 金融市场调研的过程

金融企业的市场营销调研既可以由自身的调研部门进行,也可以委托外部的专业调研部门进行。无论企业自己组织还是外部调研,都要求营销人员密切配合、有计划、有步骤地进行,有效的营销调研的过程通常包括四个步骤:确定问题和调研目标、制定调研计划、执行调研计划以及解释和报告调研结果(见图4-2)。

1. 确定问题和调研目标

为保证营销调研的成功和有效,首先,要明确所要调研的问题,既不可过于宽泛,也不宜

图 4-2 金融市场调研的过程

过于狭窄,要有明确的界定并充分考虑调研成果的实效性。其次,在确定问题的基础上提出特定调研目标,是选择探索性调研、描述性调研还是因果性调研,市场营销调研一般都是从探索性调研开始,再进行描述性和因果性调研。调研问题和目标的确定需要市场营销经理和调研人员密切配合,达成一致。问题和调研目标引导着整个调研过程。

2. 制订调研计划

一旦确定调研问题和目标,调研人员就必须确认所需要的信息,为有效地收集这些信息制定计划,并将该计划上报给管理层。设计有效地收集需要的信息的调研计划包括概述数据的来源,指出具体的调研方法、调研工具、抽样方法和接触方法(见表 4-1)。

表 4-1 调研计划的制订

制订调研计划:
- 资料来源:一手数据、二手数据
- 调研方法:观察法、调查法、实验法等
- 调研工具:调查问卷、仪器
- 抽样方法:抽样单位、范围、程序等
- 接触方法:电话、邮寄、面谈、网络等

由于收集一手数据花费较大,调研通常从收集二手数据开始,必要时再采用各种调研方法收集一手数据。调查表和仪器是收集一手数据采用的主要工具。抽样计划决定三方面的问题:抽样单位确定调查的对象;抽样范围确定样本的多少;抽样程序则是指如何确定受访者的过程。接触方法是回答如何与调查对象接触的问题。

(1) 资料来源。

二手数据(secondary data)也叫第二手资料,是指已经存在的为企业目的而收集的信息。一手数据(primary data)也叫第一手资料,指为当前特殊的目标而专门收集的信息。

市场营销人员一般先收集第二手资料以确定调研的基本方向,必要时再收集第一手资料做进一步详细的分析研究。二手数据可以从企业的内部数据库获得,也可以选择其他的方式。收集第二手资料的途径和方法主要如下。

✓ 企业现有营销资料中查找。
✓ 政府出版物、统计报告或商业、贸易出版物。
✓ 向市场调研公司、广告公司咨询,委托调查或购买资料。

- ✓ 行业协会公布的资料。
- ✓ 竞争企业的产品目录,产品说明书及其他公开宣传资料。
- ✓ 从本企业销售、采购人员获取市场信息情报。
- ✓ 从供应商、中间商处获取信息资料。
- ✓ 商业展览会。
- ✓ 互联网查询。

二手数据成本较低、获取速度较快,但是二手数据较为繁杂,不具有针对性,需要营销人员耗费更多精力去分离出那些对企业有用的数据。

(2) 调研方法。

在很多情况下,企业必须搜集一手数据,收集原始数据的方法主要包括观察法、调查法和实验法。

① 观察法(observational research)。由调查人员到现场对调查对象的情况,有目的、有针对性地进行观察记录,据以研究被调查者的行为和心理。观察法最适用于探索性调研。这种调查多是在被调查者不知不觉中进行的,例如到银行、股票交易所、期货交易所等金融场所进行现场观察。直接观察所得资料比较客观,实用性也较大,其局限性在于只能看到事态的现象,往往不能说明原因,更不能说明购买动机和意向。

② 调查法(survey research)。是搜集一手数据最普遍的方法,也是对于搜集描述性信息最适合的方法。企业营销人员针对想要了解的问题,比如态度、偏好或者购买行为等,通过直接询问的方式来获取信息。调查法比较灵活,可以在很多不同的情况下获取信息,可以适用于任何市场营销问题或决策,一般通过电话、邮寄或网络等方式进行。

但调查法很容易被拒绝,调查对象对调查内容不感兴趣、觉得浪费时间,或者不愿意回答陌生人的问题。也有些调查对象为了显示自己很聪明或见多识广,即使不知道问题答案也胡乱提供不真实的信息。

③ 实验法(experimental research)。在给定的条件下,通过实验对比,对营销环境与营销活动过程中某些变量之间的因果关系及其发展变化进行观察分析。实验法最适合于收集反应因果关系的信息。实验法的结果非常直观,容易获取结论,但对调研人员的要求较高,调研人员要实现对变量之间的因果关系有一定的假设,还要善于设计实验程序,控制可能会影响实验的其他变量。

(3) 调研工具。

在收集一手数据时,调研人员可以选择两种需要工具:调查问卷和调查仪器。

调查问卷(questionnaire)是最常用的调研工具,其询问问题的方式多种多样,可以是封闭性问题,也可以是开放性问题。开放性问题指问卷所提的问题没有事先确定的答案,由被调查者自由回答,例如"你对最近推出的信用卡的印象如何?",由于被调查者的答案不受限制,所以开放性问题比封闭性问题能够反映更多的情况。封闭性问题已经包括所有可能的答案,被调查者从中做出选择,封闭性问题主要以单项选择题、多项选择题、是非题、李克特量表等形式出现,封闭性问题更容易解释和统计。

随着科技的进步,仪器也常作为调研工具。比如,眼动仪通过捕捉调查对象眼球的运动轨迹,可以用来研究消费者的购买动机和态度。

### 知识锦囊 4-1

#### 调研问卷设计的基本原则

一、问卷的构成

1. 被调查者的基本情况,包括被调查者的年龄、性别、文化程度、职业、住址、家庭人均月收入等。

2. 调查内容,是问卷的最重要的组成部分。

3. 编号,需要编号,以便分类归档,汇总统计。

二、问题的选择

1. 要选择切合调查目的的问题,不问可问可不问的。

2. 不触及"社会禁忌"问题或人们的"生活隐私"。

3. 对一些敏感性的问题、个人不愉快的经历或可能不愿意真实回答的问题,要尽量采取容易接受的和委婉的方式来问。

4. 复杂的、难度大的问题不问。

三、问题的表达

1. 措辞应客观严谨、语气亲切。

2. 文字通俗易懂,不使用生涩字眼,不超出被试的理解能力。

3. 提问客观公正,不带主观倾向性、暗示性。如不要提"你愿意……吗?""你会干……吗?",而应问"你是否愿意……?""你会不会干……?"

4. 所给出的供选择的答案应意思明确,界限清楚。如:你喜欢怎样的进修方式? A、函授;B、脱产;C、半年;D、一年;E、短训,这里的答案之间界限模糊。有的是从时间分,有的是从是否脱产分,令回答者不知如何选择。

四、问卷的题型

1. 两项选择题

即是非题。一般设置相互对立的两个答案,让被调查者选出其中一项。

2. 多项选择题

一般设置三个以上的答案,让被调查者选出其中的一项或数项。这种形式多用。

以上是封闭式问卷方式,答案规范,便于定量分析,在问卷调查中多用。

3. 问答题

这是开放式问卷,即自由式提问。没有备选答案,在问题后面留出空白供调查对象自由作答,充分发表意见。这种问题较难整理分析,故在问卷中不宜多用,主要用于深度调查和直接访问。

五、问题的数目与安排

1. 问卷中的问题的数目没有统一规定,一般在 12—20 个,问题太少,缺乏分析的数据。

2. 时间,一般应以 5—10 分钟内能答完为度。问题太多,回答时间太长,会引起被试者厌烦。

3. 问题排列的顺序应是先易后难,先封闭后开放,敏感性问题放在后面,以防止从一开始遇到难题或敏感性问题而产生厌恶、畏难。

4. 问题要按一定逻辑顺序排列。如时间顺序、类别顺序。

5. 答案的设计要有利于数据处理,比如一些评估性问题,其答案应依等级顺序排列:①很喜欢;②喜欢;③一般;④不喜欢;⑤很讨厌。统计时,答案的序号数码既有类别意义,表示不同答案的类别;又有大小意义,表示厌恶的程度。

资料来源:http://www.360doc.com/content/16/1108/23/14642890_605024073.shtml。

### ? 营销思考

请结合具体调研内容,运用以上原则,设计一份问卷。

(4) 抽样方法。

样本(sample)是从总体中挑选出来并能代表总体的一部分。理想的样本能够代表并解释总体的情况,从而帮助调研人员对人们的想法和行为做出准确的估计。

有效的抽样必须首先明确抽样单位——调查谁?其次,选择合理的抽样范围——调查多少人,大样本效果更好,但是成本也更高。最后,确定抽样的程序,选择不同的抽样类型(见表 4-2)。随机抽样可以保证每个总体成员被抽中的概率一样,但是所需成本太大或时

表 4-2 抽样类型

| 随机抽样 | |
|---|---|
| 简单抽样 | 每个总体成员具有已知并相等的机会被选中 |
| 分层随机抽样 | 总体被分成互不相容的几组(如根据年龄分组),从每个组抽取随机样本 |
| 分群(地区)随机抽样 | 总体被分为互不相容的几组(如社区),从这几组中随机抽取一组进行调研 |
| 非随机抽样 | |
| 任意抽样 | 选择最容易获取的总体成员,从他们那里获取信息 |
| 判断抽样 | 调研人员根据自己的判断,选择有可能提供准确信息的总体成员 |
| 配额抽样 | 调研人员从各种类型的人中选取规定的人数进行调查 |

间太长,完全的随机抽样较难实现。非随机抽样更易操作,但样本的结果跟总体的结果有时偏差较大。

(5)接触方法。

在调研过程中,可以通过电话、邮寄、面谈、网络等方式进行询问、获取信息。电话获取信息最迅速也最及时,但是经常遭到拒绝,成功率低,受时间限制也不能问太多问题。邮寄成本较低,经济实用,具有较强的可送达性和可接近性,特别是在调查对象不愿接受访问或对调查人员有偏见时,效果较好。但反应速度太慢,回收率低。面谈最具有灵活性,可以提出很多问题,还可以察言观色,及时补充、修正面谈问题,但是成本很高。网络的发展给调查方式提供了更多的可能,利用网络进行调研灵活性好,也可以很好地控制样本,数据收集速度也很快,成本更低。

### 3. 执行调研计划——收集和分析数据

在制订调研计划后,可由本企业调研人员承担收集信息的工作,也可委托调研公司收集。面谈访问必须争取被访问者的友好和真诚合作,才能收集到有价值的第一手资料。进行实验调查时,调研人员必须注意使实验组和控制组匹配协调,在调查对象汇集时避免其相互影响,并采用统一的方法对实验处理和外来因素进行控制。

调研人员还必须加工和分析收集来的数据,从已获取的有关信息中提炼出适合调研目标的调查结果。在分析过程中,要检查数据的准确性和完整性,并将数据转化为可以分析的形式。然后可将数据资料列成表格,对主要变量计算统计值。

### 4. 解释和报告调研结果

调研人员向营销主管提交与进行决策有关的主要调查结果。调研报告应力求简明、准确、完整、客观,为科学决策提供依据。如能使管理决策减少不确定因素,则此项营销研究就是富有成效的。

## 本章小结

金融市场调研(financial marketing research)是指金融企业运用科学的方法,有目的、有计划地收集、整理和分析研究有关市场营销方面的信息,提出解决问题的建议,供金融营销管理人员了解营销环境,发现机会与问题,作为市场预测和营销决策的依据。

金融市场调研可以分为探索性调研、描述性调研和因果性调研。营销调研的过程包括确定问题和调研目标、制定调研计划、执行调研计划以及解释和报告调研结果四个步骤。其中,企业信息的来源可以是二手数据,也可以是一手数据。对于一手数据,一般利用调查问卷和仪器,通过电话、邮寄、面谈或网络等手段,采用观察法、调查法和实验法进行收集。在进行市场调研时往往需要进行样本的选择,不同的抽样类型有不同的特点,调研人员根据自己的目标及资源选择随机抽样或非随机抽样。

**关键术语(中英对照)**

金融市场调研(financial marketing research)

探索性调研(exploratory research)

描述性调研(descriptive research)

因果性调研(causal research)

二手数据(secondary data)

一手数据(primary data)

观察法(observational research)

调查法(survey research)

实验法(experimental research)

调查问卷(questionnaire)

样本(sample)

 **思考题与应用**

1. 我国金融企业迫于何种压力必须重视金融市场调研？
2. 描述金融市场调研的过程，为什么需要制订调研计划？
3. 以下问题适合采用哪种类型的调研？为什么？
（1）越来越多的竞争对手进入市场
（2）消费者对企业产品的满意度
（3）产品价格下降对消费者忠诚度的影响
4. 解释一手数据和二手数据，分别说明它们适合的时机和搜集的方法。
5. 针对下面的描述，选择合适的调研类型：
（1）金融企业业绩不佳，我们却不知道原因。
（2）选择购买金融产品的都是什么人？哪些人在购买竞争企业的产品？
（3）金融产品经过创新后，产品类型更全面，客户是否会买更多？
6. 在运用抽样调查时，有哪些注意事项？

 **课程互动讨论**

### ××银行理财产品调研问卷

由于近几年来我国经济的飞速发展和金融产业的不断新兴，"金融"这个词也越来越多地融入百姓的生活,为了了解百姓对金融理财等相关产品的关注与认识,也为了更好地学习此方面的知识。以下将对您做一些相关的调查,希望得到您的支持与参与,感谢!

1. 您的年龄?（　　）

   A. 20 岁以下　　　B. 20—30 岁　　　C. 30—40 岁　　　D. 40—50 岁

   E. 50 岁以上

2. 性别?（　　）

   A. 男　　　　　　B. 女

3. 您的收入状况(月收入)?（　　）

   A. 1 000 元以下　　　　　　　　　B. 1 000—2 000 元

   C. 2 000—4 000 元　　　　　　　　D. 4 000—8 000 元

   E. 8 000 元以上

4. 您从事哪方面工作?（　　）

   A. 学生　　　　　B. 职工　　　　　C. 文化教育　　　D. 金融行业

   E. IT 行业　　　　F. 其他_____

5. 你是否常去银行?（　　）

   A. 每月 1 到 2 次　　　　　　　　B. 每月 3 到 4 次

   C. 每季度 1 到 2 次　　　　　　　D. 半年一次

   E. 基本不去

6. 您去银行通常办理什么业务?（　　）

   A. 存款　　　　　B. 取款　　　　　C. 缴费　　　　　D. 理财金业务

   E. 其他

7. 假如有 5 万元闲置资金,您会优先选择哪种理财方式?（　　）

   A. 银行理财产品　B. 股票或基金　　C. 期货　　　　　D. 贵金属

   E. 其他投资品

8. 您认为银行理财产品在投资组合中占多大比重最合理?（　　）

   A. 10% 以下　　　B. 10%—20%　　　C. 20%—50%　　　D. 50% 以上

9. 您是否购买过银行理财产品?（　　）

   A. 偶尔购买　　　B. 经常购买　　　C. 没有买过

10. 您从哪些途径了解银行理财产品相关资讯?（　　）

    A. 银行官网　　　B. 银行柜台　　　C. 门户网站的银行频道

    D. 第三方理财机构　E. 熟人介绍　　F. 其他

11. 您认为购买银行理财产品应该注意哪些方面?（　　）

    A. 收益率　　　　　　　　　　　　B. 流动性:运作期限

    C. 是否保本　　　　　　　　　　　D. 发行银行的理财实力

12. 您认为银行在宣传理财产品时应该注意什么?（　　）

A. 明确说明风险　　　　　B. 明确说明预期收益率

13. 您是从何途径购买银行理财产品的？（　　）

A. 银行柜台　　　　B. 网银　　　　C. 手机银行

14. 如果购买银行理财产品，您希望的投资期限是多久？（　　）

A. 3 个月以下　　　　　　　　　　B. 3 个月以上 6 个月以下

C. 6 个月以上 1 年以下　　　　　　D. 1 年期以上

15. 您倾向于购买哪种收益类型的银行理财产品？（　　）

A. 保证收益型　　　B. 保本浮动收益型　C. 非保本浮动收益型

16. 您是如何看待银行理财产品风险的？（　　）

A. 没有风险　　　　B. 风险很小　　　C. 风险很大

17. 您对金融知识了解吗？（　　）

A. 很了解　　　　B. 了解　　　　C. 一般　　　　D. 不了解

18. 您一般选择何种方式办理银行业务？（　　）

A. 窗口（柜台）　　B. ATM 机　　　C. 电话　　　　D. 网上银行

19. 您对金融理财产品感兴趣吗？（　　）

A. 很有兴趣，希望购买　　　　　　B. 还好，可以购买

C. 想再多了解之后再说　　　　　　D. 没有兴趣，不愿购买

### ××银行"得利宝·稳添利"人民币理财产品

| 产品类型 | 保证收益型，××银行对本理财产品的本金提供保证承诺，并按本产品说明书约定的投资收益率（年率）向投资者计付理财收益 |
| --- | --- |
| 目标客户 | 经××银行个人客户投资风险承受能力评估体系评定为保守型、稳健型、平衡型、增长型、进取型和激进型的有投资经验和无投资经验的所有投资者 |
| 最低投资金额 | 50 000.00 元人民币，以 10 000.00 元人民币为单位递增 |
| 投资起始日 | 2020 年 5 月 27 日 |
| 投资到期日 | 2020 年 11 月 22 日 |

### 产品适合度评估

一、本理财产品有流动性风险。在产品投资期限内，投资者不具备对产品的提前终止权。以上是否符合您对用于购买此理财产品资金的流动性需求？

☐ 是　　　　☐ 否

二、本理财产品并不提供对账单，投资者需要通过登录适用的××银行电子渠道或到××银行营业网点查询等方式，了解产品相关信息公告。以上是否符合您对产品投资信息公告的要求？

☐ 是　　　　☐ 否

三、您在××××年××月××日在××银行接受投资风险承受能力评估,该次评估记录您的投资风险承受程度为_____,该项评估是否真实、客观地反映了您现在的投资风险承受程度?

□ 是　　　　　　□ 否

在问卷的最后,感谢您的配合!

资料来源:https://wenku.baidu.com/view/e993a44abcd5b9f3f90f76c66137ee06eff94e82.html。

【思考题】

阅读以上问卷,思考这份理财产品调研问卷在设计上有什么不足,并说明如何进行改进。

# 第Ⅲ篇

## 明确战略方向：制定营销价值决策

# 第五章 金融市场细分与定位

## 本章知识结构图

 **知识目标**

1. 掌握市场细分的流程和标准
2. 理解目标市场选择策略的优缺点与适用条件
3. 掌握金融市场定位的流程和策略

**能力目标**

1. 学会运用市场细分的方法,有效进行市场细分
2. 能够根据目标市场选择策略,有效地选择市场
3. 会运用市场定位的方法,对特定的金融产品或服务进行市场定位

 **导入案例**

### 印度"女性银行"向女性赋权

2013年,印度财政部长齐丹巴拉姆宣称,政府将投入100亿卢比,以成立一个专门向女性提供金融服务的公共银行,名为"印度妇女银行",该行主要为女性办理金融业务,包括提供小额贷款鼓励女性创业、量身打造各种理财产品以及和非政府组织合作培训妇女从事各项职业等,且员工多为女性。男性也被允许在该行开户,但不允许办理贷款业务。"女性银行"旨在赋予女性权力,改变社会性别失衡的现状。

奇丹巴拉姆的新举措为他赢得了来自印度政界和民间的掌声。但在不绝于耳的赞扬声中,人们也许忽视了令人惊讶的事实——类似的银行在印度其实早已有之。早在1998年,印度东北部的阿萨姆邦,就已有了类似的金融机构。

**"女性银行"来自女性,服务女性**

现年64岁的拉卡哈米·巴拉哈是阿萨姆邦科诺克洛塔妇女城市合作银行的创始人,这家银行规模不大,但因特殊的经营模式引人注目。科诺克洛塔银行的员工几乎全部是女性。在这里,女性不再是印度社会的"边缘人",而是"珍贵的资本"。

"1990年前,我一直在银行工作。那段时间里,我意识到女性在金融业务上面临着诸多困难——那些文化程度低、生活窘迫的女性更是如此。"巴拉哈告诉半岛电视台,"当我回首自己走过的路,我感到有能力通过银行业务赋予女性更多的权力。"

在该银行2.8万个账户中,有2.5万个持有人是女性,她们不仅有权认购银行的股份,还可从这里获得优惠的贷款。现在,这家银行已拥有超过7亿卢比的周转资金,3个分支,还有2个正在运转的投资计划。过去的成功经验让该银行对进一步发展壮大充满信心:它已向政府提出申请,希望获得在其他27个地区开设分行的权限。该行的成功,与其服务女性客户的理念不无关系,这种观念为它赢得大量客户:几乎每家分行每天都会吸引超过250名新顾客,巴拉哈为此感到骄傲。

"这家银行与众不同,它并没有把像我这样未曾接受过教育的女性拒之门外。恰恰相反,这里的员工都非常友善,她们帮助我完成每一个申请步骤,甚至连取款单都帮我填好,我只需在表单上按上大拇指印就行了。"弗拉纳米·卡玛卡说。这个目不识丁的女人现在为一家当地茶园工作,每天收入不到1美元。"在这里我学到如何存钱,这对我很重要,它让我有了财务上的保障。"卡玛卡说。

在科诺克洛塔银行开设储蓄账户门槛极低,只要有100卢比(约合1.6美元)就可开设储蓄账户。其他相同规模的银行往往要求每个储户拥有最低1 000卢比(16美元)。"银行同时还吸引那些依靠养老金生活的人,有些人每月仅有100卢比的养老保险收入,她们很难在其他银行开设账户,而我们可以为她们提供所需的服务。"巴拉哈说。

**女性银行支持妇女创业**

在一些地区,"女性银行"甚至扮演起教育机构的角色——这里的工作人员不仅为文盲或者处于社会边缘的妇女提供金融服务,还帮助她们开设账户,并教会她们如何存款。目前,这家银行还计划为超过5 000名女性提供小规模的创业服务,并赋予她们财政支持。巴拉哈还会组织有关传播银行和金融业务的演讲,她希望通过传播金融理念的方式赋予女性更多权力。在她的带动下,一些曾经在茶园打工的年轻学徒也开始关心银行业务,这在此前几乎是无法想象的。

"赋予女性权力是我们的愿景。我们坚信这些支持和引导会帮助女性在经济上获得独立。我们为那些有创业意向的女性提供利率极其低的贷款,自这项服务开展以来,数以千计的女性从中受益。"巴拉哈说。"与其他银行相比,我们的利率更低。"她补充道。

在科诺克洛塔银行借贷并非难事。银行员工会确保信贷资金在规定时间内审批完毕,甚至还会帮助客户办理贷款的申请手续。在这里,借贷2 000卢比(约合32美元)的小额信贷的审批时间仅为几个小时,5万卢比(803美元)以上的贷款,也只需要一周左右就能发放。"这种快速的借贷审批流程并没有影响我们贷款的回收,事实上,我们的回款率可以达到93%以上。"分行经理拉卡哈·拉妮·阿尼巴拉哈说。

42岁的特瑞莎那·尼奥格对银行的办事效率深有感触。她曾两次向银行贷款,每次都很快得到现金,从没遇到麻烦。现在,尼奥格经营一家小型畜禽养殖场,每年能获得1.5万卢比(约合241美元)的收入。她丈夫经营一家小型轮胎店,尼奥格甚至可以在经济上给予他支持。

这位"女性银行"的忠实客户说:"此前我从不知道有贷款这件事,更不知道金融业务其实那么容易。我的生活在接触了这家银行后完全改变了。今天我知道如何储蓄,如何与银行打交道,如何利用银行贷款。"她甚至打算在还清现有的贷款后,再贷一笔更大的款项,用于拓展养殖场业务。

随着贷款额度不断增大,一个新问题不容忽视——那就是银行正在增长的获利需求。这一点需引起银行的注意。但是,女性客户无需对此感到不安。她们仍拥有属于自己的银行,仍将享受到它所提供的优质服务。

资料来源:印度"女性银行"向女性赋权,2013年10月16日,http://qnck.cyol.com/html/2013-10/16/nw.D110000qnck_20131016_1-24.htm。

**? 营销思考**

充分考虑印度的国情和社会结构等因素,针对女性这一细分市场开设银行,将面临怎样的机遇与挑战?

目前,读者已经了解何为营销以及理解了顾客和营销环境的重要性,并明确营销者的目标是创造价值、建立客户关系和满足需求。本章将深入研究顾客驱动的营销战略决策,将讨论几个关键点——如何把市场划分为有意义的客户群(市场细分),选择目标客户群(确定目标市场),向目标客户提供最能满足其需求的产品(差异化),在顾客内心形成产品定位(市场定位),如图5-1所示。后面的章节将深入讨论市场营销工具4P,有了这些工具,营销人员才能把战略转化为行动。

图5-1　细分市场、目标市场和定位步骤图

今天,各家公司都已经清楚地意识到,在现代社会里,了解消费者的需求是一项复杂的任务,人们多样化的兴趣和背景产生了市场分化,即出现了众多的、有着不同需求的群体,因此不可能吸引其所在市场的全部消费者,至少是不能使用同一种方法来吸引全部消费者。金融机构必须善于选择适合自身、能够充分发挥自身资源优势的目标顾客从事营销,确定金融机构在市场中的位置,这是金融机构营销决策的战略问题。

## 5.1　市场细分

> 怎样进行市场细分?

### 5.1.1　概念以及细分市场依据

市场细分是由美国市场营销学家温德尔·斯密于20世纪50年代中期首先提出来的概念,它顺应了第二次世界大战后美国众多产品的市场转化为买方市场这一新的市场形势,是企业营销思想的新发展,是企业经营贯彻市场导向这一营销观念的合乎逻辑的产物。

**1. 市场细分的概念**

所谓市场细分(marketing segmentation),就是营销者通过市场调研,依据消费者(包括生活消费者、生产消费者)的需要与欲望、购买行为和购买习惯等方面的明显差异性,把某一产品的整体市场划分为若干消费者群(买主群)的市场分类过程。在这里,每一个消费者就是一个细分市场,亦称为"子市场"或"亚市场",每一个细分市场都是由具有类似需求倾向的消费者构成的群体。因此,分属不同细分市场的消费者对同一产品的需要与欲望存在着明显差别,而属同一细分市场的消费者对同一产品的需要与欲望则极为相似。

市场细分的客观基础是同类产品消费需求的多样性,不同细分市场对金融产品的需求差异很大,金融企业可以针对特定的细分市场提供不同种类的产品,采用不同的产品定价、促销手段和分销渠道。细分市场不能仅靠一种方式,营销人员必须尝试各种不同的细分变量或变量组合,以便找到分析市场结构的最佳方法。所谓变量,就是个体、群体或者组织的特征。市场细分的变量选择是至关重要的,因为不恰当的市场细分会导致销售量的下降,失去获利机会。下面我们针对消费者市场和机构市场分别进行介绍。

 案例小链接 5-1

### 易方达推出"大学生理财专区"

新学年到来,大学生需要存一笔现金以备学费、生活费之需,应此需求,易方达基金提供了"将货币基金作为大学生现金管理工具"的解决方案,还特别推出了公司官网在线的"易方达大学生理财专区",帮助大学生理财。

易方达基金认为,大学生由于还处在学习阶段,投资风险意识比较薄弱,可以考虑从货币基金开始理财。货币基金主要投资于短期货币市场工具,具有零申购赎回费、低风险、低门槛、变现快捷、网上交易简单方便等特点,便于大学生利用手中的小额闲散资金进行投资。

大学生投资货币基金可选择两种方式,一是一次性申购:如果在开学时有一定数额的资金,可以通过网站开通网上交易账户,一次性全部购买成货币基金。这种方式平时不用操心,只需每月初赎回一定资金作为当月日常生活费即可。二是定期定额投资:如果大学生每月有一定资金结余,可以在基金公司官方网站开通网上直销专户,并选择定投计划,每月定投一定金额(最低 100 元)的货币基金。

资料来源:易方达推出"大学生理财专区",2011 年 09 月 01 日,https://finance.qq.com/a/20110901/000044.htm。

### ❓ 营销思考

1. 目前在校大学生的理财观念及现实情况有哪些特点?
2. 你认为易方达通过向在校大学生提供理财产品的方式打造潜在客户的做法可行吗?为什么?

#### 2. 细分消费者市场的依据

就消费者市场而言,这些影响因素,亦即细分变量,归纳起来主要有以下几个方面:地理环境因素、人口统计因素、消费者心理因素、消费行为因素、消费受益因素等。以这些变量为依据来细分市场,就有了地理细分、人口细分、心理细分、行为细分、受益细分这五种市场细分的基本形式。

(1) 地理细分(geographic segmentation)。

按照消费者所处的地理位置、当地的人口密集程度等来细分市场称为"地理细分",最常见的按地理因素细分的就是商业银行,例如现阶段的农村商业银行,便是以农村的地理位置为主要根据的商业银行,依照当地的经济环境,针对农村客户办理更为简单直接的业务。地理因素的范围中细分变量还包括当地的文化传统、自然气候、风俗习惯等因素。

按照地理因素细分市场,对于分析研究不同地区消费者的需求特点,需求总量及其发展变化趋势具有一定意义,有利于金融企业开拓区域市场。通过这种市场细分,企业应考虑将自己有限的资源尽可能投向力所能及的、最能发挥自身优势的地区市场中去。

(2) 人口细分(demographic segmentation)。

按照各种变量,如年龄、性别、家庭人口、家庭生命周期、收入、职业、教育、宗教、种族、年代和国籍,把市场分割成群体。人口因素是细分消费者群的最流行的依据,一个原因是消费者的需要、欲望和使用率经常紧随人口变量的变化而变化;另外一个原因是人口变量比绝大多数其他变量更易衡量。

比如以人口因素为例,可以看到不同消费者有着不同需求,详见表5-1。

表5-1 人口细分变量与金融产品需求

| 细分市场 | 年龄 | 收入 | 对金融产品的需求 |
| --- | --- | --- | --- |
| 未成年人 | 18岁以下 | 主要依靠父母资助,经济来源非常有限 | 简便的储蓄账户 |
| 青年人 | 18—23岁 | 接受高等教育或离开学校开始工作,收入水平较低 | ■ 现金传递业务;旅行贷款<br>■ 透支或信贷;简便的储蓄账户 |
| 年轻夫妇 | 24—28岁 | 已结婚,双方都有工资收入,生活稳定,为家庭各项开支制订计划,准备积蓄 | ■ 共同基金;保险<br>■ 预算贷款;旅行贷款<br>■ 储蓄账户;消费信贷 |
| 有子女家庭 | 29—45岁 | 工资收入不断增加,已有子女或子女已长大成人,购买耐用品、住房和高价消费品 | ■ 共同基金;抵押和住房贷款<br>■ 为子女受教育准备长期储蓄<br>■ 保险;消费贷款<br>■ 为子女设立储蓄账户 |
| 中老年人 | 46岁至退休前 | 工资收入高,个人可支配收入增加 | ■ 储蓄和投资;非经常性贷款<br>■ 重置抵押或更换住房贷款<br>■ 财务、投资咨询服务 |
| 退休老人 | 退休后 | 有可观的银行储蓄,稳定的养老金收入 | ■ 现金收入管理<br>■ 信托服务;财务咨询 |

(3) 心理细分(psychographic segmentation)。

按照消费者的心理特征来细分市场称为"心理细分",心理因素十分复杂,包括生活方式、个性、购买动机、价值取向以及对商品供求局势和销售方式的感应程度等变量。对于不同个性的消费者会有不同的消费观念,不同的风险承受能力,对于服务型的企业来说,采用心理因素细分市场是很有必要的。例如,金融产品的分类会存在风险评级的设置,其原因就是为了细分不同心理承受能力和消费承担能力的客户群体,具有很强的针对性,为不同承担能力的客户提供相应的金融服务。

**知识锦囊 5-1**

**按生活方式来划分个人消费者市场**

按生活方式可以细分为时尚型客户群与实惠型客户群。时尚型客户思维活跃,不肯安于现状,容易接受新生事物。这一客户群对新的金融产品比较感兴趣,容易接受新的金融产品和金融服务,他们往往对形式的重视甚于内容。而实惠型客户则不关注金融产品的外在形式,而是更看重金融服务的购买价格与未来收益,注重金融消费行为所能带来的经济利益。

(4) 行为细分(behavioral segmentation)。

行为细分根据消费者不同的消费(购买)行为来细分市场,消费行为的变量也很多,包括消费者进入市场的程度、购买或使用产品的时机、消费的数量规模、对品牌的忠诚度等。

这些信息往往容易被企业所了解,成为对客户后期的追踪及服务的重要信息。这些信息有利于金融机构向客户提供更合适的,也有助于将市场再度细分,规划未来的详细营销方案。例如按照客户的交易频率划分,可以了解客户的交易偏好,掌握客户的资产持有时长,从而准确地向客户推荐心仪的金融产品。

表 5-2　顾客忠诚程度细分

| 忠诚程度类型 | 购买特征 | 销售对策 |
| --- | --- | --- |
| 专一品牌忠诚者 | 始终购买同一品牌 | 用俱乐部制等办法保持老顾客 |
| 几种品牌忠诚者 | 同时喜欢几种品牌,交替购买 | 分析竞争者的分布,竞争者的营销策略 |
| 转移忠诚者 | 不固定忠于某一品牌,一段时间忠于 A,一段时间忠于 B | 了解营销工作的弱点 |
| 犹豫不定者 | 从来不忠于任何品牌 | 使用有力的促销手段吸引他们 |

(5) 受益细分(benefit segmentation)。

根据消费者追求的利益不同来细分市场称为"受益细分",进行受益细分关键在于通过调研掌握消费者在一类产品上追求的多种多样的预期利益。为此,细分活动要从调查一种产品的现有用户和潜在用户开始。调查的方向是他们使用各种品牌的这种产品得到了哪些益处,现有产品还欠缺哪些益处,什么样的产品特性可能被认为最能密切地和一种益处或一组连带益处联系起来。然后,使自己设计的金融产品相应地突出紧密联系着某种(组)益处的某一特性,并借助适当的广告宣传手段,反复宣传这些特性,最大限度地吸引某一消费者群,或几个不同的消费者群。可见,这种调查分析不仅是企业进行受益细分的基础,对于以这种细分为起点制定整个市场营销组合方案也是极为重要的。

总之,个人消费者需求的差异性往往是以上诸多因素综合影响的结果,因此,在个人消费者市场细分时应采取综合分析方法,对地理、人口、心理、行为、受益因素进行综合分析。

3. 细分机构市场的依据

许多用来细分消费者市场的标准,同样可以用来细分机构消费者市场,如地理环境和行业因素中的一些变量(购买习惯、寻找利益、使用数量和频率等)都是有效的细分标准。同时,由于机构消费者市场有其不同的特点,所以其市场细分标准同消费者市场细分标准不完全一致。其中常用的变量有如下几项。

(1) 机构种类和行业分类标准。

机构种类用来区分工业、商业、社会团体、慈善机构法人和非法人等各类社会机构,金融机构主要面对的是从事制造、贸易、服务等商业活动的法人机构。

工商行业分类,还可以从产业分工的角度分为三种产业,即第一产业——农业;第二产业——制造业;第三产业——服务业。其中,各个产业又可以进一步划分成分工更细、经营更具体的行业。现在银行争夺激烈的行业细分市场有:高速增长并成为经济支柱的房地产和汽车业的信贷业务;发展刚刚起步但潜力巨大的针对供应链上下游融资的物流金融;由于我国对外贸易规模巨大,国际贸易融资与结算也是一个诱人的细分市场。

(2) 企业规模和所有权性质标准。

企业规模一般以年销售收入衡量。大公司与小公司的经营理念和策略、市场行为和金融需求往往区别较大。在我国,由于历史的惯性,大企业往往是国有企业,中小企业往往是民营企业。随着市场化进展,这种格局在逐渐变化,许多中小民营企业已经或正在步入大企业行列。顺应企业市场规模及其地位的变化,中国的银行业已在调整经营方略。比如,银行按企业规模进行的市场细分如表5-3所示。

表5-3 银行按企业规模的市场细分表

| 企业客户细分市场 | 对金融产品(或服务)的需求 |
| --- | --- |
| 小型企业:年营业额在5 000万元以下,服务业、零售业、制造业、农业 | ■ 个人金融服务,房产购买计划<br>■ 开业贷款,担保贷款<br>■ 租赁<br>■ 企业财产保险<br>■ 现金汇兑 |
| 中型企业:年营业额在5 000万—3亿元之间,服务业、零售业、制造业、农业 | ■ 结算支付服务<br>■ 代理业务或贷款保险<br>■ 员工工资信用卡<br>■ 租赁信贷<br>■ 长期贷款 |

(续表)

| 企业客户细分市场 | 对金融产品（或服务）的需求 |
| --- | --- |
| 大型企业：年营业额在3亿元以上，服务业、零售业、制造业、农业 | ■ 结算支付服务<br>■ 股权融资<br>■ 企业财务咨询服务<br>■ 信用卡<br>■ 进出口服务<br>■ 长期贷款 |

（3）地理位置标准。

任何一个国家或地区，由于自然资源、气候条件、社会环境、历史承继等方面的原因，以及生产的相关性和连续性的不断加深而要求的生产力合理布局，都会形成若干个产业地区。这就决定了机构市场比消费者市场更为集中。特别要注意国家的区域经济发展规划，将其作为一个符合国情的重要地理位置标准。

比如：2018年11月，中共中央、国务院明确要求以香港、澳门、广州、深圳为中心引领粤港澳大湾区建设，带动珠江-西江经济带创新绿色发展。2018年4月11日，中共中央、国务院发布《关于支持海南全面深化改革开放的指导意见》，明确以现有自由贸易试验区试点内容为主体，结合海南特点，建设中国（海南）自由贸易试验区，实施范围为海南岛全岛。

（4）信用等级标准。

信用等级标准是国际通用的传统划分方法。如将企业作为授信对象划分成AAA级、AA级、A级、BBB级、BB级、B级等，银行用来掌握对不同企业的授信方式和授信额度，提供相应服务，也可以作为金融营销的细分市场变量。

（5）企业生命周期与风险承受标准。

一个企业一般会经历建立阶段、扩大阶段、增长阶段、停滞阶段、衰退阶段。例如，风险资本投入高成长、高风险的新技术企业，一般在其创业阶段进入，追逐高收益。而商业银行借贷资本一般在企业的扩大和增长阶段介入，获取的收益相对较低，但因为风险较低，使用收益有较高的稳定性。

## 5.1.2 市场细分的流程以及有效细分的条件

### 1. 市场细分的流程

美国市场学家麦卡锡提出细分市场的一整套程序，这一程序包括七个步骤，见图5-2。

（1）选定产品市场范围：即确定进入什么行业，开发怎样的金融产品或服务。金融产品或服务的市场范围应以顾客的需求，而不是产品本身特性来确定。

图5-2 细分市场七步模型

（2）列举潜在顾客的基本需求：可以通过调查，列举潜在顾客的基本需求。

（3）了解不同顾客的不同需求：对于列举出来的基本需求，不同顾客强调的侧重点可能会存在差异。通过这种差异比较，不同的顾客群体即可初步被识别出来。

（4）选取重要的差异需求为细分标准：抽掉潜在顾客的共同要求，而以特殊需求作为细分标准。

（5）根据所选标准细分市场：根据潜在顾客基本需求上的差异方面，将其划分为不同的群体或子市场，赋予每一子市场一定的名称，并据此采用不同的营销策略。

（6）分析各个细分市场的购买行为：进一步分析每一细分市场需求与购买行为特点，并分析其原因，以便在此基础上决定是否可以对这些细分出来的市场进行合并，或作进一步细分。

（7）评估每一细分市场的规模：即在调查基础上，估计每一细分市场的顾客数量、购买频率、平均每次的购买数量等，并对细分市场上产品竞争状况及发展趋势进行分析。

2. 有效细分的条件

显然细分市场有许多方法，但是并非所有的细分都是有效的。要想使细分市场充分发挥作用，必须具备如下特点。

（1）可衡量性。

可衡量性指细分市场的规模、购买力和概况是可以衡量的，凡是企业难以识别、难以测量的因素或特征，都不能据以细分市场。否则，细分市场将会因无法界定和度量而难以描述，市场细分也就失去了意义。所以，恰当地选择细分变量十分重要。

（2）殷实性。

殷实性即需求足量性，细分出来的市场必须大到足以使企业实现它的利润目标。在进行市场细分时，企业要考虑细分市场上顾客的数量、他们的购买能力和产品的使用频率。殷实的细分市场，应是那些拥有足够的潜在购买者的市场，并且他们又有充足的货币支付能力，使企业能够补偿生产与销售成本，并能获得利润的市场。为此，市场细分不能从销售潜力有限的市场起步。

（3）可进入性。

可进入性指细分市场应是企业营销活动能够通达的市场，亦即细分出来的市场应是企业能够对顾客发生影响、产品能够展现在顾客面前的市场。这主要表现在三个方面。

① 企业具有进入这些细分市场的资源条件和竞争实力；

② 企业能够通过一定的广告媒体把产品信息传递给该市场的众多消费者；

③ 产品能够经过一定的销售渠道抵达该市场。

考虑细分的可进入性，实际上就是考虑企业营销活动的可行性。显然，对于不能进入或难以进入的市场进行细分是没有意义的。

④ 反应差异性。

反应差异性是指细分出来的各个子市场,对企业市场营销变项组合中任何要素的变动都能灵敏地做出差异性的反应。如果几个子市场对于一种市场营销变项组合按相似的方式做出反应,就不需要为每一个子市场制定一个单独的市场营销变项组合。

例如,如果所有子市场按同一方式对价格变动做出反应,就无须为每一子市场规定不同的价格策略。也就是说,这样的市场细分是不成功的。成功的市场细分应当是:这个子市场立即会对价格变动做出反应,而不太在意价格变化的另一个子市场却能对包装或其他因素的变化做出更大的反应。这就是说,对细分的顾客群,应当统筹考虑他们对所有市场营组合因素的各种反应,而不能以单一的变项为基础加以考虑。只有这样进行市场细分,才可能为选中的目标市场制定出有效的市场营销组合方案。

## 5.2 目标市场的选择

> 目标市场选择策略包括哪些?

所谓目标市场(target market),就是企业营销活动所要满足的市场,是企业为实现预期目标而要进入的市场,企业的一切活动都是围绕目标市场进行的。

目标市场选择是指根据每个细分市场的吸引程度,选择进入一个或若干个细分市场的过程。在市场细分的基础上,根据企业的经营目标和经营能力,选择有利的细分市场作为企业营销的目标市场。选择和确定目标市场,明确企业的具体服务对象,关系到企业任务、企业目标的落实,是企业制定营销战略的首要内容和基本出发点。目标市场的规模不是越大越好,也不是越小越好,规模太大等于没有细分和选择,规模过小难以支撑企业的后续发展。

### 5.2.1 评估目标市场

进行市场细分以后,并不是每一个细分市场都值得进入的,金融企业必须对其进行评估。企业选择目标市场,应注意考虑以下问题。

(1) 细分市场的潜量。

细分市场潜量是在一定时期内,在消费者愿意支付的价格水平下,经过相应的市场营销努力,产品在该细分市场可能达到的销售规模。

对细分市场潜量分析的评估十分重要。如果市场狭小,没有发掘潜力,企业进入后没有发展前途。当然,这一潜量不仅指现实的消费需求,也包括潜在需求。从长远利益看,消费者的潜在需求对企业更具吸引力。细分市场只有存在着尚未满足的需求,才需要企业提供产品,企业也才能有利可图。

(2) 细分市场的竞争状况。

企业要进入某个细分市场,必须考虑能否通过产品开发等营销组合,在市场上站稳脚跟或居于优势地位。所以,企业应尽量选择那些竞争者较少、竞争者实力较弱的细分市场为自己的目标市场。那些竞争十分激烈、竞争对手实力十分雄厚的市场,企业一旦进入后就要付出昂贵的代价。当然,对于竞争者已经完全控制的市场,如果企业有条件超过竞争对手,也可设法挤进这一市场。

(3) 细分市场具有的特征是否与企业优势相吻合。

金融企业所选择的目标市场应该是企业力所能及的和能充分发挥自身优势的,企业能力表现在技术水平、资金实力、经营规模、地理位置、管理能力等方面。所谓优势是指上述各方面能力较竞争者略胜一筹。如果企业进入的是自身不能发挥优势的细分市场,那就无法在市场上站稳脚跟。

### 5.2.2 目标市场选择策略

企业选择的涵盖市场的方式不同,营销策略也就不一样,企业所面临的基本问题是:应该进入大的细分市场还是专注于满足一个或多个较小细分市场的需求?归纳起来,有四种不同的目标市场选择策略可供企业选择:无差异营销、差异性营销、集中性营销、定制营销(见图5-3)。

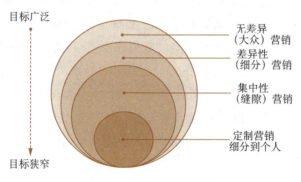

图 5-3 目标市场选择策略

**1. 无差异营销目标市场策略(undifferentiated targeting strategy)**

在使用无差异营销时,金融企业可以决定不考虑细分市场的差异性,对整个市场只提供一种产品。企业的产品针对的是消费者的共同需求而不是不同的需求。金融企业设计出能在最大程度上吸引购买者的产品及营销方案,依靠大规模分销和大众化的广告,目的是在人们的头脑中树立起优秀的产品形象。

但是这种策略对于大多数产品并不适用,对于一个金融企业来说一般也不宜长期采用。因为,消费需求客观上千差万别,并不断变化,一种产品长期为该产品的全体消费者或用户所接受极为罕见(同质市场的产品除外),对消费者来说也过于单调。当众多企业如法炮制、都采用这种策略时,就会形成整体市场竞争异常激烈,而小的细分市场的需求却得不到满足的局面,这对营销者、消费者都是不利的,易于受到其他金融企业进行的各种竞争努力的伤害。正是由于这些原因，那些曾经长期实行无差异营销的大企业最终也不得不改弦易辙，转而实行差异性营销。

### 2. 差异性营销目标市场策略（differentiated targeting strategy）

在使用差异性营销策略时，金融企业决定以几个细分市场或瞄准机会的市场为目标，并为每一市场设计独立的营销方案。但是，差异性营销也会增加交易成本，对不同的细分市场分别采取不同的市场营销方案需要额外的市场调研、预算、销售分析、促销计划和销售渠道管理。同时，为打入不同的细分市场而做的不同广告也会增加促销费用。因此，金融企业在决定采用差异性营销策略时，必须仔细考虑一下销售的增长和成本的增长孰轻孰重。因此，采取这一策略必然受企业资源力量的制约。较为雄厚的财力、较强的技术力量和素质较高的管理人员，是实行差异性营销的必要条件。这就使得相当一部分金融企业，尤其是小型金融企业无力采用此种策略。

### 3. 集中性营销目标市场策略（concentrated targeting strategy）

金融企业不是面向整体市场，也不是把力量使用于若干个细分市场，而是集中力量进入一个细分市场（或是对该细分市场进一步细分后的几个更小的市场部分），为该市场开发一种理想的产品，实行高度专业化，这就是集中性营销。

集中性营销主要适用于资源力量有限的小型金融企业，这些小企业无力在整体市场或多个细分市场上与大企业抗衡，而在大企业未予注意或不愿顾及而自己又力所能及的某个细分市场上全力以赴，则往往易于取得经营上的成功。可以说，寻找"市场缝隙"，实行集中性营销，以创造宜于自身成长的"小气候"，是小型金融企业改变劣势的唯一选择。

这一策略的不足之处是潜伏着较大的风险。一旦目标市场突然不景气，例如，消费者的需求偏好突然发生变化，或者市场上出现了比自己强大的竞争对手，企业就会因为没有回旋余地而立即陷入困境。因此，采用这一策略的企业必须密切注意目标市场的动向，并应制定适当的应急措施，以求进可攻，退可守，进退自如。比如，我国一些P2P信贷平台为了避免过度竞争，纷纷寻找自己的目标，例如车抵贷（微贷网、投哪网、人人聚财等），车质贷，车商贷，以租代购和车信贷等细分市场。

### 4. 定制营销目标市场策略（custom marketing strategy）

定制营销也被称为"细分到个人市场""个人定制营销"或者"一对一营销（one-to-one marketing）"，是指在大规模生产的基础上，将市场细分到极限程度——把每一位顾客视为一个潜在的细分市场，并根据每一位顾客的特定要求，单独设计、生产产品并迅捷交货的营销方式，也就是大规模定制（mass customization）。它的核心目标是以顾客愿意支付的价格并以能获得一定利润的成本高效率地进行产品定制。

如今消费者在决定购买什么产品和如何购买上更加主动，他们上网搜索、查找关于产品和服务供给的信息与评价，和供应商、使用者以及产品的评论人进行对话，并且在很多情况下，甚至自己设计他们想要的产品。银行和金融服务机构需要更多地了解客户的交易行为特点，根据他们的需要，量身定制服务。通过掌握"交易背后的模式"，突出自身服务的特点，这将成为银行和金融服务业竞争的一大热点。

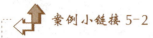

### 目标营销面临的道德困惑

中国企业在互联网时代迎来了新一轮活跃周期，但同时也面临着短视牟利或者放眼未来的艰难抉择。有些企业通过以人物和话题为手段的、服务于商业目的的网络事件营销行为，诸如此类的案例有：郭美美、干露露、车模兽兽……在这些层出不穷的挑战视听极限、突破道德底线的炒作事件背后，掩盖着一众获得了巨大商业利益的群体，事件的人物、背后的经纪公司、幕后的营销策划企业，等等。他们仅仅是利用了网友的好奇和关注达成了自我推销目的，却未对社会贡献任何价值，至少让我们看出了一些深刻的现实问题，中国的一部分企业在利益面前，商业行为表现得越来越短视。

互联网作为一个相对开放的舆论平台，虽然对希望基业长青的企业起到了良性的监督促进作用，但它作为一个低成本的传播工具，也为"捞一票就走"或者"打一枪换一个地方"的短视行为提供了绝佳的生存空间和获利机会。而在前期获利者的示范效应下，众多的中小企业往往会选择效仿短视行为，甚至完全无视其应该履行的社会责任。

再比如，淘宝网一直面临的重大隐患，众多低品质商品通过大商家的形象包装跻身"爆款"行里，在大商家因此获利的背后是大量用户的不满。但是只要这种现象在淘宝网存在一天，其他中小商家们就会继续效仿，越来越多的用户就会在吃亏上当之后逃离淘宝网。淘宝网在国内外双重压力之下，下决心整顿假货，规范其流通产品的质量、约束商家的过度营销行为、维护用户对商品的知情权。

所有企业都百分之百践行公众所期望其承载的全部社会责任，这只是一个理想状态，可以作为远期的奋斗目标。但在现阶段，在企业利用互联网开展经营活动的过程中，政府应提出明确的规范，要求他们在力所能及的范围内承担社会责任、展示正面形象。

资料来源：天才营销家？还是互联网道德沦丧典范？2015-08-10 http://www.yixieshi.com/pd/22215.html

### ❓ 营销思考

你认为上述的目标营销是不道德的吗？对什么样的产品和市场进行目标营销是不适当的或者是不道德的？

### 5.2.3 目标市场选择因素

金融企业做出目标市场决策时，要根据企业实力、产品特点、市场特点、产品在其生命周期所处的阶段、竞争情况等方面的因素综合考虑决定。

(1) 企业实力。

企业的实力包括企业所拥有的资源能力、人力、财力、技术能力、生产能力、销售能力以及管理能力等。如果企业实力雄厚,企业可以选择差异性目标市场策略。这样容易扩大销售和利润。而如果企业实力不强,则比较适合选择集中性目标市场策略,用有限的资源在有限的细分市场获取竞争优势。

(2) 产品特点。

对于需求弹性比较小,或高度同质性的产品和服务,可以采取无差异营销策略。信用卡结算业务的差异程度小,干脆就由专业公司——中国银联代理清算业务;同样,差异程度不大的汇总业务,通常由总行统一办理或让专门机构代理,如西联汇兑一类的公司办理;常规储蓄存取业务统一用 ATM 操作等。上述这些产品都是采取无差异营销策略,而产品差异较大的贷款业务、财务咨询等产品,或者需求弹性较大的产品或服务,则采取另两种营销策略为宜。

(3) 市场特点。

如果大多数交易者的需求和偏好比较接近,而且每个时期内购买金融产品的数量或交易额变化不大,对营销刺激反应不明显,则应选择无差异营销策略。如果市场内顾客群体差异比较大,则应采取差异性或集中性营销策略。

(4) 产品生命周期。

一般来讲,在产品刚刚投放的导入期,同类产品不多,竞争不激烈,企业可采用无差异营销策略;而在成长期和成熟期,同类产品增多,竞争日趋激烈,最好采用差异性营销策略;当产品进入衰退期,企业为了保持市场份额,延长产品生命周期,可采用集中性目标市场策略。

(5) 竞争情况。

首先,考虑竞争者数量。市场竞争者比较少时,可采用无差异性目标市场策略;而竞争者多、竞争激烈时最好采用差异性或集中性营销策略;其次,分析、研究主要竞争者的营销策略。如果竞争者采用差异性营销策略,那么,企业可采用无差异性营销策略,满足被竞争者忽略的需求;反之,如果竞争者采取无差异性营销策略,企业就采用集中性或差异性营销策略,争取在一定的目标市场上获得优势地位。

## 5.3 差异化与市场定位

**? 什么是差异化和市场定位?**

企业必须明确自己的价值主张,即如何为目标市场创造差异化价值以及如何在这些市场上定位。市场定位(positioning)是企业全面战略计划中的一个重要组成部分,它关系到企业及其产品如何做到与众不同,与竞争者相比有多么突出。

### 5.3.1 差异化和市场定位的含义

当今经济的困惑不是短缺而是过剩,如果一家企业的产品或服务与其他公司的产品或服务雷同,它将难以获胜。企业必须在目标市场中代表一种独特的观念,必须为忠诚的用户设想新的特征、服务和保证、特殊奖励,并使他们获得便利和享受。差异化和定位包括三个步骤。

第一步,分析所有可能的顾客差异点,并确定这些差异点能为企业带来哪些竞争优势;

第二步,选择适合本企业产品的竞争优势;

第三步,明确市场定位并有效地向市场传播。

#### 1. 分析所有可能的差异点和竞争优势

在向目标客户提供价值时,营销者必须比竞争者更好地了解顾客的需求,并向他们提供更多的价值。如果公司能够把自己定位在可以提供超额价值上,那么公司就赢得了竞争优势。然而,公司必须用实际行动来证明自己的定位,而不是简单地通过广告语来进行宣传。为了找到差异点,营销者应当设身处地考虑顾客与公司产品或服务接触的整个过程。具体如下。

(1) 产品差异化:指企业以某种方式改变那些基本相同的产品,以使消费者相信这些产品存在差异而产生不同的偏好。

(2) 服务差异化:企业可以通过快速、便利和细心的送货上门来实现差异化。

(3) 渠道差异化:企业可以通过设计渠道的覆盖范围、专业程度来实施渠道差异化,如亚马逊、戴尔通过高质量的直销渠道将自己和竞争对手区别开来。

(4) 人员差异化:企业可以通过比竞争对手雇用和培训更多人员的方式来实现差异化。迪斯尼通过对主题乐园的员工的强化培训,使他们更好地了解顾客,面对客户时礼貌、友好。

(5) 形象差异化:形象是指公众对产品和企业的看法和感受,包括企业名称、颜色、标志、标语、环境、活动等。企业不可能一夜之间通过几个广告就把品牌形象植根于人们心中,而应当持久、稳定地向顾客传递企业形象。

#### 2. 选择适合本企业产品的竞争优势

假定一家公司很幸运地挖掘到多个潜在的竞争优势,那么它必须决定选择以哪些优势来建立定位策略,并选择以多少或哪些差异点来进行促销。

(1) 选择多少个差异点?许多营销人员认为企业应该只向目标市场强调一个利益点,尤其是在信息过度宣传的今天更应如此,因为消费者往往只会记得位于"第一"的品牌或公司。

(2) 对哪些差异点进行促销?并非所有的差异点都是有意义或者有价值的,而每个差异点在创造顾客利益的同时,也会潜在地增加公司的成本。因此,公司必须谨慎地选择差异点,使之与竞争对手相区别。一个有价值的差异点应满足以下标准。

- 重要性:可以给目标消费者让渡很高的价值;
- 区别性:该差异化是其他竞争者所没有的;
- 优越性:该差异化明显优于通过其他方式而获得相同的利益;
- 可沟通性:对于消费者而言,是可传递和可见的;
- 领先性:竞争者很难模仿该差异化;
- 可支付性:购买者可以支付购买该差异化;
- 营利性:可以通过该差异化而获利。

一些公司曾推出过不符合上述一个或多个原则的差异点,例如,新加坡威信史丹佛饭店宣传自己是世界上最高的宾馆,然而对于游客而言,这一差异点并不是很重要,反而导致许多顾客绕道而行。

### 3. 明确市场定位并有效地向市场传播

"定位"这个词是由艾尔·里斯(Al Ries)和杰克·特劳特(Jack Trout)提出而后流行起来的,他们把定位看成是对现有产品的创造性实践。定位起始于产品,一件商品、一项服务、一家公司、一个机构,甚至一个人。定位并非是对产品本身采取什么行动,定位是在潜在顾客的心目中确定一个适当的位置。里斯和特劳特认为著名的产品一般在顾客心目中都占据一个位置。

市场定位是对企业的供应品和形象进行设计,从而使其能在目标市场中占有一个独特位置的行为。定位的最后结果是成功地创立一个以顾客为重点的价值建议,它简单明了地阐述为什么目标市场会购买这种产品。一旦公司明确了自己的定位,就必须坚定地向目标市场传播这一定位,通过设计营销组合——产品、价格、渠道和促销策略进行价值传递。

## 5.3.2 定位方式

一个竞争者可以有以下三种主要的定位方式可供选择。

### 1. 避强定位

这是一种避开强有力的竞争对手的市场定位,其优点是能够迅速地在市场上站稳脚跟,并能在消费者或用户心目中迅速树立起一种形象。由于这种定位方式市场竞争风险较小,成功率较高,常常为多数企业所采用,但空白的细分市场往往同时也是难度最大的细分市场。

### 2. 迎头定位

这是一种与在市场上占据支配地位的,亦即最强的竞争对手"对着干"的定位方式,显然,迎头定位有时会是一种危险的战术,但不少企业认为这是一种更能激励自己奋发上进的可行的定位尝试,一旦成功就会取得巨大的市场优势。事实上,这类事例亦屡见不鲜,如可口可乐与百事可乐之间持续不断的争斗,"汉堡王"与"麦当劳"快餐系统的对着干,等等。实行迎头定位,必须知己知彼,尤其应清醒估计自己的实力,不一定试图压垮对方,只要能够平分秋色已是巨大的成功。

### 3. 重新定位

通常是指对销路少、市场反应差的产品进行二次定位,重新定位旨在摆脱困境,重新获得增长与活力。这种困境可能是企业决策失误引起的,也可能是对手有力反击或出现新的强有力竞争对手造成的。不过,也有的重新定位并非因为陷入困境,相反,却是因为产品意外地扩大了销售范围而引起的。

案例小链接 5-3

#### 美国社区银行的市场定位

社区银行(community bank)是美国商业银行体系里数量最多的一个奇特群体。截至 2019 年底,切合联邦存款保险公司(以下简称 FDIC)界定的社区银行共有 4 750 家,占 FDIC 保险的银行金融机构总数 5 177 家的 92%。关于何谓社区银行,美国并没有统一界定。传统上,人们习惯于以资产规模 10 亿美元以内作为界定社区银行的简朴方法,社区银行是一种独立的、在一定区域内谋划的金融机构,主要服务于中小微企业和小我私家客户,其资产规模在数千万美元至数十亿美元之间。

美国的社区银行凭借其深厚的信息积累和优良的服务,通过简便的手续和快速的资金周转,用少量的资金解决客户之急需,因此深受美国下层社会和中小企业的欢迎。统计表明,大银行对中小企业的贷款大多数集中于规模较大的中型企业,对小企业和微型企业的贷款主要由社区银行来满足。社区银行与中小企业之间存在着明显的共存共荣关系,社区银行的存在和发展成为中小企业能否顺利获得发展所需要的外部资金的重要条件,而中小企业旺盛的融资需求也是支撑社区银行在激烈的市场竞争中生存下去的重要支柱。正是因为社区银行始终坚持为中小企业和社区居民服务,牢固确保了忠实的长期客户群,从而不但巩固了其在地方信贷市场上的地位,而且取得了优良的业绩。

美国社区银行一直恪守其市场定位和业务笼罩区域规模。从社区银行的商业行为规律来看:其一,这些银行大多数是由当地社区人士提倡,而非由外来机构某人士"空降";其二,专注于为当地社区提供传统的银行服务——致力于促进当地微小企业和初创企业的生长(这些微小企业和初创企业达不到大银行的贷款要求而无法从大银行获得贷款);其三,银行的员工不仅仅具有银行专业知识,更为重要的是拥有当地专业知识,熟识当地人文经济情况;其四,银行注重在与客户建立恒久的"人际关系"并在赢得客户信任和对客户"知根知底"基础上开展业务往来,其业务模式是典型的关系银行(relationship bankers);其五,以非尺度方法获取和分析数据作为授信决议依据(nonstandard methods of obtaining and analyzing data)。

归纳综合而言,社区银行是在当地社区提供传统银行服务的小型信贷机构,在当地吸收存款,并向当地企业特别是微小企业和初创企业提供贷款及其他传统商业银行服务。"源自社区、扎根社区、服务社区、孝敬社区"是美国社区银行坚守本源的焦点体现。大多数美国社区银行之所以"坚守本源"并非是为了遵守执法划定或羁系要求,而是因为他们深信"大有大的雄伟,小有小的娇美"。毋庸置疑,在金融体系生长到相当成熟,资本市场很是蓬勃的市场情况下,美国商业银行间的竞争是很激烈的,明确的市场定位、比较竞争优势的打造和连续维持与提升是美国社区银行生存生长之道。大多数美国社区银行特别看重客户基础和自身能力这两大焦点竞争力。

美国社区银行最为突出的特点就是针对客户提供个性化服务。鉴于自身的资金规模,社区银行以向客户提供零售服务为主,包括:中小企业贷款和农业贷款、较低收费的支票和一些投资产品、不同种类的楼宇按揭和消费者贷款产品、较低费用的信用卡和借记卡服务,以及自动提款机和电子银行等服务。同时,社区银行十分注重业务创新,为了在激烈的市场竞争中生存下去,由过去单纯经营存贷款业务转为多元化经营,积极开发信托、保险、证券、咨询等新业务,以满足顾客的多样化需求。以美国信用卡市场的竞争为例,虽然一些巨无霸级的大银行已经几乎垄断这个市场,但数量众多的社区银行并没有选择彻底放弃,而是绞尽脑汁,独辟蹊径,频频使出令人叫绝的奇招。

资料来源:(1) 我国中小银行应借鉴美国社区银行市场定位,2007-07-24,https://finance.sina.com.cn/money/bank/bank_yhpl/20070724/15303815367.shtml。

(2) 美国社区银行十分"不思进取",背后原因恰恰值得每一家银行学习,2020-04-13,https://www.cbalicai.com/xiuxianBANK/9701.html。

### ❓ 营销思考

社区场景成为当下各大商业领域的热点,从商超类社区 O2O 到上门服务类社区 O2O,再到小区社交、物业 O2O 模式等,社区已经成为用户需求的一个重要切入点。其中,金融行业与社区场景的切入点即社区银行。为有效解决城市社区金融服务"最后一公里"问题,近年来,社区银行有哪些具体举措?这些举措是否在消费者心目当中,形成了清晰的市场定位?

### 5.3.3 市场定位的具体过程

市场定位的主要任务就是在市场上,让企业产品与竞争者的产品有所不同,如一个金融机构与其竞争者都想在市场上推出一款金融产品,两者是不可能处处相同的,两者要选择在手续费、利率、收益率、品牌代言等方面保持自己独特的品质,才能吸引更多的消费者。而要做到与众不同,让消费者从心里记住你,就要做到以下三个方面的工作。

### 1. 识别潜在竞争优势

这一步骤的中心任务是要回答以下三个问题。

（1）竞争对手的产品定位如何？

（2）目标市场上顾客欲望满足程度如何以及确实还需要什么？

（3）针对竞争者的市场定位和潜在顾客真正需要的利益要求，金融机构应该及能够做什么？

要回答这三个问题，金融机构市场营销人员必须通过一切调研手段，系统地设计、搜索、分析并报告有关问题的资料和研究结果。通过回答上述三个问题，金融机构可以从中把握和确定自己的潜在竞争优势在哪里。

### 2. 核心竞争优势定位

竞争优势表明金融机构能够胜过竞争对手的能力，这种能力既可以是现有的，也可以是潜在的。选择竞争优势实际上就是一个金融机构与竞争者各方面实力相比较的过程。比较的指标应是一个完整的体系，只有这样，才能准确地选择相对竞争优势。

通常的方法是分析、比较金融机构与竞争者在经营管理、技术开发、采购、生产、市场营销、财务和产品七个方面究竟哪些是强项，哪些是弱项。借此选出最适合本企业的优势项目，以初步确定金融机构在目标市场上所处的位置。

### 3. 合理加大促销宣传

这一步骤的主要任务是金融机构要通过一系列的宣传促销活动，将其独特的竞争优势准确传播给潜在顾客，并在顾客心目中留下深刻印象。

首先，应使目标顾客了解、知道、熟悉、认同、喜欢和偏爱本企业的市场定位。在顾客心目中树立与该定位相一致的形象。

其次，金融机构通过各种努力强化目标顾客形象，保持目标顾客的了解，稳定目标顾客的态度和加深目标顾客的感情来巩固与市场相一致的形象。

最后，金融机构应注意目标顾客对市场定位理解出现偏差或由于金融机构市场定位宣传上的失误而造成的目标顾客模糊、混乱和误会，及时纠正与市场定位不一致的形象。金融机构的产品在市场上定位即使很恰当，但在下列情况下，还应考虑重新定位。

（1）竞争者推出的新产品定位于本金融机构的新产品，侵占了本金融机构产品的部分市场，使本金融机构产品的市场占有率下降。

（2）消费者的需求或偏好发生了变化，使本金融机构产品销售量骤减。

 **本章小结**

金融营销者必须在大众营销（向所有人提供同样的东西）的高效率与向个体精确提供其需要的东西的高效果之间进行平衡。面对市场需求的差异性，营销者不能试图将标准化的产品卖给所有的消费者，而是要通过市场调研，依据消费者（包括个人消费者、机构消费

者)的需要与欲望,购买行为和购买习惯等方面的明显差异性,把某一产品的整体市场划分为若干消费者群(买主群)。

在市场细分的基础上,金融营销者再估计每个细分市场的吸引程度,选择进入一个或若干个细分市场明确企业的具体服务对象,这关系到企业任务、企业目标的落实,是企业制定营销战略的首要内容和基本出发点。

金融营销者一旦选定了目标市场,就要在目标市场上进行产品的市场定位,它关系到企业及其产品如何做到与众不同,与竞争者相比有多么突出,它简单明了地阐述为什么目标市场会购买这种产品。市场定位是对企业的供应品和形象进行设计,从而使其能在目标市场中占有一个独特位置的行为。

### 关键术语(中英对照)

市场细分(market segmentation)
人口细分(demographic segmentation)
地理细分(geographic segmentation)
行为细分(behavioral segmentation)
心理细分(psychographic segmentation)
受益细分(benefit segmentation)
无差异营销目标市场策略(undifferentiated targeting strategy)
差异营销目标市场策略(differentiated targeting strategy)
集中性营销目标市场策略(concentrated targeting strategy)
定制营销目标市场策略(custom marketing strategy)
大规模定制(mass customization)
一对一营销(one-to-one marketing)
定位(positioning)

### 思考题与应用

1. 什么是市场细分?在今天的市场上,为什么市场细分非常重要?
2. 个人消费者市场和机构消费者市场的细分依据有哪些?这些细分依据是否足够,能否举出一个产品,它在进行市场细分时,需要使用某些特殊的细分依据?
3. 如果对手机市场进行市场细分,你认为细分时需要考虑的最主要的因素有哪些?
4. 列举针对一份保险产品的市场细分依据,并设计一份问卷,进行消费者调查,分析调研获得的数据,识别并描述潜在的细分市场。
5. 假设一家银行聘请你帮助他们的一款理财产品进行目标市场营销,他们对营销了解有限,请向他们讲解以下问题:a.进行目标市场营销的原因;b.这家银行执行目标市场营销战略的优势;c.初步列举一些可能的目标细分市场概况。

6. 作为一个市场咨询公司的客户经理,你的最新客户就是你的大学,请针对学校进行市场定位并写明依据。

7. 请列举我国各家商业银行目前的市场定位有何差异。

**课程互动讨论**

### USAA专营细分市场,注重长期关系

USAA(United Services Automobile Association)是成立于1922年,一个多样化的金融服务集团公司,起初由一群美国军官为求自保而设立,当他们发现作为军官,他们的人身及财产安全无法获得保障,属于高危群体时,他们谋求更具有保障性的保险方式。如今,USAA已经扩展到提高银行服务及保险服务,不仅仅是作为军官,也为参军者及他们的直系亲属提供保障。

USAA的赔付率是美国所有中大型公司中最高的。USAA平均赔付率能达到80%,而大多数公司只有60%左右。并不是USAA的经营状况不好,而是公司的经营理念就是不追求过高的利润。USAA每年的利润率保持在4%左右,坚持把产品的性价比做到最高。

对于客户(会员)的关怀是融入在USAA员工的血液里的。USAA的历任高管基本来自军队,现任CEO Stuart Parker来自美国空军。USAA在员工培训中会融入大量军旅特色,新加入的客服代表在培训过程中吃的是战地士兵食用的"方便快餐",还会试穿凯夫拉尔防弹背心和钢盔,还会阅读士兵与家人相互来往的通信,这些能够让客户代表身临其境地体验到士兵客户在这种复杂的时刻会需要怎样的服务。当士兵派驻海外执行任务时,USAA就会降低其在国内拥有的汽车的保费。USAA投资了各种遥感卫星,发现森林火灾等风险,会一个一个打电话确认会员是否离开了危险区域。

USAA目前拥有1 140万会员,其中军人和军属为主要客户。作为一家相互制保险公司,它还是美国退伍军人最大的雇主之一。USAA的用户黏性极高,高达98%。其中,针对军官家属的产品的续保率约为90%,而针对军官的产品的续保率高达99%,剩下1%没有续保的主要原因只是因为会员自然死亡。

资料来源:(1) 这家相互保险雇佣了全美最多的退伍军人,续保率竟达99%!,2018-04-16,https://www.sohu.com/a/228401308_100052744。

(2) 伟大的保险公司,注意力永远在客户和员工身上!,2018-11-30,https://www.sohu.com/a/278808029_444269。

【思考题】

1. USAA公司采取了怎样的目标市场选择策略?有何优缺点?

2. USAA公司具体采取了哪些措施,以提升客户忠诚度?

# 第 IV 篇

## 设计营销组合:创立、交付与传播价值主张

# 第六章 金融营销产品策略

## 本章知识结构图

- 产品概念与金融产品特点
  - 金融产品的含义
  - 金融产品的特征
  - 产品概念的层次
  - 金融产品的主要类型

- 产品生命周期策略
  - 产品生命周期的含义
  - 各阶段的特点及营销目标

- 金融新产品开发过程及策略
  - 新产品的概念
  - 新产品开发管理程序

- 金融产品的品牌创建
  - 品牌概念
  - 金融产品的品牌策略

### 知识目标

1. 掌握产品的整体概念及结构,理解金融产品的特点
2. 了解金融产品的产品生命周期各阶段的特点以及营销策略
3. 理解新产品开发程序的具体步骤

### 能力目标

1. 结合具体的金融产品,分析其品牌策略的优缺点
2. 结合金融企业实际,分析某一具体金融产品的生命周期策略

 导入案例

### 招行首推"微信银行",银行迈入"微"时代

IT不断给人们的生活方式提出挑战,人们生活方式的改变又不断地对银行需求提出新的要求,招商银行推出了全新概念的首家"微信银行"。服务范围从单一信用卡服务拓展为集借记卡、信用卡业务为一体的全客群综合服务平台。业内人士表示,预计下一步各家银行将跟进加码"微服务",这意味着银行客服体系迈入"微"时代。

**招商宣布升级"微服务"**

在以移动互联技术为核心的新技术浪潮迅猛发展的背景下,国内商业银行的IT技术正在发生"跳跃式的改变"。继"手机钱包"之后,今年三月末,招行正式推出信用卡微信客服。由于"微信客服"和"QQ客服"模式颠覆现有电话客服为主的服务模式,因此,招商银行此举被业界视为移动互联时代探路客户服务的一个里程碑事件。

"只要将信用卡与招行的微信客户端捆绑,就能通过信用卡'微客服'完成额度查询、账单明细、手机还款等业务,这实在太方便了。"微信控小姜如是说道。和小姜有着相同感受的市民不在少数。据了解,到目前为止已经有超过100万客户绑定了招行信用卡的微信客服平台。

**各银行微信服务五花八门**

据了解,升级后的"微信银行"将覆盖更广阔的服务范围。不仅可以实现借记卡账户查询、转账汇款、信用卡账单查询、信用卡还款、积分查询等卡类业务,还可以实现招行网点查询、贷款申请、办卡申请、手机充值、生活缴费、预约办理专业版和跨行资金归集等多种便捷服务。

值得注意的是,除上述服务外,"微信银行"还提供了网点地图和排队人数查询的功能。客户在微信上点击"网点查询和服务预约"的菜单并登录后,将可以看到附近有哪些招行网点和这些网点目前的排队情况,方便客户选择排队最少的网点办理业务。

在招商银行不断加码"微服务"的情况下,众多金融机构也推出"五花八门"的微信服务。例如,建行电子银行会播报该行最新的理财信息;平安银行(000001)信用卡的微信客户端每隔几日就会推送该行信用卡刷卡的优惠活动信息;中信银行(601998)信用卡客户端提供涵盖信用卡申请、查询账单等服务。

**银行或将加码"微服务"**

"从目前整个金融行业来看,招商银行在利用移动互联网提供金融服务方面无疑是一马当先的,尤其是在其他各家银行的微信客户端还停留在类似于微博营销阶段的时候,招商银行就已经完成了从营销、服务到业务办理的延伸。"长期跟踪银行业互联网化的专家、易观国际支付与互联网金融行业研究总监张萌如是说道。

> 对此，招商银行信用卡中心总经理刘加隆此前曾明确指出："微信就是为客户提供更好的服务"。在刘加隆看来，互联网对传统金融的影响已经愈加明显，并且在无声无息中改变了我们的日常生活。招商银行微信公众平台，就是在发挥低成本推广、低运营成本、跨平台开发等优势的同时，将客户经常需要使用的功能迁移到微信上，让金融服务更为便捷、快速。"未来各家银行将加快跟进'微服务'的步伐，以缩小目前与招商银行的巨大差距。"张萌认为，在这个过程中，各家商业银行不能继续将"微服务"停留到基本的营销阶段，更为重要的是要不断向服务以及业务流程延伸，给客户带来快捷、方便的用户体验。
>
> 资料来源：招行首推"微信银行"银行迈入"微"时代，2013-07-03，http://stock.10jqka.com.cn/20130703/c535930192.shtml

> **❓ 营销思考**
>
> 支持新产品开发，是银行发挥发展经济、革新技术的杠杆作用的重要方面，也是提高信贷资金效益的主要途径之一。请结合以上案例，考虑以下问题：怎样构建一个正式的新产品开发框架？

正如我们在第一章所提到的，营销的主要功能是向顾客传递价值，产品作为传递产品价值最重要的方面，被认为是市场营销的核心。当产品出现问题的时候，即使有良好的市场沟通、技术支持和价格组合，营销也很难取得成功。

我们将更深入地探讨组合——营销人员用来实施战略的战术工具，在本章，我们将研究公司如何发展和管理产品和品牌，然后在接下来的几章，我们将研究定价、分销和营销传播工具。产品策略是市场营销组合中最重要也是最基本的因素，企业在测定营销组合策略首先必须决定发展什么样的产品来满足目标市场的目标。同时，产品策略还直接或间接地影响到其他营销组合因素的管理。从这个意义上来说，产品策略是整个营销组合策略的基石。

## 6.1 产品概念与金融产品特点

**❔ 产品概念分为哪些层次？**

我们将产品（product）定义为向市场提供的，能够引起关注、获得、使用或消费，并可以满足需要或欲望的东西。产品包含比有形商品更多的内容，广义而言，产品包括物理形体、服务、事件、人物、地点、组织、创意或上述实体的组合。

考虑到服务在世界经济中的重要地位，我们将给予它特别关注。服务（service）是这样一种形式的产品,即它包括本质是无形的且不会带来任何所有权转移的可供出售的活动、利益或是满意度。

### 6.1.1 金融产品的含义

金融产品是指金融企业通过精心设计的金融工具和与之相配套的金融服务而向客户提供的以满足其需要的某种金融运作理念,即:

$$金融产品＝金融运作理念＋金融工具＋金融服务$$

金融运作理念、金融工具和金融服务是金融产品的三个组成要素,三者构成金融产品的有机整体。金融企业属于服务性企业,金融运作理念(获益方式)是其所提供的服务性产品的核心内容,金融工具则是金融企业向客户提供这种获益方式的有形载体,是金融产品的有形部分。金融企业所运用的金融工具包括货币、存单、支票、信用证、信用卡等,金融企业正是通过这些工具和与之相配套的各种服务向客户提供获益保证。任何金融客户,不论是融资者,还是投资者,其参与金融交易(投资、融资等)的最终目的主要是获取收益、实现融通、规避风险等。因为投资者需要有某种金融运作方案以使其在投资获得收益的同时保证到期收回本息;而融资者也需要某种金融运作方案以使其能够在金融市场筹集资金,并且愿意为此而支付一定的费用。由于上述三要素在金融运作过程中密不可分,致使人们会以为客户需要金融工具或服务。事实上,客户参与金融交易既不是为了获得金融工具,也不是为了享受金融服务,而是为了通过有效运作而从中获益的金融理念。金融工具使得金融运作理论有了可信的凭据,金融服务则是确保金融运作成功的基本手段。

金融企业应当密切关注客户需求的变化情况,并根据客户需求的具体内容,不断开发出新的金融运作方案,设计新的金融工具,提供新的金融服务。营销人员需要清楚地研究产品究竟是如何通过提供价值来吸引消费者的,第一章告诉我们价值主张就是消费者对于产品或服务提供的利益的认知。因此,营销者的任务具有双重性:首先,创造现有产品所没有的价值;其次,要向顾客证明这些价值是真实的。

### 6.1.2 金融产品的特征

金融产品是特殊的商品,它与其他产品相比具有较大的区别。金融产品在总体上具有以下 7 项特征。

(1) 无形性。

工商企业所生产的产品一般都有具体的形状、款式、颜色、质量、包装等实体形态,客户可以通过视觉、味觉、嗅觉、听觉、触觉等来感受这些有形产品。而金融产品则是无形的,诸如存款、贷款、结算、代理、信托、咨询等,客户在购买之前既看不到这些产品,也感觉不出这些产品。在购买与使用时,金融企业一般通过文字、数据等方式与客户进行交流,让客户了解产品的性质、职能、作用等,以满足客户需要。我们平时看到的信用卡、存折、保单等金融物品并不是完整意义上的金融产品，而是金融企业为了便于提供金融服务和获取收益所使用的形式和工具而已。因此，无形性是金融产品与其他产品的一个重要区别。

(2) 不可分性。

由于金融企业向客户提供的金融产品大多为一种服务，企业一旦向客户提供了产品，就是将一系列服务同时分配给了该客户，因而金融产品的提供与服务的分配具有同时性，两者不能分开。正是基本这一特性，金融产品与金融企业也就密不可分。在任何进修，金融客户要获得金融产品或金融服务必须从金融企业这一来源渠道获得。例如，某企业在某家银行申请贷款获准后，企业获得了银行的资金融通，但这种融资服务必须由这家银行提供。

(3) 累加性。

一般产品仅具有某种特殊的使用价值，例如粮食可以满足人们的食物需求，衣服可以使人们抵御寒冷，它们的使用价值往往比较单一。而获得金融产品的客户则可享受多种多样的金融服务，诸如某企业在申请获得贷款后，银行可以为其提供汇划转账、提取现金、账户管理、不同币种兑换、期货交易、期权交易以及投资咨询等各种服务项目。

(4) 差异性。

一般产品只要是由同一生产厂商提供，其产品质量往往都要符合某个统一的标准，不会因为出售地点不同而出现较大差异。而金融产品的质量则会因地、因人而异。不同的金融企业甚至同一企业的不同分支机构所提供的金融产品或服务亦不尽相同。例如同为借记卡，中国银行的"长城卡"除了消费、储蓄等基本功能外，还提供"290"金融电信服务；招商银行的"一卡通"则具有消费、储蓄、异地汇兑、划转股票交易保证金等功能；而上海浦东发展银行的"东方卡"还提供外汇买卖服务。

(5) 易模仿性。

由于金融产品大多数为无形服务，它们不同于工业企业所提供的一般产品可以向有关方面申请专利，使本企业的产品权益受到法律的保护，因而金融产品没有专利可言。金融产品易于模仿，并且金融企业惯用的价格竞争以及其他营销手段也易于被其他机构所模仿，而且模仿速度较快。

(6) 季节性。

金融产品是用于满足金融客户的需求的，不同的客户对于金融产品的需求不尽相同，而且这种需求会因时间而异，体现出较强的季节性。例如，投入农业生产的季节性贷款、工商企业的生产贷款以及耐用消费品和旅游贷款都表现出显著的季节性特征。

(7) 增值性。

增值性是金融产品区别于其他产品的又一显著特点，人们购买金融产品或服务最主要的目标是期望所投入的资金能带来超额回报，即到一定时间收回的资金大于投资本金。例如，银行定期储蓄的利率要高于活期储蓄。

可见，由于金融产品具有以上特点，金融企业的营销活动也就有别于其他企业。

### 案例小链接 6-1

#### 产品开发——"捕鼠器"思维陷阱

"酒香不怕巷子深",这是我们听过的俗语,但事实上,仅靠优秀的产品,并不能保证成功。木流(Woodstream)使用品牌"胜利者(Victor)"推出了很多木制捕鼠器,然后公司决定开发一个更完善的产品。产品开发人员研究了老鼠进食、爬行和休息的习惯(基本就是老鼠日常生活的全部),他们以最可能、最恰当的设计开发出不同类型的捕鼠雏形,并在家里进行实验。最后公司推出了一个外观圆润的"小冠军",一种黑色塑料制的带小孔的小型浴缸,当老鼠钻进去咬饵的时候,会有水从下面涌出,老鼠就被捕。

听起来像是很优秀的新产品,但是"小冠军"失败了,木流公司研究的是老鼠的习惯,不是消费者偏好。公司后来发现,丈夫晚上设置捕鼠器,但是第二天早上是由妻子去处置死老鼠。遗憾的是,很多主妇认为"小冠军"捕鼠器太贵了,舍不得直接扔掉,觉得应该将其清空留做下一次用,而这是很多主妇不愿意做的,她们情愿要可以直接扔掉的捕鼠器。

木流公司在"捕鼠竞赛"上的失败表明,在创造一个产品时,必须了解顾客需要的价值,而不是仅仅满足于听起来不错的小发明。同时也告诉我们,不管什么样的产品,从低技术含量的奶酪至高技术含量的捕鼠器,都向顾客传递着这样的价值:尽管胜利者(Victor)品牌宣称要成为"控制啮齿动物解决方案"行业的领袖,但是在这个案例中,一块奶酪或一个鞋盒就能像"小冠军"这样的高科技产品一样捕获到老鼠。

#### 营销思考

你认为金融企业在进行产品开发时,是否也存在"捕鼠器"思维陷阱?请举例说明。

### 6.1.3 产品概念的层次

你肯定听人说过"心意比礼物重要",这意味着礼物只是送礼物的人惦记你的一个标志或者象征。衡量礼物的价值时,我们可能考虑以下因素:礼物是否有装饰,包装纸是否特别,是不是"二次礼物"——送礼者收到的别人送的礼物然后转送给你的。这些因素附加在盒子里的实物之上,共同组成了一件礼物。

跟礼物一样,产品是消费者通过交换得到的一切,图 6-1 表明,我们从三个层面分

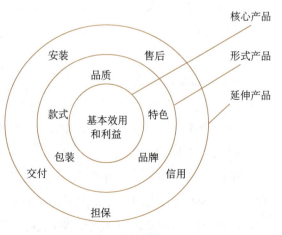

图 6-1 产品整体概念的三个层次

析产品——核心产品、形式产品和延伸产品。

1. 核心产品

核心产品（core customer value）是产品最基本的层次，是产品提供给消费者的基本效用和利益，也就是产品的使用价值。利益是消费者从拥有和使用产品中所得到的产出。明智老练的营销者会告诉你："营销者可以卖半英寸钻头，但客户购买的是半英寸孔"，它告诉我们，人们购买的核心产品，在这里就是钻孔的能力。如果某种新产品——如激光——能更好地且更低成本地提供同样功能，那钻头制造者就有问题了。营销是有关提供利益的，而不是产品属性。如服装的核心是满足保暖、舒适的需要；食品的核心是满足充饥和营养的需要等。营销人员就是发现隐藏在产品背后的真正需要，把产品的实际效用和利益提供给消费者。

举例来说，汽车提供的首要利益是运输——所有汽车都能够提供从 A 地走到 B 地的功能。但是产品也提供个性化的利益——如制造厂为了赢得客户增加了"铃声和哨音"的利益。不同的驾驶者从汽车上寻求不同的个性化利益。有的只想要节约运输成本，有的喜欢环保的混合动力车，还有的喜欢顶级的全地形越野车，还有的想要会被朋友们羡慕的漂亮的跑车。

2. 形式产品

形式产品（actual product）是产品的第二个层次，是核心产品借以实现的形式。任何产品都有其确定的形式，劳务产品也是如此。一般说来，形式产品应有以下几个方面的特征：品质、功能、品牌、款式、包装等，如服装的面料、款式、品牌。市场营销人员应首先着眼于顾客购买产品时所追求的利益，然后再去寻求利益得以实现的形式。

3. 延伸产品

延伸产品（augmented product）是产品的第三个层次，是消费者购买形式产品时所能得到的附加服务和附加利益，包括免费送货、安装、维修、提供信贷、各种承诺等。如美国 IBM 公司在销售其电脑产品时，不仅包括电脑的硬件设备，还向消费者提供包括软件、安装、调试、维修技术等一系列附加服务，使消费者一次购买，就能得到全部的满足。随着消费市场的成熟，消费者越来越重视附加服务，企业也越来越认识到，只有在附加利益和服务方面，不断满足消费者的需要，才能在竞争中取得优势。

## 6.1.4 金融产品的主要类型

纷繁复杂的金融产品有许多分类方法，可从客户角度依据风险规避、投资品种进行分类，或以金融机构经营中使用最频繁的财务报表的资产负责分类，或按客户服务对象、方式进行分类。表 6-1 是一些常见的金融产品和服务分类方式。

一般而言，按财务报表分类多用在内部业务管理上；按服务对象和服务方式分类多用在营销管理、市场开拓上；按产品组合分类是产品经理最常用的。下面以产品组合分类为例，深入了解金融产品的种类情况。

表 6-1　常见的金融产品和服务分类方式

| 按风险规避分类 | 保管箱业务 | 存款业务 | 衍生工具 | 保单业务 |
| --- | --- | --- | --- | --- |
| 按投资方式分类 | 存款业务 | 债券业务 | 投资业务 | 信托业务 |
| 按财务报表分类 | 存款业务 | 贷款业务 | 中间业务 | 表外业务 |
| 按服务对象分类 | 个人业务 | 小企业业务 | 公司业务 | 离岸业务 |
| 按服务方式分类 | 大众服务 | 专业服务 | 柜台服务 | 远程业务 |
| 按产品组合分类 | 单一产品 | 多品种搭配 | 多业务交叉 | 综合融资方案 |

(1) 单一产品。这类产品数量非常多,一般是针对个人的零售业务产品。例如不同存款期限的储蓄存款产品。

(2) 多品种搭配。多品种是指同类产品之间的搭配组合产品,如结构性储蓄存款,用几个具有不同单一功能的储蓄存款产品来分配客户资金。在满足一定流动性的前提下,使存款利息收入最大。

(3) 多业务交叉。多业务是指不同类业务之间的搭配产品,如个人理财规划中,用不同金融产品,如结构性储蓄与保险交叉、贷款与债券投资交叉,设计出适用于个人情况的搭配结构,达到财富收益和安全的较佳均衡。

(4) 综合融资方案。综合融资产品专指为大型项目(甚至有多家金融企业团队参与)设计复杂的融资方案,或从专业技术角度提出咨询意见。例如银行贷款、股份制改造和股票发行上市、BOT(build operate transfer)计划、财务管理或税务筹划方案等。这些专业技术程度很高的服务导向型产品,类似律师、会计师提供的服务,属于专业金融服务领域。

## 6.2　产品生命周期策略

> 产品生命周期分为哪些阶段?各自有什么特点?

任何一种产品在市场上的销售情况和获利能力都不是固定不变的,而是随着时间的推移发生变化。每一种产品都要经历由盛到衰的演变过程。因此,企业在经营过程中经常面临两个重要决策:一是了解产品在各生命周期的特定阶段应采取哪些营销策略;二是寻找能为企业的长远发展提供获利机遇的新产品。为做好这两项工作,必须深入理解产品生命周期原理,科学运用新产品开发策略。

### 6.2.1　产品生命周期的含义

金融产品这种变化过程与生物历程一样,也要经历诞生、成长、成熟和衰老的过程。产品生命周期(product life cycle)就是指产品从进入市场开始到被市场淘汰为止的全过程,这一过程可用一条曲线来表示,称之为产品生命周期曲线,包括四个阶段:导入期、成长期、成熟期和衰退期(见图6-2)。

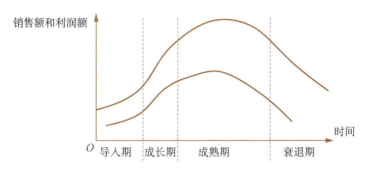

图6-2 典型的产品生命周期曲线

- 导入期(introduction stage):指产品刚刚进入市场,处于向市场推广介绍的阶段。
- 成长期(growth stage):指产品已为市场所接受,销售量迅速增加的阶段。
- 成熟期(maturity stage):指产品在市场上已经普及,市场容量基本达到饱和,销售量较少变动的阶段。
- 衰退期(decline stage):指产品已经过时,被新的产品所替代,销售量迅速下降的阶段。

## 6.2.2 各阶段的特点及营销目标

### 1. 产品生命周期各阶段的特点

产品在其生命周期各阶段,具有不同的特点,金融企业只有在了解各阶段的特点之后,才有可能制定出相应的营销策略,保证企业营销活动的成功。关于产品生命周期各阶段的特点,我们可以从销售量、成本、利润、竞争和消费者的态度等几方面来了解,如表6-2所示。

表6-2 产品生命周期各阶段的特点

|  | 导入期 | 成长期 | 成熟期 | 衰退期 |
| --- | --- | --- | --- | --- |
| 销售量 | 低、增长慢 | 增长快 | 大增长、平稳 | 大幅度下降 |
| 成本 | 较高 | 逐渐降低 | 平稳、略有上升 | 略有上升 |
| 利润 | 较低或负值 | 增长快 | 增至最高、开始下降 | 大幅度下降 |
| 竞争 | 竞争者少 | 竞争加剧 | 竞争激烈 | 纷纷退出 |
| 消费者态度 | 不了解 | 有些了解 | 广为人知 | 无所不知 |

### 2. 产品生命周期各阶段的营销目标

产品生命周期各阶段,其营销目标也有所不同如表6-3所示。

表 6-3　产品生命周期各阶段的营销目标

| 导入期 | 成长期 | 成熟期 | 衰退期 |
|---|---|---|---|
| 创造产品知名度和提高试用率 | 最大限度地占有市场份额 | 保卫市场份额获取最大利润 | 对该品牌削减支出榨取品牌价值 |

3. 产品生命周期各阶段的市场营销策略

产品生命周期理论说明,任何一种产品都不可能长久不衰,永远获利。企业必须经常对各类产品的市场状况进行分析,淘汰老产品,开发新产品,使企业的产品组合处于最优状态。针对产品生命周期各阶段的特点,企业应该采取以下营销策略。

(1)体现"快"字的导入期营销策略。

当企业的产品正式进入市场时,其导入期就开始了。处于导入期的产品,一般只有少数企业,由于产量、技术等原因,使得产品成本较高,价格也较高。企业总的策略应该是迅速扩大销售量,提高赢利,以尽量缩短导入期。导入期产品的市场营销策略,可以用"快""准"来概括,一般有以下四种,见图 6-3。

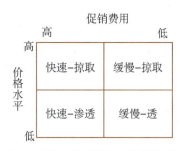

图 6-3　引入期可供选择的营销策略

① 快速-掠取策略。即采用高价格和高促销方式推出新产品,以求迅速扩大销售量,取得较高的市场占有率。高价是为了获取高额利润,以迅速收回前期的开发投资,同时给予高水平促销以支持。采取快速掠取策略需要有一定的条件:a. 潜在市场上的大部分人还不知道该产品。b. 市场对该产品确实有较大的需求潜力,知道的人急于购买。c. 企业面临着潜在竞争。

② 缓慢-掠取策略。即采用高价格和低促销的方式推出产品。高价格可以使企业获取利润,而低促销又降低了促销成本,从总体上可以使企业获取更多的利润。采取缓慢掠取策略需要具备的条件是:a. 市场规模有限,没有激烈的潜在竞争。b. 大多数消费者对该产品已有所了解,并愿意为此付出高价。

③ 快速-渗透策略。即采用低价格和高水平的促销方式推出新产品。这种策略可以使企业迅速进入市场,占有市场,最大限度地取得市场占有率。采取快速渗透策略需要具备的条件是:a. 市场容量较大,但潜在的竞争比较激烈。b. 消费者对该产品不了解。c. 大多数消费者对价格比较敏感,即价格弹性比较大。d. 产品成本随着企业生产规模的扩大而迅速

降低。

④ 缓慢-渗透策略。即采用低价格和低水平促销的方式推出新产品。低价格可以使市场迅速接受该产品，同时低水平的促销成本又可以实现较多的利润。采取缓慢渗透策略需要具备的条件是：a. 市场规模大，但存在潜在的竞争对手。b. 消费者对该产品已有了解。c. 大多数消费者对价格比较敏感，即价格弹性比较大。

（2）体现"好"字的成长期营销策略。

新产品上市后，如果适合市场需求，即进入成长期。在此阶段，销售量迅速增加，在高额利润的吸引下，竞争者进入市场，给产品增加了新的特色，并扩大了销售市场和分销渠道。成长期的营销策略关键是"优"和"好"，就是在产品质量和各种策略的选择与应用上，都要求有较高的水平，具体包括如下方面。

① 提高产品质量。根据消费者的需求，不断提高产品质量，增加产品新的功能、新的款式、新的型号等，从而提高产品的竞争力。

② 寻找新的细分市场和新的分销渠道。通过细分市场，寻找产品尚未满足的子市场，满足新的子市场的需要。同时可以开辟新的分销渠道，扩大商业网点，增加市场销售。

③ 改变广告宣传的重点。导入期宣传的重点在于提高产品的知名度，成长期宣传的重点就要强调产品的品牌形象，要宣传产品值得消费者信任的地方。

④ 采取适当的价格策略。为了吸引更多的、对价格比较敏感的消费者，可以在适当的时机，采取合适的价格策略。

（3）体现"改"字的成熟期营销策略。

产品进入成熟期的标志是销售增长速度缓慢，这个时期持续的时间较长，营销人员所面临的大部分产品都处于成熟期，可以分为三个时期：①成长成熟期。此时期各销售渠道基本呈饱和状态，增长率缓慢上升，还有少数后续的购买者继续进入市场。②稳定成熟期。由于市场饱和，消费平稳，产品销售稳定，销售增长率一般只与购买者人数成比例，如无新购买者则增长率停滞或下降。③衰退成熟期。销售水平显著下降，原有用户的兴趣已经开始转向其他产品和替代品。全行业产品出现过剩，竞争加剧，一些缺乏竞争能力的企业将渐渐被取代，新加入的竞争者较少。竞争者之间各有自己特定的目标顾客，市场份额变动不大，突破比较困难。成熟期的营销策略应立足于"改"，想方设法改良产品，延长产品的成熟期，具体包括如下方式。

① 改进产品。可以通过改变产品的特性，吸引消费者，主要包括：a. 提高产品质量，如提高产品的耐用性和可靠性等；b. 增加产品的功能，如提高产品的方便性和安全性等，净音、环保空调的生产，就是给传统的空调增加了新的功能；c. 改进产品的款式，如日本精工手表不断推出新品种、新款式，汽车制造商不断推出经济型轿车等。总之，通过提高产品质量，增加产品的功能，改进产品的款式等手段，可以防止销售量下降，提高产品的竞争力。

② 调整市场。通过寻找新的细分市场和营销机会来调整市场，主要包括：a. 挖掘现有

产品的新用途,进入新的细分市场。b. 设法使现有的消费者增加产品的使用量和使用频率。c. 开辟新的市场。同一种产品在不同的地区,其生命周期可能会有时间差,企业可以将产品转移到生命周期滞后一些的地区。

③ 改变营销组合。可以通过改变营销组合的一个或几个因素,来扩大产品的销售。如可以采用降价的方式吸引更多的消费者;可以用知名度高的明星做广告,从而增加广告的效应;还可以开展多样化的营业推广方式;现代企业都非常重视承担社会责任,企业还可以通过赞助等公共关系活动,关心社会公益事业,树立良好的社会形象。

(4) 体现"转"字的衰退期营销策略。

产品进入衰退期,销售量急剧下降,竞争者纷纷退出市场,这个阶段的营销策略重点在于"转""撤"。因为产品进入衰退期,是经济发展、技术发展的必然结果,如果继续维持,其代价将会十分昂贵,不仅损失了大量的利润,而且还会影响企业的声誉,影响企业开发新产品的大好时机,影响企业未来的市场竞争力,具体策略主要包括以下几项。

① 集中策略。即把资源集中使用在最有利的细分市场、最有效的销售渠道和最容易销售的品牌、款式上。概言之,缩短战线,以最有利的市场赢得尽可能多的利润。

② 维持策略。即保持原有的细分市场和营销组合策略,把销售维持在一个低水平上。待到适当时机,便停止该产品的经营,退出市场。

③ 榨取策略。即大幅度降低销售费用,如广告费用削减为零、大幅度精简推销人员等,虽然销售量有可能迅速下降,但是可以增加眼前利润。

如果企业决定停止营业衰退期的产品,应在立即停产还是逐步停产问题上慎重决策,并应处理好善后事宜,使企业有秩序地转向新产品经营。

## 6.3 金融新产品开发过程及策略

> 金融新产品开发具体分为哪些步骤?

通过前面描述的金融服务产品生命周期可知,金融服务产品和生物体的生命一样会经历导入期、成长期、成熟期和衰退期四个过程,由此决定了金融企业只有不断开发新的金融产品,才能提高其竞争能力,从而在变幻莫测的市场环境中生存与发展。

### 6.3.1 新产品的概念

金融新产品是指金融机构为适应市场对产品的需求,向市场提供的能够给客户带来新的利益和满足的,与原产品有根本区别的新产品。营销学中所指的金融服务新产品并不仅仅指开发的全新产品,只要是变更原有的金融产品的任何一部分,能够给客户带来新的利益和满足,都属于金融新产品的范畴。金融服务新产品一般包括以下几类。

(1) 全新型产品。

全新型产品是指金融机构利用新原理、新技术和新方法,创造出来的前所未有的产品。该产品能给消费者带来崭新的需求和满足,并且相比其他产品,该类产品的生命周期相对较长。如美国花旗银行为规避利率管制发行的大额转让定期存单、美国第一安全银行经营的网络银行、首次推出的电子货币等。随着新技术的不断涌现、同行业竞争越来越激烈,全新型的创造速度将会明显加快。

(2) 改进型产品。

改进型新产品是指金融机构对原有产品的结构、功能、品质、特征、形式等方面进行改造而形式的新产品。如商业银行在整存整取储蓄存款的基础上推出存本付息、整存零取储蓄存款、定活两便、零存整取储蓄存款。再如,许多银行在原有信用卡的基础上,推出了突出自己某些特色的信用卡,如农业银行金穗信用卡、建设银行的龙卡名校卡等。这类改进型新产品是在原有产品技术基础上做适当的改进而推出的,与原来产品没有太大的区别。

(3) 换代型新产品。

换代型新产品是指金融机构利用新技术手段开发的,对原有产品在性能等方面进行重大革新形成的新产品。如银行卡的升级换代、网上银行业务等。这类产品通常是利用最新的技术成果一发而成,使原有的产品的性能有巨大的提升。

(4) 仿制型新产品。

仿制型新产品是指金融机构对经营市场中现有的金融服务产品结合自身特点做局部的改进和创新而推出的新产品。这类产品在开发过程中不需要新的技术,只需要模仿已有的金融产品即可,所以开发成本比较低,因此竞争比较激烈,生命周期比较短。

(5) 组合型新产品。

组合型新产品是指金融机构将现有的两个或多个产品进行组合从而形成的新产品,目前,我国组合型新产品的发展空间还比较大,金融机构可以充分发展该类金融服务产品,从而给客户带来新的利益与满足。

一项研究表明,新产品失败的概率超过 90%,为什么有如此多的新产品会失败呢? 有以下几个原因:虽然新产品的创意不错,但是可能对市场规模的估计过高;也可能是实际产品的设计没有如预期得那么好;或者是产品在市场上的定位错误、定价过高或者没有开展有效的广告活动;也可能是高层管理人员无视不利的市场调查结果而强力推行其喜爱的产品创意;有时,也可能是因为产品的开发成本高于预算,或者竞争对手的激烈反击超出了事先估计。

## 6.3.2 新产品开发管理程序

公司必须开发新产品,但是新产品开发又面临着很高的失败率,为了提高新产品开发的成功率,必须建立科学的新产品开发管理程序。不同行业的生成条件与产品项目不同,管理程序也有所差异,一般企业研制新产品的管理程序如图 6-4 所示。

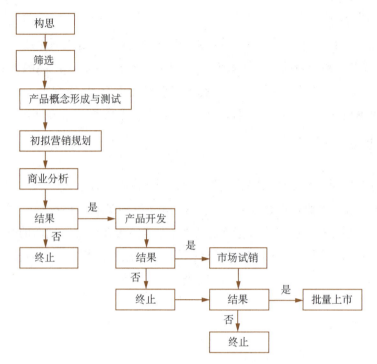

图 6-4 新产品开发管理程序

### 1. 新产品构思

构思也称为创意生成(idea generation)是为满足一种新需求而提出的设想。在新产品构思阶段,营销部门的主要责任是:寻找,积极地在不同环境中寻找好的产品构思;激励,积极地鼓励公司内外人员发展产品构思;提高,将所汇集的产品构思转送公司内部有关部门,征求修正意见,使其内容更加充实。营销人员寻找和搜集新产品构思的主要方法有如下几种。

(1) 产品属性排列法。将现有产品的属性一一排列出来,然后探讨,尝试改良每一种属性的方法,在此基础上形成新的产品创意。

(2) 强行关系法。先列举若干不同的产品,然后把某一产品与另一产品或几种产品强行结合起来,产生一种新的构思。比如,组合家具的最初构想就是把衣柜、写字台、装饰柜的不同特点及不同用途相结合,设计出既美观又较实用的组合型家具。

(3) 多角分析法。这种方法首先将产品的重要因素抽象出来,然后具体地分析每一种特性,再形成新的创意。例如:洗衣粉最重要的属性是其溶解的水温、使用方法和包装,根据这三个因素所提供的不同标准,便可以提出不同的新产品创意。

(4) 聚会激励创新法。将若干名有见解的专业人员或发明家集合在一起(一般以不超过 10 人为宜),开讨论会前提出若干问题并给予时间准备,会上畅所欲言,彼此激励,相互启发,提出种种设想和建议,经分析归纳,便可形成新产品构思。

(5) 征集意见法。指产品设计人员通过问卷调查、召开座谈会等方式了解消费者的需求,征求科技人员的意见,询问技术发明人、专利代理人、大学或企业的实验室、广告代理商的意见,并且坚持经常进行,形成制度。

2. 筛选

构思阶段形成了大量的创意,其后各阶段的任务是逐步减少这一数量。减少创意的第一个步骤是筛选(idea screening)。它的主要目的是选出那些符合本企业发展目标和长远利益,并与企业资源相协调的产品构思,摒弃那些可行性小或获利较少的产品构思。金融机构在对构思进行筛选时,要着重考虑以下一些问题。

(1) 新产品与金融企业自身的经营范围、目标市场是否一致;
(2) 新产品的市场需求如何,是否有广泛的市场空间,能否持续经营;
(3) 新产品是否具有开发的可行性;
(4) 新产品开发需要的资源条件;
(5) 新产品是否符合法律法规的要求等。

3. 产品概念的形成与测试

新产品构思经筛选后,需进一步发展,形成更具体、明确的产品概念。产品概念(product concept)是指已经成型的产品构思,即用文字、图像、模型等予以清晰阐述,使之在顾客心目中形成一种潜在的产品形象。一个产品构思能够转化为若干个产品概念。

产品概念测试是指金融机构对新产品进行客户调查,并接受客户的市场反馈信息。在产品概念测试过程中,向客户详细描述的内容包括新产品的功能、运作过程、与市场上现存的同类产品的区别、产品能给客户带来的利益等。产品概念测试过程需要客户反馈的信息包括产品概念描述清晰与否、产品是否令客户满意、产品进入市场后客户是否愿意购买、产品存在的问题等。

知识锦囊 6-1

概念测试时所提的问题

在进入新产品的实质性开发之前,通常要选择某一顾客群体进行新产品概念测试,客户反馈的意见中找到每种概念对客户的吸引程度,然后对产品概念进行评价,并选出最佳的一个。以下是一组经常用来测试新产品概念的问题。

您对该产品或服务的总体反应如何?
您是需要该类型的产品或服务?如不需要,您认为谁会需要这类产品或服务?
您对该产品或服务的价格有何看法?
对该产品或服务,您是肯定购买呢?还是可能购买,抑或可能不购买,或肯定不购买?请说明理由。
您认为该如何改进该产品或服务?对改进后的产品或服务您愿意付多少钱?

#### 4. 初拟营销规划

企业选择了最佳的产品概念之后，必须制定把这种产品引入市场的初步营销战略规划（marketing strategy），并在未来的发展阶段中不断完善。初拟的营销计划包括三个部分。

（1）描述目标市场的规模、结构、消费者的购买行为、产品的市场定位以及短期（如三个月）的销售量、市场占有率、利润率预期等；

（2）概述产品预期价格、分配渠道及第一年的营销预算；

（3）分别阐述较长期（如3—5年）的销售额和投资收益率，以及不同时期的市场营销组合等。

#### 5. 商业分析

商业分析（business analysis）实际上是经济效益分析，其任务是在初步拟定营销规划的基础上，对新产品概念从财务上进一步判断它是否符合企业目标，包括两个具体步骤：预测销售额和推算成本与利润。

预测新产品销售额可参照市场上类似产品的销售发展历史，并考虑各种竞争因素，分析新产品的市场地位、市场占有率等。在完成一定时期内新产品销售额预测后，就可推算出该时期的产品成本和利润收益。

成本预算主要指通过市场营销部门和财务部门综合预测各个时期的营销费用及各项开支，如新产品研制开发费用、销售推广费用、市场调研费用等等。根据成本预测和销售额预测，企业即可以预测出各年度的销售额和净利润。审核分析该产品的财务收益，可以采用盈亏平衡分析法、投资回收率分析法、资金利润率分析法，等等。

#### 6. 新产品开发

产品通过测试和分析之后，确定产品有开发的可行性，便能进行全面的产品开发与设计。新产品的开发是指产品开发部门根据新产品概念的要求开发出符合条件的新产品实体样品。新产品开发需要经过三个相互关联的过程来完成：首先要进行产品样品的设计和开发，其次通过宣传手段在目标市场中向客户解释产品的功能特性及其优点，最后对新的金融服务产品进行包装、设计和商标注册。

#### 7. 市场试销

新产品试销应对以下问题做出决策。

（1）试销的地区范围：试销市场应是企业目标市场的缩影。

（2）试销时间：试销时间的长短一般应根据该产品的平均重复购买率决定，再购率高的新产品，试销的时间应对长一些，因为只有重复购买才能真正说明消费者喜欢新产品。

（3）试销中所要取得的资料：一般应了解首次购买情况（试用率）和重复购买情况（再购率）。

（4）试销所需要的费用开支。

(5) 试销的营销策略及试销成功后应进一步采取的战略行动。

8. 商业性投放

新产品试销成功后，就可以正式批量销售，全面推向市场，即商品化（commercialization）。这时，企业要支付大量费用，而新产品投放市场的初期往往利润微小，甚至亏损，因此，企业在此阶段应对产品投放市场的时机、区域、目前市场的选择和最初的营销组合等方面做出慎重决策。

案例小链接6-2

### 品牌社群的演进与升级

虽然社群早就存在，但是品牌社群的历史却并不长。品牌社群是某一品牌的喜爱者组成的社会关系。以往的社群都是有非常地域限制的。可以想象一下，在没有电话、电视、网络的时代，你不可能和很远的人沟通交流，更不要说组成社群了。所以，社群并不需要是一个地方或者场合，重要的是人们组成的社交关系。

品牌社群的崛起需要三个条件：(1)现代营销的产生；(2)消费文化的流行；(3)大众媒体的采用。

一个世纪前，现代化媒体开始产生，报纸、杂志、广播、电视、网络。这些媒体使得营销人员可以将品牌广泛传播，远远超越了地理的范围。品牌社群成为了想象的共同体，成员即使从未见面，靠媒介链接在一起。大众媒体重组了现代社会。以往，你交往的是邻居，鸡犬相闻，邻里和睦，热热闹闹。现在你关起门来，住在隔壁的是谁都不知道，却和网上的人打成一片，嘻嘻哈哈。可以说，现代营销，消费文化和大众媒体的催生了品牌社群的崛起。

品牌社群有几个典型的特征。

(1) 集体意识。消费者认为自己是品牌的消费者一份子，认为自己与其他使用该品牌的人有共同的感情。那就是集体意识。

集体意识就是，李宇春的粉丝叫自己玉米（"宇迷"谐音），小米的粉丝叫自己米粉，魅族的粉丝叫自己煤油。如果你的品牌社群能产生独特的称号，那就说明你的社群有较强的集体意识。

(2) 仪式和传统。在品牌社群整合时，具体表现为入会仪式、教育活动、才艺展示、竞赛活动、节庆活动等。

(3) 责任感。责任感导致个人认为有必要维护品牌和集体，采取集体的行动。近年来，沸沸扬扬的明星粉丝互掐就是粉丝的责任感的体现。

品牌社群的产生不是一成不变的，而是在逐渐进化，总体上经历了三个阶段。

(1) 品牌社群1.0阶段。企业通过媒介传播品牌，消费者自发形成社群。20世纪末出现了哈雷摩托的社群。他们由品牌用户自发组成，驱使他们的是他们对哈雷摩托的价值主张的喜爱,追逐。哈雷摩托激情、自由和狂热的独特个性凝聚了一部分狂热的粉丝。这些品牌社群非常自由,不受企业的直接控制。

(2) 品牌社群 2.0 阶段。企业意识到品牌社群的力量,主动创建品牌社群,并起到支持的作用。这一阶段的表现是,微博等企业主动的社交媒体的产生。典型的代表是品牌的微博账号、微信账号。这些社交媒体能够快速聚集喜爱品牌的用户。

但是这样的品牌社群有明显的缺点:企业对品牌社群控制力太强。主要的模式是,企业发布内容,用户回复内容,相互评论。这样的品牌社群的重心又回到了企业,这是一个非常强的以企业为中心的品牌社群,企业必须花费非常大的精力进行管理。

(3) 品牌社群 3.0 阶段。第三阶段是品牌与消费者共创的品牌社群。在这里品牌和用户共享社群的治理权。典型的代表是小米社区。这样的品牌社群是多中心的,企业起到支持的作用,有很多社区的意见领袖,企业取代不了用户的主导作用。用户在社区可以自由组织活动,不需要完全接受企业的信息。

更重要的是,企业代表和用户平等地参与活动,用户也可以融入企业的生产活动之中,如产品创意、产品测试,等等。所以,品牌社群 3.0 就是一个企业和用户平等,企业和用户协同创造的全新的社群。这是最高阶段的品牌社群。

资料来源:[品牌社群 3.0]品牌社群的演进与升级——社群运营说,2018-10-09,https://baijiahao.baidu.com/s?id=16138121986658428&wfr=spider&for=pc。

**营销思考**

以金融市场为例,是否存在类似情况的品牌社群?你是不是某品牌社群的一员?

## 6.4 金融产品的品牌创建

**什么是品牌?**

品牌也许是公司最持久的资产,比特定的产品和设备更持久。例如,一位麦当劳的前任 CEO 曾说:"即使在一场可怕的自然灾害中我们所有的资产、建筑以及设备都毁坏了,我们仍然可以凭借我们的品牌价值筹集到重建这一切的全部资金……品牌比所有这些资产的总和还要有价值。"

### 6.4.1 品牌概念

1. 品牌的含义

品牌(brand)是用以识别某个销售者或某群销售者的产品或服务,并使之与竞争对手的产品或服务区别开来的商业名称及其标志,通常由文字、标记、符号、图案和颜色等要素或这些要素的组合构成。品牌是一个集合概念,它包括品牌名称(brand name)和品牌标志(brand mark)两部分。品牌名称是指品牌中可以用语言称呼的部门,如奔驰(BENZ)、奥迪(Audi)等。品牌标志,是指品牌中可以被认出、易于记忆但不能用语言称呼的部门,通常由图案、符号和特殊颜色等构成,如三叉星圆环和相连着的四环分别是奔驰和奥迪的品牌标志。

2. 商标

商品的品牌经过政府有关部门的审核,获准登记注册则成为商标(trademark)。商标实行法律管理,企业因此拥有该品牌的专用权,该名称标记均受法律保护,其他任何企业不得仿效使用。因此,商标是一种法律术语,也就是享有法律保护的某个品牌。企业的商标可在多个国家注册并受到各国法律的保护。

3. 金融产品品牌的作用

品牌是具有经济价值的无形资产,品牌的有益作用主要表现在以下几个方面。

(1) 品牌有助于促进产品销售,树立企业形象。品牌以其简洁、明快,易读易记的特征使其成为消费者记忆产品质量、产品特征的标志,也正因如此,品牌成为企业促销的重要基础。借助品牌,消费者了解了品牌标定下的商品;借助品牌,消费者记住了品牌及商品,也记住了企业(有的企业名称与品牌名称相同,更易消费者记忆);借助品牌,即使产品不断更新换代,消费者也会在其对品牌信任的驱使下产生新的购买欲望;在信任品牌的同时,企业的社会形象、市场信誉得以确立,并随着品牌忠诚度的提高而提高。

(2) 品牌有助于保护产品的知识产权,促进企业产品的开发。品牌经注册后获得商标专用权,其他任何未经许可的企业和个人都不得仿冒侵权,从而为保护品牌所有者的合法权益奠定了客观基础。

(3) 品牌有利于约束企业的不良行为。品牌是一把双刃剑,一方面因其容易为消费者所认知、记忆而有利于促进产品销售,注册后的品牌有利于保护自己的利益;另一方面,品牌也对品牌使用者的市场行为起到约束作用,督促企业着眼于企业长远利益、着眼于消费者利益、着眼于社会利益,规范自己的营销行为。

(4) 品牌有助于扩大产品组合。适应市场竞争的需要,企业常常需要同时生产多种产品。值得注意的是,这种产品组合是动态的概念。依据市场变化,不断地开发新产品、淘汰市场不能继续接受的老产品是企业产品策略的重要组成部分,而品牌是支持其新的产品组合(尤其是扩大的产品组合)的无形力量。若无品牌,再好的产品和服务,也会因消费者经常无从记起原有产品或服务的好印象而无助于产品改变或产品扩张。而有了品牌,消费者对某一品牌产生了偏爱,则扩大该品牌旗下的产品组合,也容易为消费者所接受。

此外,品牌还有利于企业实施市场细分战略,不同的品牌对应不同的目标市场,针对性强,利于进占、拓展各细分市场。

### 6.4.2 金融产品的品牌策略

金融机构为了发挥产品品牌的最大作用,应该事先制定战略规划,确定如何合理使用品牌,即产品品牌策略。通常,金融机构的品牌策略主要有以下几种。

(1) 有无品牌策略。

这一策略是指金融机构对其产品在使用品牌和不使用品牌问题上做出的决策。随着金融市场的不断开放和金融产品的市场竞争力不断增强,金融机构产品品牌有助于企业开拓市场,增加企业商誉,保护产品的知识产权,提升核心竞争力等。但是,使用品牌会增加企业的成本特别是销售费用。因此,金融机构可以根据产品的实际情况确定是需要品牌。如果品牌作为一个营销手段能给金融机构带来额外的利润,则应该使用品牌,否则就不应该使用品牌。

(2) 单一品牌策略。

该策略是指金融机构的所有产品都使用同一个品牌。这种策略的优势是可以降低新产品的推广成本,易于消费者接受;同时新产品可以借助品牌下成功产品的声誉得到客户的信额。但是这一策略也有明显的弊端,如果该品牌下某一产品失败,公众可能会否定同一品牌的其他产品,使其他产品也遭受损失。

(3) 品牌延伸策略。

该策略是指将已有的成功品牌延伸到新的产品上。新品牌的推出成本比较高,需要投入很多的广告费,而且风险也比较大,如果把已经成功的品牌用在新产品上,能降低产品的推出成本和风险。但是,品牌延伸策略也有很大的缺陷,如果品牌延伸产品失败,就会影响到同一品牌的其他产品。

(4) 多品牌策略。

该策略是指金融机构同时设立多个品牌,对每一个或每一类产品使用一个品牌。如果新华保险对少儿成长险推出了四种不同的品牌:快乐少年、阳光少年、无忧少年和绿荫寿险。这种策略能够突出不同的产品特色,满足不同的购买需求,缺点是新品牌推出成本高,每种品牌只能获得很少的市场份额,而且利润都不高。

 **本章小结**

金融产品是指金融企业通过精心设计的金融工具和与之相配套的金融服务而向客户提供的以满足其需要的某种金融运作理念,即:金融产品=金融运作理念+金融工具+金融服务。市场营销学从整体的角度来研究产品概念,它包括核心产品、形式产品、延伸产品三个层次。多品种经营,成为现代企业发展的趋势。

产品在市场上要经历导入期、成长期、成熟期和衰退期的生命周期,企业在生命周期的不同阶段,应采取不同的营销对策。创新是企业保持生命力的唯一途径,企业应重视新产品的开发,并且按照科学的程序开发新产品。

在现代市场营销中,品牌是金融企业的无形资产,企业要重视品牌策略的选择,也要重视品牌的创建和保护。同时包装的作用也越来越大,企业应选择好包装策略,为产品创造出更大的价值。

### 关键术语(中英对照)

产品(product)
服务(service)
核心产品(core customer value)
形式产品(actual product)
延伸产品(augmented product)
产品生命周期(product life cycle,PLC)
引入期(introduction stage)
成长期(growth stage)
成熟期(maturity stage)
衰退期(decline stage)
创意生成(idea generation)
筛选(idea screening)
产品概念(product concept)
营销战略规划(marketing strategy)
商业分析(business analysis)
商品化(commercialization)
品牌(brand)

### 思考题与应用

1. 金融产品具有哪些特征?如何对金融产品分类?
2. 什么是产品整体概念?试阐述产品整体概念的营销意义。
3. 什么是产品生命周期?产品生命周期各阶段有哪些市场特征?
4. 新产品开发经过哪些主要管理阶段?每个阶段需要解决的主要问题是什么?
5. 假设你是星巴克的市场营销经理,描述以下内容是怎样与星巴克的产品体验相关联的:核心产品、形式产品、延伸产品。
6. 浏览银行、保险、证券等金融机构或的金融服务网站,搜集其产品并列示品牌系列,说出你最喜欢的品牌或品牌策略,理由是什么?

 课程互动讨论

中国人寿的新产品开发

2019年12月8日,中国人寿在济南发布国寿鑫福临门年金保险和国寿福(庆典版)保险产品组合两大新产品。

国寿鑫福临门年金保险是中国人寿在建司七十周年之际推出的一款可满足客户子女教育、养老规划等需求的新产品,具有三大亮点:一是特别生存金、年金连续多次领取。该保险产品可连续五年按年交保险费的100%领取特别生存金,可连续五年按年交保险费的50%领取年金。二是满期领取早。该保险产品保险期间为十五年,被保险人生存至保险期间届满的年生效对应日,公司便给付满期保险金。三是可组合万能险,有效对接客户需求。国寿鑫福临门年金保险可与国寿鑫尊宝终身寿险(万能型)(庆典版)产品进行组合投保,组合后,年金保险所给付的特别生存金、年金、满期保险金均可转入个人投保的万能保险产品。

国寿福(庆典版)保险产品组合则是一款突出保险保障、切实满足群众需求的保险产品组合。这款保险产品组合由国寿福终身寿险(庆典版)、国寿附加国寿福提前给付重大疾病保险(庆典版)、国寿附加国寿福豁免保险费疾病保险(庆典版)、国寿附加国寿福豁免保险费重大疾病保险(庆典版,A款)、国寿附加国寿福豁免保险费重大疾病保险(庆典版,B款)等保险产品组合而成。

该产品组合具有四大亮点:一是重疾保障全面,涵盖120种重大疾病。二是轻症保障更广泛,涵盖60种轻症,最多可赔付3次。三是优化保费豁免功能,包括被保险人轻症豁免、重疾豁免,以及投保人重疾、身故、高残的保费豁免。四是身故保障更灵活,客户如果设定主险保额大于附加险保额,重疾赔付后仍可享受身故保障。

资料来源:中国人寿发布两大新产品,2019-12-08,http://finance.sina.com.cn/roll/2019-12-08/doc-iihnzahi6145902.shtml。

【思考题】

保险产品除了具有经济补偿与保险金给付的核心功能之外,还具有基金积累与防灾防损等派生功能。请运用产品整体概念,分析中国人寿保险产品的核心产品、有形产品、延伸产品具体包括哪些?

# 第七章 金融营销定价策略

**本章知识结构图**

## 知识目标

1. 理解金融产品的定价目标
2. 了解影响定价的主要因素
3. 深刻理解常用的价格营销策略

## 能力目标

1. 能够结合具体金融产品,学会运用成本导向、竞争导向、需求导向定价法
2. 结合金融行业实际,分析金融企业价格调整的原因以及所带来的影响

 **导入案例**

## 是什么导致了信用卡权益缩水？

近日,继平安银行卡境外接送机业务细则调整之后,网红产品浦发 AE 白的权益调整紧接着成为卡圈热议话题。银行制定信用卡权益的背后是些什么样的影响或决定因素。

作为商业机构,收入是权益的基石。简单来看,眼下,信用卡业务的收入基本分为四块:刷卡手续费收入、年费收入、循环利息收入、分期业务手续费收入。对大多数银行而言,年费收入仅在其收入结构中占很小部分。刷卡手续费收入仍是重要组成部分,而循环利息收入和分期业务则是信用卡业务重要的增长点。

信用卡权益的制定一定是经过收入和成本的精密测算。举个例子,因竞争激烈,国内的银行卡收单手续费远远低于海外成熟市场的刷卡手续费,前者在 0.6% 上下,而后者则基本在 1%—3%。正因为有更高的手续费收入作为基础,各大银行才会联合卡组织推出动辄高达 10% 以上的高额境外消费返现权益(通常有封顶金额),而国内就很少出现这样的权益产品。

同样的,买房购车环节的刷卡交易也不会有信用卡积分,同样也是因为这两大领域的交易属于零扣率商户,银行没有手续费收入可赚,自然不会有积分权益的补贴。明确了这一点之后,我们就可以看到,所谓的信用卡权益"缩水",往往是基于两种情况:权益成本的变化和战略的调整。

某种情况下,权益细则的调整则是因为大量羊毛党加入导致权益的成本结构发生变化,扭曲了权益模型。一直以来,权益模型的设定是信用卡风控的重要一环。而眼下,尽管每家银行的权益模型各异,但模型的制定都基于自身的数据沉淀。但在权益产品投放市场之后,大量羊毛党的加入往往改变了原有的数据基础,从而导致模型扭曲。

以接送机服务为例,由于满足了商旅刚需,该项权益一度为中高端商务持卡人所青睐。但这同样也吸引了大量羊毛党的参与,导致大量信用卡权益并没有按照规则规定被"持卡人或持卡人亲属"使用,而是被用于出售,且被使用在了成本较高的路线上,比如日本——国内的接送机成本可能至多上百人民币,而日本的则动辄上千人民币。这种变化直接改变了权益模型的设定参数。

近日,多家银行相继调整或收紧了机场接送机权益。比如,平安银行暂停了日本的接送机业务,并将服务主体改为"仅限本人使用";浦发银行要求必须提供本人登机牌;兴业、上海农商行等多家银行则会随机对使用人进行抽查。

需要提醒的是,作为持卡人"薅羊毛"享受权益和将"薅羊毛"经营成一门生意完全是两回事。一些信用卡达人也能将各项银行权益玩转,但在办卡和使用权益的过程中,依然是基于自身的需求。而将"薅羊毛"经营成生意的行径则带有明显牟利目的,甚至在相当程度上,往往伴随着违法违规的灰色地带。

比如,利用收单机具违规套现刷积分用以兑换银行卡权益,或是与航空公司内部人员勾连提前获取起飞信息延误险的"羊毛",等等。后者这些行为往往导致银行成本大幅提升,由此不得不收紧规则,通过调整权益来控制成本,也间接导致了正常持卡人的权益被稀释。因此,一直以来,即使是在"羊毛"江湖,也存在鲜明的鄙视链。后面一类"羊毛党"不仅仅是各大银行重点规避和过滤的对象,也是很多正常持卡人所厌恶的群体。

当然,某些情况下,对银行而言,权益变动是一种客户筛选的策略。银行在不同发展阶段所采取的权益策略会有很大不同。成长初期,银行往往会采取比较激进的手法来补贴市场,权益推广的力度也就比较大,具体案例可以参见前几年的广发信用卡和浦发信用卡。但当用户达到一定量级,增长稳定,银行往往就需要转型精品路线,对存量用户进行深度经营,权益产品的设计就会比较理性。上文提及的浦发 AE 遵循的就是这样的发展脉络。

通过将自己打造成一款网红产品,这款产品在过去几年积累了大量用户。但持续补贴两三年以后,出于成本控制和用户深度精细化运营的目的,银行势必要对权益细则进行调整。从今年浦发 AE 白的调整细节来看,在增加接送机服务次数的同时,里程兑换上限由 10 万缩减至 3 万,PP 卡权益改为龙腾,机场贵宾休息室权益变高铁贵宾室权益。较之浦发 AE 白刚被推出之际,卡片的定位已经从高端商务下沉为包括年轻白领在内的中端商务人群。

尽管市场颇有微词,但从银行的角度而言,一定程度的用户下沉,更便于将持卡人转化为分期业务的用户,不失为一种发展策略。

资料来源:是什么导致了近年来的信用卡权益缩水?,2019-08-01,https://www.xuexila.com/lore/touzilicai/c75896.html。

> **营销思考**
>
> 银行信用卡业务的获客成本一直居高不下,结合此案例,如何运用价格策略以及其他营销策略,体现更明确的客户群体细分,增强用户黏性,提升单客的贡献度,加强风控剔除不良用户?

## 7.1 定价策略概述

**企业的定价目标具体包括哪些?**

价格是指消费者用来拥有或使用产品和服务利益的全部价值量。价格在营销组合要素中有着特别的地位。其他要求如产品、渠道、促销等要素，虽然都创造价值，但在实现交易之前都是企业的成本，只有通过合理定价促成交易才可以实现成本补偿及盈利。所以，价格要素是唯一创造收益的营销要素。例如，银行提供贷款产品而获得利息收入，保险公司提供保险产品而获得保费，证券公司为企业上市融资提供服务而获得佣金。产品价格会影响销售量，价格与销售量共同构成销售收入。

价格是买卖双方达到交易的重要因素，是影响客户选择产品的主要因素。此外，随着社会经济繁荣和人们收入提高，非价格因素的作用越来越大，如服务、品牌、信任等。对于金融产品，这一趋势尤其明显。

### 7.1.1　金融产品的定价目标

定价目标(pricing objectives)，是指企业通过特定水平的价格的制定或调整，所要达到的预期目的。定价目标是企业市场营销目标体系中的具体目标之一，它的确定必须服从于企业总目标，也要与其他营销目标（如促销目标等）相协调。概括起来，金融机构的定价目标大致有以下几种。

#### 1. 追求盈利最大化

即企业追求一定时期内可能获得的最高盈利额。盈利最大化取决于合理价格所推动的销售规模，因而追求盈利最大化的定价目标并不意味着企业要制定最高单价。在此目标下，企业决定商品售价时主要考虑按何种价格出售可以获得最大的利润，而对市场竞争的效果，在社会上、顾客中产生的影响等考虑较少。因此，当企业及产品在市场上享有较高的声誉，在竞争处于有利地位时，追求最大盈利的定价是可行的。然而市场供求和竞争状况总会变化，产品也在不断更新，任何企业都不能永远保持其绝对的垄断优势。在更多的情况下，企业把追求盈利最大化作为一个长期定价目标，同时选择一个适应特定环境的短期目标来制定价格。

#### 2. 市场占有率最大化

有些金融企业通过定价取得控制市场的地位，即使市场占有率最大化。市场占有率是企业经营状况和产品竞争力的综合反映，较高的市场占有率可以保证企业产品的销路，便于企业掌握消费需求变化，易于形成企业长期控制市场和价格的垄断能力，并为提高企业盈利率提供了可靠保证。事实证明，紧随着高市场占有率的往往是高盈利率，提高企业市场占有率比短期取盈利意义更为深远。

#### 3. 实现销售增长率

在其他条件不变的情况下，销售增长率的提高与市场份额的扩大是一致的。因此，追求一定的销售增长率也是企业的重要目标之一，特别是在新产品进入市场以后的一段时期内。但由于竞争激烈的市场经常变化，市场份额的高低更多地取决于本企业与竞争对手的销售额对比状况，而且销售增长率的提高也不必然带来利润的增加。因此，企业应结合市场竞争状况,有选择地实现有利可图的销售增长率。

### 4. 适应价格竞争

价格竞争是市场竞争的重要方面,因此,处在激烈市场竞争环境中的企业经常根据竞争对手的价格策略,以适应价格竞争作为定价目标。实力雄厚的大企业利用价格竞争排挤竞争者,借以提高其市场占有率;经济实力弱小的企业则追随主导的竞争者价格或以此为基础做了抉择。在低价冲击下,一些企业被迫退避三舍,另辟蹊径开拓市场。

### 5. 提升金融产品质量

金融行业所提供的产品大多数属于服务性产品,客户通过购买以某项服务为核心的一系列产品来获得满足。金融企业要清楚客户需要什么样质量的服务和愿意为此付出多少费用,从而设计出性价比最高的服务。企业可以从顾客角度出发,通过问卷调查等方式了解客户需求,设计出满足顾客要求的金融产品和工具,不断优化服务质量,为客户提供便捷、高效、安全的服务项目。顾客在消费时就会感到物有所值,愿意支付更高的价格,这样企业更容易获利。

### 6. 建立企业良好的形象

良好的企业形象是企业无形的资源与财富,是企业成功运用市场营销组合取得的消费者信赖,是长期累积的结果。有些行业的市场供求变化频繁,但行业中的大企业为维护企业信誉,往往采取稳定价格的做法,不随波逐流,给顾客以财力雄厚、靠得住的感觉。

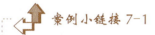
案例小链接 7-1

#### 免费商业模式

只有和传统商业模式、传统思维有差别的才是好的商业模式,是能在这个时代所真正能够运用的知识和经验,一些创业多年的成功企业家总结出来的经验也是有用的。商业模式并不是靠你自己去想就能够做到的,更多的是靠一些具有可操作性的实际性的能力和经验来帮助你。以下为5种免费模式。

**1. 在别人看来是赔钱的,但却是赚钱的第三方付费模型**

唱片行业,肯定觉得你出一张唱片其实是一个赔钱的买卖,因为一张唱片的成本包括了拍摄MV和音乐内容以及请明星所需要的资金投入,可能超过了市场销售的成本,所以这在传统的行业来说,是一个根本就没法做的生意,但是作为互联网行业,通过第三方付费来实现盈利,可以通过在手机上的App、商业演出、演唱会这样的方式来赚取利润。现在的很多音乐提供商,他并不是靠卖唱片赚钱,而是靠第三方付费为唱片买单的方式来赚钱。这在很多行业里面是值得去思考,去运用的第三方,我们要找到有黏性的客户和有需求的客户,第三方才会为你的实力买单。

**2. 功能型商业模式**

现在很多产品都可以通过实现覆盖某一个部分新的功能来实现全覆盖型的功能。

最简单的现在非常流行的智能手机有很多功能都包括了对以前的相机、U盘这些功能的覆盖,所以才会让我们的消费者集这些功能于一身而独享用手机。这种功能的产生方便了人们的生活,所以这样也能够方便优化提升生活的本质。现在我们的运动员也是如此,在奥运会成名之后,他可以获得巨大的商业利益。人也有多种功能,他不仅仅是一个运动员,他更能够去通过拍摄广告、出席各种商业活动来获取收入,而这些收入会分配到国家体育总局以及个人、教练员。这也是利用了人的多种功能属性。这对于商业来讲,整条利益链都做活了,也是商业模式的一种创新。

### 3. 定时免费商业模式

有很多商家在晚上饭点的生意是非常火爆的,但是在早上或者中午,他的生意其实是异常的冷淡,所以在这些行业当中有时间的消费差别。可以通过一定时间内的低价甚至免费这样的活动,让消费者在不同的时间段内有不同的消费差别。时间免费模式要选择在固定的时间点来为消费者量身定做这类服务和产品,要设定一个时间段来进行免费,当你的产品以及服务在事先设定好的时间点内做持续性的活动,让消费者对这样的一个产品服务产生条件反射,让他觉得在他的潜意识里面只要他想到类似的服务,就会想到你所在的店铺,那就算成功了,这是直接给消费者带来了很大的优惠。

### 4. 主产品免费模式

很多商家仍然是抱着自己的主产品盈利的,但是真正会做生意的人,他并不是靠主盈利产品来赚钱,而是通过主盈利产品来吸引大量的客户,通过这样的一个高聚集的人群来消费盈利店内的其他商品,通过这样的交叉补贴的方式会比主盈利产品的盈利额大大增加。

### 5. 体验模型

销售房子的过程中,房地产商会把样板间供给消费者体验,在和客人看样板间的时候并不会一味地推销房子,而是让客人看重这个样板间的价值,不做任何的推销。体验模型是通过在一定的时间内,让我们的消费者了解我们的产品的性能,在这个体验的过程中激发消费者占有欲,通过他对我们产品服务的效果产生一定的依赖性,来激发顾客的购买欲望。

资料来源:商业模式不是靠悟,这五种免费模式一定有适合你! 2019-03-01,https://www.sohu.com/a/298436857_120087395。

> **? 营销思考**
>
> 免费背后的商业模式意味着什么?对原有的传统定价模式有何冲击与影响?

## 7.1.2 影响定价的主要因素

企业定价时要全面考虑各种影响因素,具体包括:市场供求状况、市场竞争程度、产品成本、产品定位、消费者的心理预期、政府政策等。

1. 市场供求状况

价格与供求相互影响、相互决定,互为因果。因此,定价必须考虑供求规律的要求。一般情况下,供不应求的产品,价格可以定得高些;供过于求的产品,价格可以定得低些。这不仅是企业经营的需要,也有利于促进生产与消费的合理统一,调节生产与消费的矛盾。

(1) 价格与需求。

在经济学中,需求是指价格与需求量之间的关系。是一种有效的市场需求。影响需求的因素很多,在此只讲价格对需求的影响。在其他条件不变的情况下,价格与需求量之间呈一种反向变动的关系:需求量随着价格的上升而下降,随着价格的下降而上升,这就是所说的需求规律。需求规律通常由需求曲线来反映。根据表7-1可作图7-1,煤炭市场的需求曲线。

表 7-1 煤炭的市场需求表

| 价格(美元/吨) | 需求量(亿吨) |
|---|---|
| 35 | 5.70 |
| 34 | 5.80 |
| 33 | 5.90 |
| 32 | 6.00 |
| 31 | 6.10 |

(2) 价格与供给。

同需求类似,经济学意义上的供给所反映的也是价格与对应的供应量之间的关系。也是一种有效的市场供给,必须满足两个条件:有出售愿望和供应能力。实际上影响供给的因素也很多,在此也只分析价格对供给的影响。在其他条件不变的情况下,价格与供给量之间呈同方向变动关系,即价格上升供给量增加,价格下降供给量减少,这就是通常说的供给规律,由供给曲线来反映。如图7-2所示。

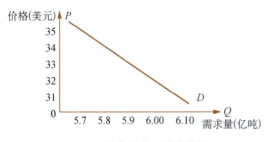

图 7-1 煤炭的市场需求曲线

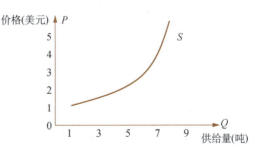

图 7-2 某物品市场供给曲线

(3) 供求关系与均衡价格。

受价格的影响,需求和供给在市场上表现为两种相反的力量。市场上某种商品的价格越低,人们对它的需求量就越多,而企业的供给数量却越少;反之,商品价格越高,人们的需求量越少,而企业的供给数量越多。市场上的需求方和供给方对市场价格变化的反应是相反的,生产者和消费者分别从各自的利益出发,对市场价格信息做出不同的反应。因此,在很多情况下,需求量和供给量是不相等的,或者是供过于求,或者是供不应求。当供不应求时,市场价格会上升,从而导致供应增加而需求减少;当供过于求时,市场价格会下降,从而导致供应减少而需求增加。其结果必然会形成一个市场价格,在这个价格水平上,市场对这种商品的供给量和需求量相等。这种需求和供给相平衡的状态,我们称之为均衡状态,此时的价格便是均衡价格 $P_e$,此时的供给量与需求量是一致的,称为均衡数量 $Q_e$。均衡点反映在图形中就是供求曲线的交点 $E$。如图 7-3 所示。

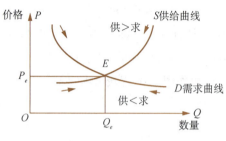

图 7-3 均衡价格形成

均衡价格是一种相对稳定的价格。由于市场情况的复杂性和多变性,供求之间的平衡是相对的、有条件的,不平衡则是绝对的、经常性的。

(4) 价格与需求弹性。

要深入研究价格变动对需求变动的影响,进而影响企业收益,就必须分析需求弹性。

① 需求弹性的含义。

需求弹性(elasticity of demand) 又称需求价格弹性,是指价格变动的比率所引起的需求量的变动比率,反映了需求变动对价格的敏感程度。它是用弹性系数 $E_d$ 来表示的,其公式为

$$E_d = \left| \frac{(Q_2 - Q_1)/(Q_1 + Q_2)}{(P_2 - P_1)/(P_1 + P_2)} \right|$$

式中,$Q_1$、$Q_2$ 分别为调价前、后的销售量;$P_1$、$P_2$ 分别为调价前、后的价格。

由于价格与需求量呈反方向变动,即当价格增加时,价格的变动为正值,当需求量减少时,需求量的变动为负值。反之与此相反。所以弹性系数应该为负值。但在实际运用时,为了方便起见,一般都取其绝对值。

② 需求弹性的分类。

各种商品的需求弹性不同,根据弹性系数的大小,可将其在理论上分为五种类型。第一,需求完全无弹性,即 $E_d = 0$,表现为无论价格如何变动,需求量都不会变动。第二,需求有无限弹性,即 $E_d = \infty$,表现为当价格既定时,需求量是无限的。第三,单位需求弹性,即 $E_d = 1$,表现为需求量变动的比率与价格变动的比率相等。第四,需求缺乏弹性,即 $0 < E_d < 1$,表现为需求量变动的比率小于价格变动的比率。第五,需求富有弹性,即 $E_d > 1$,表现为需求量变动的比率大于价格变动的比率。前三种情况是理论上的假设,在现实中是极少见的。对企业定价及总收益有影响的主要是后两种情况。

③ 需求弹性与总收益的关系。

某种商品的价格变动时,它的需求弹性的大小与出售该商品所得到的总收益是密切相关的,因为总收益等于价格乘以销售量。价格的变动引起需求量的变动,从而也引起销售量的变动。不同的商品其需求弹性不同。企业定价时,应考虑需求弹性,根据其强弱来定策略。一般表现为两种情况。

第一种情况:对于 $E_d<1$ 的缺乏弹性的商品而言,价格与总收益是同方向变动的。也就是说,如果价格提高,则总收益增加;如果价格下降,则总收益减少。可用图7-4来说明。

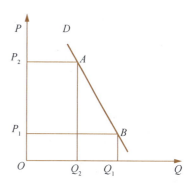

图7-4 需求缺乏弹性 $E_d<1$ 的收益

在图7-4中,当价格为 $P_1$,销售为 $Q_1$ 时,总收益为 $OP_1BQ_1$ 的面积,当价格上升为 $P_2$ 时,销售量仅以较小的变动率下降为 $Q_2$,总收益为 $OP_2AQ_2$ 的面积,于是后者的面积大于前者的面积,总收益是增加的。同理,当价格由 $P_2$ 降为 $P_1$ 时,总收益是减少的。

这类商品(如粮食、盐、煤气、水电等生活必需品)价格的上升或下降,仅会引起需求量较小程度的减少或增加。定价时,较高水平的价格往往会增加盈利,低价对需求量刺激效果不明显,薄利并不能多销,反而会减少企业收入。

第二种情况:对于 $E_d>1$ 的富有弹性的商品来说,价格与总收益是反方向变动的。即:若价格提高,则总收益会减少;若价格下降,则总收益会增加。可用图7-5来说明。

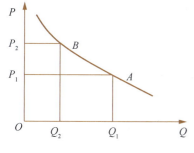

图7-5 需求富有弹性 $E_d>1$ 的收益

图7-5中,当价格为时 $P_1$,销售量为 $Q_1$,总收益为 $OP_1AQ_1$ 的面积。当价格上升为 $P_2$ 时,销售量以更大的变动率下降为 $Q_2$,总收益为 $OP_2BQ_2$ 的面积。显然,提价以后的总收益减少了。相反,当价格由 $P_2$ 下降为 $P_1$ 时,总收益却增加了。

这类产品(如高档产品、奢侈品等)价格的上升或下降,会引起需求量较大幅度的减少或增加。定价时,应通过降低价格、薄利多销达到增加盈利的目的;反之,提价时务求谨慎,以防需求量发生锐减,影响企业收入。

④ 影响需求弹性的因素。

影响需求价格弹性的因素主要有商品对日常生活的必需程度;产品的独特性和知名度;替代商品的供应状况;消费者的购买水平等。在消费者购买力一定的条件下,商品越是生活必需,越是有名气,替代品供应越少,其需求价格弹性越小;反之,则越大。

⑤ 测量需求的方法。

目前在市场营销中可用以下三种方法来测量需求。第一,统计分析法。即对企业历史上的某一商品价格与销售量之间的相关性进行分析,来得出商品的价格弹性。如企业可以根据商品历年来的销售统计资料,通过对商品价格变动后的实际销售数量,最终估算出需求。第二,价格实验法。即通过实验来估算价格弹性,因此估算比较准确,但是对费用与时间的花费较大。如企业对现在市场上销售的商品进行调价,在一定时间和范围内观察该商品的销售情况,并据此测算需求。第三,直接购买意向调查法。即对潜在购买者的购买意向进行直接调查来估算出价格变动后的需求,以此得出某种商品的价格弹性。企业先估算出自己的潜在购买者数量,然后在潜在购买者中进行抽样调查,询问他们价格降低后的实际购买意向。最后,企业可以根据实际购买人数的百分比与潜在购买者的数量计算出商品的需求状况。

### 2. 市场竞争程度

市场竞争状况不同,即企业定价的客观环境不同,企业定价的自由程度也不相同。西方经济学根据竞争的程度把现实中的市场分为四种类型:完全竞争市场、垄断竞争市场、寡头垄断市场和完全垄断市场。

完全竞争市场和完全垄断市场是两个极端,在现实生活中很少见。垄断竞争市场和寡头垄断市场是介于这两种极端之间的状态,在现实生活中极为普遍。不同的市场对企业的定价有不同的影响。在完全竞争市场上,每个企业只能是价格的被动接收者,而不是价格的制定者,因此无所谓定价问题。在完全垄断市场上,垄断者可根据自己的经营目标在法律允许的限度内自由定价。在垄断竞争市场上,每个企业都是它的产品价格的制定者,都有一定程度的定价自由,企业可根据其提供的产品或服务的"差异"优势,部分地变动价格来寻求高的利润。在寡头垄断市场上,价格往往不是由供求关系直接决定,而是由少数寡头垄断者协调操纵的,称为"操纵价格"。四种市场结构对企业定价的影响见表7-2。

表7-2 四种市场结构对比

|  | 完全竞争市场 | 完全垄断市场 | 垄断竞争市场 | 寡头垄断市场 |
| --- | --- | --- | --- | --- |
| 定义 | 没有任何垄断因素的市场状况,又称纯粹垄断 | 产品完全由一家或极少数几家企业所控制的市场状况 | 既有垄断又有竞争的市场状况,是一种典型竞争形式 | 产品的绝大部分由少数几家企业垄断的市场状况 |
| 特征 | • 产品完全相同<br>• 企业进退自由<br>• 生产同一种产品的企业很少<br>• 每个企业都是价格的被动接收者 | • 企业没有竞争对手<br>• 市场上很少有相近的替代品<br>• 垄断企业控制整个市场<br>• 一个厂商就是一个行业 | • 市场上有很多替代品<br>• 行业进入比较容易<br>• 市场竞争非常激烈<br>• 同类产品的生产者多<br>• 特定产品的生产者极少 | • 市场进入非常困难<br>• 企业数目很少<br>• 生产的产品相同或是很近似的替代品<br>• 市场价格相对稳定 |
| 对企业定价的影响 | • 企业接受价格<br>• 无所谓定价问题<br>• 提高利润不是通过价格而是通过成本 | • 有政府的垄断<br>• 有特许的私人垄断<br>• 垄断者在法律允许的限度内自由定价 | • 企业是其产品价格的制定者<br>• 有一定的定价自由<br>• 受同类产品价格影响 | • 价格不是由供求关系直接决定<br>• 少数寡头垄断者协调操纵价格 |

3. 产品成本

产品成本是指产品在生产过程和流通过程中所花费的物质消耗及支付的劳动报酬的总和。一般来说,需求是企业定价的最高限度,而成本是企业定价的最低限度,企业为了保证再生产的实现,通过市场销售,既要收回成本,也要实现一定的利润。企业的产品成本有总成本、平均成本和边际成本。

(1) 总成本(TC)。

总成本是指企业生产某一特定产量所需的固定成本和变动成本的总和。固定成本(FC)是指用于厂房、设备等固定资产投资所发生的费用,在短期内不随产量的变化而变动。可变成本是指用于原材料、动力等可变生产要素支出的费用,随产量的变化而变化。

(2) 平均成本(AC)。

平均成本是指平均每一单位产品所消耗的全部成本。它是由平均固定和平均可变成本构成。平均固定成本(AFC)是指每一单位产品所消耗的固定成本,短期内随着产量的增加,会逐渐减少。平均可变成本(AVC)是指平均每一单位产品所消耗的可变成本。随着产量的增加先递减,达到最低点以后再递增。这是由边际收益递减规律作用的结果,其图形特征为典型的 U 型曲线。其变动规律如图 7-6 所示。

(3) 边际成本(MC)。

边际成本是指生产者增加一单位产量所增加的总成本量。其变动规律与平均成本和平均可变成本有关系。它也是一条先下降而后上升的 U 型曲线。随着产量的增加而减少,当产量增加到一定程度时,就随着产量的增加而增加,如图 7-7 所示。

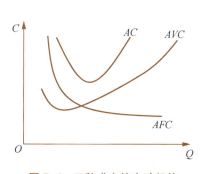

图 7-6 三种成本的变动规律

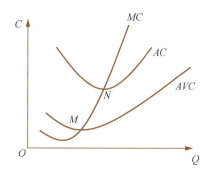

图 7-7 边际成本的变动规律

企业取得盈余的初始点只能在产品的价格补偿平均变动成本后等于固定成本之时,也就是图中的 N 点,该点称为收支平衡点。在 N 点,MC 曲线一定交于 AC 曲线最低点,即当 AC 等于 MC(MC=AC) 时,产品的价格正好等于产品的平均成本($AC = \dfrac{TC}{Q} = P$)成为企业核算盈亏的临界点。当产品价格大于平均成本时企业就可能盈利;反之则会形成亏损。

企业亏损并不意味着企业会停止生产。在图中 N 点和 M 点之间,企业还有可能继续进行生产,因为价格除了能够弥补全部平均可变成本外,还能抵偿一部分平均固定成本。当产品的价格低于 $M$ 点,企业将会停止生产,故该点称为企业停业点,因为市场价格如果低于该点,企业连变动成本也赚不回来,自然不再生产。$M$ 点是 $MC$ 曲线与 $AVC$ 曲线最低点的相交点,即当产品价格等于 $AVC$,企业将不得不停止生产。

(4) 包络线。

在长期中,企业没有固定成本和可变成本之分。由于长期中所有的生产要素都是可变的,企业就可根据它所要达到的产量来调整生产规模,实现平均成本达到最低。从数学上讲,长期平均成本曲线是短期平均成本曲线的包络线,即长期平均成本曲线把许许多多短期平均成本曲线包在其中,它也是一条先下降而后上升的 U 型曲线。如图 7-8。其变动规律也是随着产量的增加,先减少而后增加,这也是由于随着产量的增加,规模收益递增,平均成本减少;以后,随着产量的增加,出现规模收益递减,平均成本增加。这与短期平均成本相同。

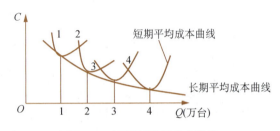

图 7-8  不同规模的成本特性

由此可见,不论从规模收益还是从规模经济来讲,任何一个企业和一个行业的生产规模都是不能过小,也不能过大,都应该实现生产的适度规模,否则都是不利的。

4. 产品定位

每个企业都应根据总体营销目标而对其产品进行市场定位。产品的市场定位,也就是通过产品的差别化设计而使目标顾客了解本企业产品相对于竞争者产品的市场定位的过程。根据目标顾客对产品属性的关注程度,产品的差别化可以通过众多的变量来体现,比如质量、技术的先进性、安全性、耐用性、服务,等等。其中价格对于大多数产品而言是一个十分重要的变量。价格不仅是区分产品档次的重要标志,而且还代表了顾客从产品的购买中所能获得的实际利益。

下面的例子显示女性时装不同品牌采取的定位策略所对应的定价策略。

* A 品牌:独一无二的时装品牌——溢价策略
* B 品牌:领导潮流的高档名牌——高价策略
* C 品牌:顺应潮流的优质品牌——中等价格
* D 品牌:提供实惠的大众品牌——低价价格

产品定位关乎产品和企业的形象,需要通过产品本身的设计、包装、价格、广告宣传、服务等多种手段传达给消费者才能使之充分理解。产品形象一旦树立,还要通过各种努力加以维护,特别是高质量、高档次的名牌产品,在调整价格时亦需格外小心。

5. 消费者的心理预期

消费者的心理预期是最不易考虑的因素,但又是定价时必须考虑的重要因素之一。消费者心理对价格的影响,主要表现在人们对商品的价格预期上,即认为这种商品在消费者心目中应该值多少钱。这种心理价格通常是一个范围,如果企业定价高于消费者心理预期值,就很快被消费者接受;反之,低于期望值,又会使消费者对商品的质量产生怀疑,甚至拒绝购买。事实上,有些商品的实际价值和消费者对它们的感受价值并非总是一致的,因此不能只根据产品的实际成本和价值定价,而必须考虑市场需求强度和消费者心理因素。另外,消费者心理对价格的影响因产品的不同而不同。对于生活必需品,人们的期望价格较低;对于那些名牌优质或享受性消费品,人们的期望价格则较高。企业只有按不同产品档次制定价格,才能使产品畅销并保证获得预期收益。

6. 政府政策

由金融业的特殊性,金融机构的经营活动受到国家各种政策法规的严格限制,其中定价行为也不例外,政策限制是企业不可逾越的约束。政府金融财政政策的变化会在一定程度上影响金融产品和服务的定价和成本,金融机构应该时刻关注国家政策动态,及时调整价格。对定位影响较大的政策有利率政策、汇率政策、证券交易收费政策以及保险费率等。例如,我国商业银行在进行定价时,必须严格遵守《中华人民共和国商业银行法》《储蓄管理条例》《贷款通则》等,并自觉接受监管机构的监督。

## 7.2 金融营销定价的具体方法

> 企业定价的基本方法有哪些?

定价方法是金融企业为实现其定价目标所采用的具体方法,鉴于价格的高低主要受成本费用、市场需求和竞争状况等三方面因素的影响,从这三方面的不同侧重出发,各种定价方法可以归纳成为成本导向、需求导向和竞争导向。

### 7.2.1 成本导向定价

成本导向定价(cost-based pricing)以产品成本为定价基本依据,主要包括以下几种具体方法。

1. 加成定价法

加成定价法(cost-plus pricing)就是在单位产品成本的基础上,加上预期的利润额作为产品的销售价格。售价与成本之间的差额即利润称为"加成"。计算公式为

单位产品价格＝单位产品总成本×（1＋成本加成率）

其中，总成本包括固定成本与可变成本，而成本加成率是指预期利润占产品总成本的比例。在这一方法中，成本加成率的确定比较关键。由于目前金融产品一般都已形成一个标准的利润幅度，而加成率过高就会影响产品的市场竞争力。

这种方法具有计算简单、简便易行的优点，在正常情况下，按此方法定价可使企业获取预期盈利。缺点是忽视市场竞争和供求状况的影响，缺乏灵活性，难以适应市场竞争的变化形势。特别是成本加成定价，加成率的确定仅从企业角度考虑，因而难以准确得知对应价格水平的市场销售量，使固定成本费用的分摊难保其合理性。

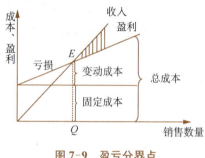

图 7-9 盈亏分界点

### 2. 损益平衡定价法

损益平衡定价法（break-even pricing）是在既定的固定成本、单位变动成本的价格条件下，确定能够保证收支平衡的产（销）量。收入平衡点也称损益平衡（盈亏分界）点，如图 7-9 所示，图中 E 为盈亏分界点，Q 为保本销售量（称损益平衡时的销售量）。

根据图 7-9，在盈亏临界点上，总收入＝总成本费用；而总收入＝价格×销售数量，总成本＝固定成本＋单位变动成本×销售数量。于是有：价格×销售数量＝固定成本×单位变动成本×销售量，我们得出 Q 的计算公式为

损益平衡点销售＝固定成本／（价格－单位变动成本）

在此价格下实现的销售量，使企业刚好保本，因此，该价格实际是保本价格，即：

保本价格＝（固定成本／损益平衡点销售量）＋单位变动成本

在企业定价实务中，可利用此方法进行定价方案的比较与选择。对于任一给定的价格，都可以计算出一个保本销售量。如果企业要在几个价格方案中进行选择，只要给出每个价格对应的预计销售量，将其与此价格下的保本销售量进行对比，低于保本销售量，则被淘汰。而在保留的定价方案中，具体的选择取决于企业的定价目标。利用盈亏分析，实际价格的计算公式如下。

实际价格＝[固定成本＋预期盈利总额（目标利润）＋单位变动成本费用]／预计销售量

损益平衡定价法侧重于总成本费用的补偿，这一点对经营多条产品线和多种产品项目的企业极为重要。因为一种产品的盈利伴随其他产品亏损的现象时有发生，经销某种产品时所获取的高盈利与企业总盈利的增加并无必然联系，因此，定价从保本入手而不是单纯考虑某种产品的盈利状况无疑是必要的。在某种产品预期销售量难以实现时，可相应提高其他产品产量或价格，逐步在整体上实现企业产品结构及产量的优化组合。

### 3. 目标贡献定价法

目标贡献定价法（target-return pricing）又称为可变成本定价法，即以单位变动成本为定价基本依据，加入单位产品贡献，形成产品售价。即：

价格＝单位可变成本＋单位产品贡献额

在这里，产品售价超出可变成本的部分被视为贡献，它的意义在于，单位产品的销售收入在补偿其变动成本之后，首先用来补偿固定成本费用。在盈亏分界点之前，所有产品的累积贡献均体现为对固定成本费用的补偿，企业无盈亏可言。到达盈亏分界点之后，产品销售收入中的累积贡献才是现实的盈利。由于补偿全部固定成本费用是企业获取盈利的前提，因此，所有产品销售收入中扣除变动成本后的余额，不论能否真正成为企业盈利，都是对企业的贡献。在实践中，由于以可变成本为基础的低价有可能刺激产品销量大幅度提高，因此贡献额有可能弥补固定成本甚至带来盈利。

目标贡献定价的关键在于贡献的确定，其步骤如下。

（1）确定一定时期内企业目标贡献。

年目标贡献＝年预计固定成本费用＋年目标盈利额

（2）确定单位限制因素贡献量。

单位限制因素贡献量＝年目标贡献/限制因素单位总量

其中，限制因素指企业所有产品在其市场营销过程中必须经过的关键环节，如劳动时数、资金时数、资金占用等，也可根据企业产品自身特性加以确定。各种限制因素单位加总即为限制因素单位总量。

（3）根据各种产品营销时间的长短及难易程度等指标，确定各种产品在营销过程中对各种限制因素的占用数量（或比例）。

（4）形成价格。

价格＝单位可变成本费用＋单位限制因素贡献量×单位产品所含限制因素数量

目标贡献定价法有以下优点。

（1）易于在各种产品之间合理分摊固定成本费用。限制因素占用多，其价格中所包含的贡献就大，表明该种产品固定成本分摊较多。

（2）有利于企业选择和接受市场价格。在竞争作用下，市场价格可能接近甚至低于企业的平均成本，但只要这一价格高于平均变动成本，企业就可接受，从而大大提高企业的竞争能力。

（3）根据各种产品贡献的多少安排企业的产品线，易于实现最佳产品组合。

## 7.2.2 竞争导向定价

竞争导向定价（competition-based pricing）以市场上相互竞争的同类产品价格为定价基

本依据,以根据竞争状况的变化确定和调整价格水平为特征。主要有通行价格定价、密封投标定价、竞争价格定价等方法。

### 1. 通行价格定价法

通行价格定价法(going-rate pricing)是竞争导向定价方法中广为流行的一种,也称为随行就市定价法,定价原则是使本企业产品的价格与竞争产品的平均价格保持一致。在下述情况,企业往往采取这种定价方法。

(1) 难以估算成本;

(2) 企业打算与同行和平共处;

(3) 如果另行定价,很难了解购买者和竞争者对本企业价格的反应。

这种定价适用于竞争激烈的均质产品,如大米、面粉、钢铁以及某些原材料的价格确定,在完全寡头垄断竞争条件下采用也很普遍。

### 2. 主动竞争定价法

与通行价格定价法相反,主动竞争定价法(active competitive pricing)不是追随竞争者的价格,而是根据本企业产品的实际情况及与竞争对手的产品差异来确定价格。因而价格有可能高于、低于市场价格或与市场价格一致。一般为实力雄厚或产品独具特色的企业所采用,具体方法如下。

(1) 先将市场竞争产品价格与企业估算价格进行比较,分为高于、一致及低于三个价格层次;

(2) 将本企业产品的功能、质量、成本、销量等与竞争企业进行比较,分析造成价格差异的原因;

(3) 根据以上综合指标确定本企业产品的特色、优势及市场定位,在此基础上,按定价所要达到的目标,确定产品价格;

(4) 跟踪竞争产品的价格变化,及时分析原因,相应调整本企业产品价格。

### 3. 密封投标定价法

密封投标定价法(sealed-bid pricing)就是在投标交易中,投标方根据招标方的规定和要求进行报价的方法。主要适用于大型项目如国债发行、大宗采购等。一般是由买方公开招标,卖方竞争投标,密封递价,买方按物美价廉的原则,择优选取。投标企业在报价时,必须预测竞争者的价格意向,努力制定既能保证中标,又能保证最大期望利润的最佳报价。密封投标定价法的步骤主要有。

(1) 招标。

招标是由招标者发出公告,征集投标者的活动。招标者需要完成两项工作:①制定招标书。主要内容有:招标项目名称、数量;质量要求;开标方式与期限;合同条款与格式等。②确定底标。它是招标者自行测标的愿意成交的限额,也是评价是否中标的极为重要的依据。

(2) 投标。

由投标者根据招标书规定提出具有竞争性报价的标书送交招标者，标书一经递送就要承担中标后应尽的职责。一般来说，报价高，利润大，但中标概率低；报价低，预期利润小，但中标概率高。所以，报价既要考虑企业的目标利润，也要结合竞争状况考虑中标概率。

(3) 开标。

招标者在规定时间内召集所有投标者，将报价信函当场启封，选择其中最有利的一家或几家中标者进行交易，并签订合同。

## 7.2.3 需求导向定价

需求导向定价（demand-based pricing）以消费者的需求强度及对价格的承受能力作为定价依据，是伴随营销观念更新而产生的新型定价方法。

### 1. 感知价值定价法

消费者购买商品时总会在同类商品之间进行比较，选购那些既能满足其消费需要又符合其支付标准的商品。消费者对商品价值的理解不同，会形成不同的价格限度。这个限度就是消费者宁愿付出货款而不愿失去这次购买机会的价格。如果价格刚好定在这一限度内，消费者就会顺利购买。

因此，金融企业在产品定位时必须尽可能收集金融客户对产品价值的评价，判断金融产品在客户心目中的价格标准，以预测在不同价格水平上产品的销售量，从而为制定客户可以接受的产品价格提供参考依据。感知价值定价法（perceived-value pricing）的关键是判断金融产品的感知价值水平，具体可以采用以下三种方法。

(1) 直接评判法，即直接邀请客户与专家对金融产品的价值进行评判；

(2) 比较评判法，即通过对本产品与其他同类产品进行比较以判断产品的感知价值；

(3) 加权评判法，即先对产品各项指标的觉察价值进行评分，再运用加权平均的方法以计算出总的感知价值。

### 2. 需求差异定价法

需求差异定价法（demand differential pricing）以不同时间、地点、产品及不同消费者的消费需求强度差异为定价的基本依据，针对每种差异决定在基础价格上是加价还是减价。主要有以下几种形式。

(1) 顾客差别。由于不同职业、不同阶层、不同年龄、不同收入的客户有着不同的需求，因而针对不同客户应制定不同价格以促进产品销售。

(2) 地域差别。由于生活在不同地域的客户，其生活习惯和环境条件不同，因而其金融产品的要求会有很大差异，产品价格也应有所区别。

(3) 时间差别。由于不同时期的客户对产品需求并不一致，因而产品价格应做适当调整。

实行差异定价要具备以下条件：市场能够根据需求强度的不同进行细分；细分后的市场在一定时间内相对独立，互不干扰；高价市场中不能有低价竞争者；价格差异适度不会引起消费者的反感。

## 7.3 常用的价格营销策略

> 在确定了基本价格之后，我们还需要掌握哪些定价技巧与策略？

在根据适当的定价方法确定了基本价格以后，针对不同的消费心理、销售条件、销售数量及销售方式，运用灵活的定价技巧对基本价格进行修改，是保证企业价格策略取得成功的重要手段，灵活的定价技巧是在具体场合将定价的科学性与艺术性相结合的体现。

### 7.3.1 心理定价策略

心理定价策略是指企业根据消费者的心理特点，迎合消费者的某些心理需要而采取的一种定价策略。常用的有以下几种。

#### 1. 尾数定价策略

尾数定价策略又称零头定价策略，即给产品定一个零头数结尾的非整数价格。这种方法主要用于价格弹性较大的普通产品的销售，不适用于高端产品。

#### 2. 整数定价策略

这种定价与尾数定价相反，企业有意把产品的价格定为整数，不带零头，使人产生高档、显示身份的感觉，满足某些消费者的虚荣心理。例如，各大金融企业为高收入阶层专门制定的金融产品服务。

#### 3. 声望定价策略

这种定价策略表现为企业利用消费者仰慕高档名牌商品或著名经销店的声望所产生的某种心理来制定商品的价格。价格一般定得较高。这种策略适用于已经建立其高知名度和品牌形象或者有特殊细分市场的金融企业。

#### 4. 招徕定价策略

这种定价策略是企业利用顾客的好奇心和观望心态，将某一种或几种的产品价格定得特定高或特别低，引起顾客的注意，进而带动企业其他产品的销售。

#### 5. 分级定价策略

这种定价策略表现为企业在定价时，往往把同类产品分为若干等级，不同等级的产品实行不同的价格。这样做能使消费者产生货真价实、按质论价的感觉，从而容易被消费者接受。但使用时要注意划分的级差不宜太大或太小，否则，便起不到应有的分级效果。

## 7.3.2 折扣定价策略

在基本价格的基础上,灵活运用折扣定价技巧,是金融机构审时度势争取顾客、扩大销售的重要方法。折扣定价策略一般有以下几种。

### 1. 现金折扣

现金折扣即对按约定日期付款或提前付款的顾客给予一定的价格折扣。比如,几乎各家财产保险公司都有保费打折策略,依据是上年的事故率或赔付款额的大小,达到规定标准的给予保费折扣,可以留住保费支出小的客户。

### 2. 数量折扣

数量折扣就是根据顾客购买的数量多少,而给予不同程度的价格折扣。其目的是使买方大批量购买或集中购买本企业的产品。一般来说,购买的数量或金额越大,给予的折扣也就越大。数量折扣有利顾客维持向特定金融机构购买产品,而不是转向多家金融机构购买。

### 3. 交易折扣

交易折扣又称功能性折扣,即厂商依据各类中间商在市场营销中担负的不同职能给予不同的价格折扣,目的在利用价格刺激各类中间商更充分地发挥各自组织市场营销活动的功能。证券和保险经纪人作为金融产品交易的中间商,商业银行作为证券投资基金和保险产品的代销机构,常常以提成的方式获得交易折扣,折扣的差额就是代理机构获得的收益。折扣或提成数额一般根据交易金融和一定比例计算。

## 7.3.3 产品生命周期定价策略

根据生命周期理论,产品从进入市场到从市场上被淘汰将经历引入期、成长期、成熟期、衰退期四个阶段,每个阶段的市场需求特征和竞争状况不同,要求企业采取不同的营销策略,企业的定价目标、定价方法也要相应做出调整。

### 1. 引入期的价格策略

在产品刚刚投放市场的最初阶段,消费者对该产品缺乏了解,企业需要花大气力进行市场的开拓工作。就价格策略而言,可以根据产品的市场定位采取高、中、低三种策略。

(1) 市场撇脂策略(market-skimming pricing)。

在短期利润最大化的目标下,以远远高于成本的价格推出新产品。销售对象是那些收入水平较高的"消费革新"者或猎奇者。高价策略的好处是不仅在短期内迅速获利,而且为以后的降价留出空间。缺点是较高的价格会抑制潜在需求,同时高价厚利易诱发竞争,从而缩短新产品获取高额利润的时间。

(2) 市场渗透策略(market-penetration pricing)。

以较低的价格投放新产品,目的是通过广泛的市场渗透迅速提高企业的市场占有率。

低价策略的优点是能迅速打开新产品的销路,低价薄利不易诱发竞争,便于企业长期占领市场。缺点是投资回收期较长,价格变动余地小。相对而言,采取低价策略需要企业有比较雄厚的财力的支持。

(3) 满意定价策略(market-satisfaction pricing)。

介于"撇脂"和"渗透"策略之间的中等价格策略,价格水平适中,同时兼顾生产厂家、经销商和消费者的利益。优点是价格比较稳定,在正常情况下盈利目标可按期实现。缺点是比较保守,不适合需求复杂多变和竞争激烈的市场环境。

### 2. 成长期的价格策略

随着消费者对新产品的逐渐了解,产品的销售会有较快的增长,竞争者陆续加入。企业应视市场增长和竞争情况而在适当的时机调整价格。成长期企业营销的重点是扩大市场占有率,加强企业的市场地位和竞争能力,因而通常的做法是在不损害企业和产品形象的前提适当降价。

### 3. 成熟期的价格策略

产品经过一段时间的快速增长,市场需求趋于饱和,市场竞争异常激烈,这时进入产品的成熟期。该阶段的定价目标多为维持原有的市场份额、适应价格竞争。由于一些实力薄弱的中小竞争者被迫退出,市场上多呈现寡头垄断竞争的格局,各企业在原有产品价格的调整上比较慎重,竞争更多地集中在其他方面。随着改良产品的出现,企业需要为这些产品重新定价,总体而言,成熟期的价格策略多呈现低价特点。

### 4. 衰退期的价格策略

随着市场的进一步饱和,新产品出现,消费者的兴趣开始转移,经过成熟期的激烈竞争,价格已降至最低水平,这是产品衰退期的主要特征。这一阶段的价格策略主要以保持营业为定价目标,通过更低的价格,一方面驱逐竞争对手,另一方面等待适当的时机退出。

### 7.3.4 价格调整策略

价格调整是金融企业对上述基础价格的调整,由于市场情况千变万化,有时价格需要根据经济环境的变化、产品生命周期、竞争对手新策略、顾客消费心理变化等因素相机而动,以实现预期的营销目标。

例如银行调整价格时,需要考虑何时宣布、何时成效,是一种产品还是整个产品线(比如是否针对所有的银行卡),或是在更广泛的产品范围内(比如针对客户存款账户所有其他项目的收费)实际价格调整;一个产品的调价对其他产品影响如何。价格调整应基于必要和可行原则,以下是价格可能要调整的一些原因。

(1) 账户数量或市场份额有所下降。

(2) 与竞争者的价格相比,或与其产品的益处相比价格太高。

(3) 由于成本增加或需求量太大,价格相对过低。

(4) 未能提供满足低收入客户的定价而受到批评。
(5) 产品线中每个产品项目的价格差异不合适或令人费解。
(6) 向客户提供太多的价格选择,使客户感到无所适从。
(7) 价格对客户来说似乎高于其真正所值。
(8) 定价行为使客户对价格过分敏感,并不赏识其质量上的差异。
(9) 提高产品质量增加了经营成本或增加了对客户的价值。

## 本章小结

价格策略是市场营销组合中非常重要且独具特色的组成部分,是企业市场营销可控因素中最难确定的因素。企业在制定产品价格时,必须考虑定价目标、产品成本、供求关系、市场竞争状况、消费者心理、法律环境等因素的影响和制约。常见的企业定价目标主要有:追求利润最大化、提高市场占有率、适应价格竞争、维护企业形象等。

定价方法是依据对影响定价因素的分析、运用价格决策理论对产品价格水平进行计算的一种方法。影响产品价格主要有三个基本因素,即:成本、需求和竞争。由此形成了成本导向定价法、需求导向定价法和竞争导向定价法。

定价策略是企业制定和调整价格的谋略和技巧。其策略包括产品生命周期定价策略、心理定价策略、折扣定价策略等。同时,随着市场环境的变化,企业需要对已确定的价格做出必要的调整。无论是主动调整还是被动调整,都要以实现最佳营销组合效果为目的。

## 关键术语(中英对照)

定价目标(pricing objectives)
总成本(total costs)
平均总成本(average total cost,ATC)
平均可变成本(average variable cost,AVC)
收支平衡分析(break-even analysis)
有弹性的需求(elastic demand)
需求的弹性(elasticity of demand)
缺乏弹性的需求(inelastic demand)
固定成本(fixed cost)
边际成本(marginal cost,MC)
可变成本(variable cost)
边际收益(marginal revenue,MR)
成本导向定价(cost-based pricing)

成本导向定价(cost-based pricing)
加成定价法(cost-plus pricing)
损益平衡定价法(break-even pricing)
目标贡献定价法(target-return pricing)
竞争导向定价(competition-based pricing)
通行价格定价法(going-rate pricing)
主动竞争定价法(active competitive pricing)
密封投标定价法(sealed-bid pricing)
需求导向定价(demand-based pricing)
感知价值定价法(perceived-value pricing)
需求差异定价法(demand differential pricing)
市场渗透定价(market-penetration pricing)
市场撇脂定价(market-skimming pricing)
满意定价策略(market-satisfaction pricing)

## 思考题与应用

1. 何为定价目标？它对金融企业有何影响？其他影响金融企业定价的主要因素有哪些？

2. 金融企业定价的基本方法有哪些？各自有何优缺点？

3. 以你身边的银行的定价策略为例，分析最近一年中其受到哪些主要因素影响？

4. 试举一例以成本导向定价的金融产品，再和需求导向定价法进行比较。

5. 在一个小组中，讨论你们对下述产品的价值感知，以及你们愿意为其支付的价格：汽车、在美食街的一餐饭、牛仔裤以及运动鞋。你们小组成员间的答案是否有差异？解释为什么会有这些差异。

6. 竞争导向定价是如何在金融产品上体现出来的？请举出实例。

## 课程互动讨论

### 金融圈也打价格战！

2020年4月27日，海南股权交易中心发布一则公告，近期海南省发展控股有限公司(下称海南发展控股)公开选聘发行中期票据主承销商，最终确定中选单位为中信证券(23.850，0.77，3.34%)和兴业银行(15.770，0.02，0.13%)。引起广泛关注的是承销费率仅为0.03‰，远低于市场平均水平。当日晚间，交易商协会表示，已对相关主承销商启动自律调查。

官网资料显示，海南省发展控股有限公司是海南省政府为了引进大项目，带动省外资金投资海南，推进省内重大项目实施，促进海南经济发展而设立的综合性投资控股公司。公司资产总额已从成立之初的5亿元发展到2018年底562亿元，净资产353亿元。

此次海南发展控股公开选聘发行中期票据主承销商，海南股权交易中心在4月13日进行公告。4月21日，该中心按规定组织相关专家对12家参选单位的参选材料进行了评审和打分。根据专家评审结果，最终确定中选单位为中信证券和兴业银行。而确定的承销费率为0.03‰。

"十万分之三的这个费率比较少、报价不常见。"一位券商债券融资业务人士表示，以前还有人报100元的，就是象征性收费。不过，现在这种低报价的现象也渐渐少了，不是普遍存在，大部分还都是正常报价。

实际上，此前行业内债券承销费用确实多次出现过低价，甚至还有未收取承销费的情况。

4月24日，厦门特房集团发布债券承销中标公示，第一中标候选人为兴业银行厦门分行和中信证券联合体，承销费率低至千万分之一(0.00001%)，这意味着1亿元的债券承销费仅有10元，还要两家机构平分。根据公示结果，该项目第二中标候选人中信建投(37.070, 3.37, 10.00%)和建行厦门分行联合报价为十万分之五(0.005%)，第三中标候选人农行厦门分行和国泰君安(16.800, 0.39, 2.38%)的报价为万分之一(0.01%)。

2018年，中国证券业协会发布的一份《公司债券承销业务收费情况行业通报》显示，2017年10月16日—2018年3月31日，90余家证券公司报送的697个公司债券项目，平均承销费率为0.44%，其中有52个公司债券项目未收取承销费，还有62个公司债项目的承销费率不高于千分之一，其中还包括21个公司债券项目承销费率低于0.01%，即在万分之一以下。

上述券商债券融资业务人士表示，承销费用在行业内有高有低，没有明确的标准，但自己公司一般收费是比较高的。不同的(债券)品种收费也都不一样，有的规模比较大、收费可能是"万"打头的万分之几的水平，有的会是千分之一、千分之二、千分之三，甚至更高。一般会根据(债券)销售的难度来看，主要就是看发行人的资质，销售难度大的，就收费高一些，容易销售的就少收费。

### 交易商协会启动自律调查

十万分之三的承销费率一出，立即引起了市场广泛关注。交易商协会也出手了。当天晚间，交易商协会表示，关注到近期海南省发展控股有限公司公开选聘发行中期票据主承销商，确定的承销费率为0.03‰。依据《银行间债券市场非金融企业债务融资工具中介服务规则》《非金融企业债务融资工具自律处分规则》等有关规定，协会已正式启动对有关事项的自律调查，若相关方在业务开展过程中存在违反自律规则的情况，将依据有关规定予以自律处分。

为何一些债券项目会出现承销费率报价偏低的情况？上述券商债券从业人士对记者分

析称，可能是为了冲（债券承销）规模，现在都有考核，为了承销规模的市场排名，可能就会出现恶意竞争的情况。这个现象对整个行业是不利的，投标的时候不赚钱都去承做，就为了排名好一点，谁排名第一第二，大家就觉得谁做得好。

该人士还表示，至于怎么收费，承销商的意图是最关键的，收 1 元、100 元、1 万元，没有本质的差别，主要是看承销商是想做一个客户，跟客户保持良好的长久的合作关系，还是想要市场份额，或是其他，这些都有可能导致低报价情况的出现。

实际上，此前债券承销"价格战"也曾引起有关监管部门的关注。2018 年 9 月，证监会发布《公司债券日常监管问答（七）》，对于交易所债券市场个别承销机构承销费率远低于正常费率的情况进行回应，表示关注承销机构的执业质量，强化发行承销环节的管理。对于承销费率偏低、执业质量存疑的公司债券项目开展专项现场检查工作，核实承销机构是否履行了充分适当的尽职调查程序以及发行人相关信息披露是否真实、准确和完整。

证监会当时表示，对于承销机构执业质量存在问题，或存在违规承诺等其他违法违规行为的，将严格按照相关规定严肃处理。另外，继续加强证券业协会自律管理。证券业协会对承销费率不正当竞争行为依法进行自律管理，在公司债券承销业务信息受理、汇总和分析工作的基础上，通过定期专报、行业公示、一对一告知、现场约谈、自律检查等形式，警示行业规范发展。

资料来源：金融圈也打价格战！1 个亿的大项目只挣 10 元钱还两家分，每日经济新闻，2020-04-29，http://finance.ifeng.com/c/7w47WU1mOoq。

**【思考题】**

债券项目会出现承销费率报价偏低的原因有哪些？将给金融行业带来怎样的影响？

# 第八章 金融营销渠道策略

**本章知识结构图**

## 知识目标

1. 了解金融渠道的含义、种类和功能
2. 掌握金融渠道设计的步骤
3. 深刻理解分销渠道冲突产生的原因

## 能力目标

1. 能利用金融渠道的知识,为具体的金融机构设计并选择合适的分销渠道
2. 能设计、评估金融渠道,发现并解决渠道冲突,并对金融渠道进行管理

 **导入案例**

### 线上银行，上线有作为

2020年，疫情让中国银行业数字化转型加速，银行数字化如何纵深发展成为关注热点。银行数字化转型不仅是产品和服务的线上化，还应加强组织和管理的数字化。

**银行向智能化迈进**

不出门，如何申请贷款？不见面，如何完成授信？

最近，招商银行南京分行就遇到了类似的问题。一位公司法人回乡探亲后无法及时返回江苏，而公司急需开立银行账户。以往，企业开户需要企业法人亲赴银行网点进行现场面核。如今有何新招？

招商银行南京分行基于手机移动平台，运用人脸识别、音视频采集、大数据等多项技术，上线不见面审批功能，用5分钟时间就完成了远程开户意愿核实，成功开立了公司基本账户。

安徽省亳州药都农村商业银行日前研发"金农企e贷"新产品。客户在线申请，2小时至48小时内，系统会根据大数据分析完成授信。4月22日上线试运营以来，"金农企e贷"已完成授信339户，授信金额3.29亿元。金融科技的助力让银行很快就满足了客户需求。

为支持疫情防控，多家银行强化手机银行、网上银行等电子渠道服务，减少客户不必要的出行，也催生出"非接触银行"服务的理念和需求。新网银行首席研究员董希淼接受本报采访时表示，"非接触银行"服务关键在于银行数字化能力。

近年来，越来越多商业银行设立互联网金融部、数字金融部等，引入金融科技公司开放合作，打造数字化银行。以招商银行为例，1999年，招商银行启动"一网通"，在国内率先推出网上银行业务。根据招行2019年年报，"招商银行"和"掌上生活"两大App月活跃用户已突破1亿。

如今，许多业务不用跑去网点、柜台，人们通过银行的手机客户端，动动指尖就能完成转账汇款、购买理财产品等，正是得益于银行的数字化转型。董希淼表示，从业务层面看，商业银行经历了电子化、线上化的阶段，现在正向智能化迈进。

**组织架构"敏捷"转型**

北京大学数字金融中心曾编制"商业银行数字化指数"，对2010—2018年占中国商业银行总资产90%的141家银行进行了数据分析，结果表明，中国银行业总体上数字化程度不断加深，从2010年的14.83%增长至2018年的73.78%。

董希淼表示，银行的数字化转型一般是从产品和服务的数字化开始的，这些方面大众能感知到也比较关注，但进行到一定阶段后，如果没有在战略层面制定规划，没有数字化的管理文化，数字化转型往往会推进缓慢或难以持续。

"数字化转型对敏捷组织要求很高,但银行传统的总分行体制,相对保守的文化氛围,决策链条较长,与数字化要求的开放、包容、试错、快速响应有冲突。这就需要组织和管理层面的数字化转型。"董希淼说。

在上述"商业银行数字化指数"的分析结果中,相对落后的是组织转型。这也反映出银行业数字化转型中普遍遇到的问题。

光大银行数字金融部远程银行中心武汉分中心的员工认为,组织架构是现代商业银行高效运行的基础保障,组织架构设计是否科学合理,关系到银行的核心竞争力与服务能力。银行在推进数字化转型过程中,面临的最大挑战,往往是原有的组织架构难以支撑敏捷反应和快速决策。

**数字化要"以人为本"**

对于银行而言,数字化转型已是大势所趋,以更开放的心态来迎接数字化转型,已成为行业共识。

董希淼从6个层面提出银行加快推进数字化转型的建议:在战略上,制定转型战略并深入实施,持续加大投入;在组织上,建设敏捷组织,培养数字化意识、人才和文化;在业务上,创新产品研发,打造多元化渠道与风控体系;在技术上,完善配套机制,促进技术应用与架构转型;在数据上,加强数据治理,改善数据运营,确保数据安全;在合作上,践行"开放银行"理念,深化跨界合作,融入多种场景。

中信银行信息技术管理部副总经理表示,对于传统银行的数字化转型,难度不在于科技本身,而在于数字化创新的土壤和文化。大数据、人工智能和区块链技术的应用虽然很前沿,但拥有这些技术并不等于银行已经完成数字化转型,还要有驱动数字化业务生长的土壤和根基,比如企业的战略和文化等。

中国人民大学国际货币研究所副所长提出,商业银行应该在推进数据治理的基础上,通过自我赋能或者合作赋能的方式,综合提升银行数字化程度,打造"无处不在"的开放银行。

微众银行科技创新产品部负责人认为,不管是数字化转型还是开放银行,其实都要"以人为本",从"用户视角"出发。数字化的目的是以用户为中心,为用户提供更高的价值。

资料来源:线上银行上线有作为(网上中国),2020-05-06,https://baijiahao.baidu.com/s?id=1665912628143519734&wfr=spider&for=pc。

**❓ 营销思考**

一场突如其来的病毒感染,给各类金融机构的分销渠道建设带来了哪些机遇与挑战?

前几章学习的营销组合要素涉及以正确的价格向正确的市场提供正确的产品,接着要做的是将产品和服务在适当的时候、适当的地点送达客户,使产品和服务具备的利益、功能等有效地传输给目标受众,这是本章学习的渠道策略的内容。营销渠道不仅具有产品推销、业务推广、服务支撑的重要功能,同时也是企业感知市场环境的末梢神经,更是企业决策效果传递并作用于市场的关键执行环节。

市场营销活动效益的高低不仅取决于银行产品的开发与提供,还取决于其分销渠道。前者是形成产品使用价值的过程,即降低金融的成本、提高产品质量、增加产品的式样与功能、制定合理的价格以提高市场竞争力;后者是产品使用价值和价值的实现过程,即将已经开发出来的产品及时、方便、迅速地提供给客户,以满足不同客户的需要。从一定程度上讲,建立良好的分销渠道要比组织产品开发更为重要。

## 8.1　金融渠道概述

> 金融渠道有哪些不同类型?

### 8.1.1　分销渠道的概念

分销渠道(distribution channel),或者叫营销渠道(marketing channel),也叫作"分销通道""流通渠道""销售通路"等。分销渠道的形成和运作包含了多个方面,基于此,人们从不同的观察视角来界定分销渠道,导致了许多不同的定义。比较有代表性的有:强调分销渠道的组织结构的"组织结构说",强调产品从生产者转移至最终顾客的分销过程的"分销过程说",强调分销过程涉及的各类主体的"分销主体说"等。

#### 1. 金融渠道的定义

就工商企业而言,分销渠道是指产品从生产领域转移到消费领域的过程中所经历的市场通道。金融渠道则指金融产品从金融企业转移至金融消费者的过程中所经历的市场通道,也就是金融产品和服务通过各种手段和途径推向金融客户的过程。

工商企业的物质产品从生产方转移到消费方一般通过中间商来实现,而由于金融产品和服务的特殊性,金融渠道则有其独特的运作方式,一般是通过建立分支机构网络来实现,因而分支机构网络是金融分销的主要手段,广设网点成为金融企业争夺市场的最有力武器。随着金融产品和服务的不断创新,业务功能日渐多样化,目前金融分销渠道正日益复杂和多元,尤其是电子信息技术的充分运用,促进金融渠道更加多样化,诸如通存通兑、信用卡、自动柜员机(ATM)、销售终端机(POS)等现代分销渠道已得到广泛使用。可见,为了适应市场需要,各种新型分销渠道的出现,极大地强化了金融渠道的作用,增强了金融企业提供金融产品和服务的能力。金融渠道作为联结金融产品供应者与需求者的基本纽带,随着时代的发展,其作用会越来越显著,它是金融企业扩大产品销售、加速资金周转、降低经营成本、节约流通费用、提高经济效益的重要因素。

### 2. 分销渠道的起点与终点

科特勒曾对分销渠道做过一个界定:"分销渠道是指某种货物或劳务从生产者向消费者移动时取得这种货物或劳务的所有权或帮助转移其所有权的所有企业和个人"。从这个界定中,我们可以明确地看出,分销渠道的起点是生产者,即生产用于该条分销渠道进行分销活动产品或劳务的企业,而分销渠道的终点就是消费者。这里的消费者,指的是最终用户,也就是之前提到的目标市场,是渠道商业子系统服务的目标市场。分销渠道是以生产者为起点,消费者为终点,其中有各种不同类型的组织机构参与,支撑着分销"五流"——物流、信息流、所有权流、促销流、付款流等的单向或双向流动。

## 8.1.2 金融渠道的特点与功能

### 1. 金融渠道的特点

金融产品与一般的有形商品的最大不同是其无形性和高风险性等特点,使用销售渠道的特点、功能与类型也有很大区别。因此,仅仅掌握一般的市场营销渠道理论还不够,还需要进一步了解和掌握金融渠道的特点。与有形产品渠道相比,金融产品的渠道有以下特点。

(1) 金融产品的无形性与销售渠道的直、短为主的特点。

金融企业的产品,如存贷款、汇款、信用卡、基金、保险、信托等,对于顾客而言并不是通过触觉、味觉、视觉、嗅觉和听觉等感官感觉到,而是通过一些有形设备与线索如网点柜台、自动提款机、存折明细、保管箱等,加上人员的解说等才感觉到产品的存在,能够证明一项金融产品交易的是一纸契约。

由此带来的问题是,金融产品不是总能被清楚地说明、证明或展示,客户不容易理解并做出正确的购买决策。金融机构要告诉顾客服务内容、权益以及风险,以得到顾客的理解和支持。这样,金融机构和顾客之间一般不宜有中间人,直接营销成为主要的销售方式。

金融的直销方式,主要有物理和虚拟两大类型。前者即广设分支网点、培训高素质的客户经理队伍,开展面对面柜台的产品销售和服务活动,后者是利用网络通信信息技术和设备,进行远离经营现场的远程传送产品和服务。

(2) 金融产品的高度信息化与销售的直复式为主的特点。

描述一个金融产品除了数字还是数字,这一数据化特征决定了其服务传递的高度信息化、虚拟化特征,也决定了其最适合采用直复营销渠道。

所谓直复式渠道,主要基于互动媒介,或者互动媒介与传统渠道的结合,获得潜在顾客,或者销售产品,这些互动媒介包括电话、直邮、网站、电子邮件、短信等。直复式渠道强调在任何时间、任何地点都可以实现企业与顾客的"信息双向交流",顾客可以根据自己的时间安排随时上网获取或反馈信息。由此产生了大量客户数据,成为数据库营销的基础。直复营销既是一种营销传播方式,也是产品销售的渠道,后者的作用对于金融企业尤其明显。

(3) 金融服务的中介性与资金来源、运用产品混合销售的特点。

一般而言,渠道是企业生产线产出的产品传输送到消费者手中的通道,不包括给生产线输入原料的供应商。但金融企业不同,作为资金融通的中间人,一手牵资金盈余者、一手牵资金短缺者(看上去就像原材料的"供应商"和产品"消费者"),但不可以"厚此薄彼",两者都是需要营销的客户群体。因此,有为资金盈余或短缺客户提供产品的专门渠道,如银行的柜台以储蓄业务为主,而贷款则需要通过另外的通道。但在理财需求日益旺盛的当代,更多的是两类产品交叉的混合销售渠道,例如购买基金产品,在销售了存款产品(资金来源)的同时,也完成了向基金公司出售产品(资金运用)。

(4) 金融服务的信托性与渠道运行风险的特点。

金融机构是从事资金转移、融通的中介机构,从本质上讲,提供的是信托服务。客户作为委托人,可以选择信任的金融企业。金融企业受客户之托,管理其资金或提供财务咨询,为保护其利益尽义务。金融企业和客户之间长期稳定的关系需要彼此的信用和信心维系。

金融渠道运行与维护的风险主要在以下几方面:高度依赖人与人面对的直销,可能存在较大的人员道德或操作风险。如果设立了跨地区网络机构,管理部门应以风险控制为核心对各机构以及人员授权,制定严格的规章制度和绩效考核机制。直复式渠道对技术与设备高度依赖,一旦关键技术和设备出现问题就是系统性的,影响面大、修复时间长,严重的可能给客户造成损失。

在我国目前的金融企业经营格局下,不同业态的渠道互相借用,是未来业务交叉混合的前奏,甚至有打擦边球的现象,风险和机会共存,应该高度关注,趋利避害。

### 2. 金融渠道的功能

金融渠道主要承担以下功能。

(1) 销售功能。通过金融渠道向顾客销售金融产品,提供融资理财服务。

(2) 服务功能。通过金融渠道向顾客提供系列服务,为顾客的货币或财富增值。提高顾客的满意度,培养顾客对本企业的忠诚度。

(3) 便利功能。金融渠道为顾客提供了时间的便利性和空间距离的便利性,不仅是买得到,还提供购买的方便,减少了寻求产品和服务的成本,提升了顾客的满意度。

(4) 信息功能。收集、分析与顾客打交道所必需的信息。随着现代信息技术,尤其是互联网技术、通信技术的发展,通过终端渠道可以更广泛地收集和分析最新的金融咨询信息,并以快捷、便利的方式传递给银行顾客。

(5) 宣传功能。作为制订金融产品营销活动计划的一部分,可以设计更为有效的广告和安排促销活动,实施人员推广、公共关系等销售促进策略。

## 8.1.3 金融渠道的类型

现代金融机构的分销渠道多种多样,根据不同的划分标准可以分为不同类型,具体来说,主要包括以下几种。

1. 直接分销渠道和间接分销渠道

这是根据金融机构销售的产品是否利用中间商来划分的。直接分销渠道,即零阶渠道或者零级渠道,它指的是金融机构直接把产品提供给客户而不需要借助中间商完成产品的销售。具体包括以下形式。

(1) 金融分支机构。金融机构通过设立营业服务网点直接向客户提供金融产品和服务。以商业银行为例,我国大多实行总分行制,首先选择某个地区设立总行,然后在全国各地以及国外设立分行,再由各个分行下设支行、分理处、储蓄所等。

(2) 面对面销售。除了进行传统的柜台坐等业务外,直接分销渠道的各个网点还会派专业营销人员进行面对面推销,通过多种形式和途径访问潜在客户,不断拓展其新业务以发展预期潜在客户成为他们的新客户。

(3) 直复营销。金融机构通过多种方式,将金融产品和服务不经过店面,直接由买卖双方完成交易。具体包括:直接邮寄营销、目录营销、电话营销、电视营销以及网络营销等。

(4) 电子分销渠道。随着网络技术以及信息技术的进一步发展,电子分销渠道日渐发展成为新的分销方式。电子分销渠道以电话、电脑、手机等电子网络为媒介,通过客户自助服务等直接将金融产品提供给客户。以银行为例,就是将传统的银行产品通过电子网络系统,直接分销给用户,如电话银行、网上银行、手机银行、自助银行等。

间接分销渠道指的是金融机构通过中间商把金融产品销售给客户的各种手段和途径。例如金融机构,尤其是商业银行通过超市、商场等大型消费场所的销售终端(POS)向客户提供电子支付服务。保险公司除了利用自己的下设分支机构和网点直接分销其产品和服务之外,还可以借助于是中间渠道销售其业务。

2. 单分销渠道和多分销渠道

这是根据分销渠道类型的多少来划分。单分销渠道指的是金融机构仅仅是简单地通过一个渠道实现金融产品和服务的销售。例如,金融产品和服务由金融机构自己销售或者全部通过经销商销售,一般在本地多采用直接分销的方式。

多分销渠道指的是金融机构通过不同的销售渠道将相同的金融产品和服务销售给不同的市场或不同客户,一般在外地多采用间接分销方式。比如基金公司,只有总部或少数几个大区业务部,不设分支机构,其基金产品主要借助商业银行、证券公司的分支机构渠道代售。近年来基金公司还借助财经网站、电商虚拟平台,通过财经网站理财业务或电商金融业务渠道进行基金产品销售的势头猛烈。通过多渠道分销比单渠道分销能够更有效地扩大市场占有率。

 知识驿站 8-1

### 多渠道经营策略

近年来,在客户消费习惯变化和自身经营成本压力的共同作用下,商业银行的经营模式开始进入快速转型。一种追求传统物理网点与新兴电子银行渠道相融合的多渠道经营策略逐渐成为发达市场和新兴市场银行业的共同选择。

首先,多渠道经营策略强调包括人工网点服务、自助机具、网上银行、手机银行、电话银行、社交网络、电子邮件等不同经营渠道的整合与无缝衔接。借助先进的客户关系管理系统和业务管理系统,银行可以实现不同渠道间客户和业务信息的共享与即时传送。通过业务流程的重组优化,客户办理业务的全流程可以实现跨渠道的无缝衔接。

其次,多渠道经营策略的突出优势是效率与便捷。与传统的物理网点渠道相比,多渠道策略打破了银行服务在时间和空间上的限制。客户可以随时随地向银行提出业务需求,银行获得客户需求信息后,可以在第一时间做出响应,启动相应业务流程,通过不同渠道的协同配合,向客户展现一个一体化的银行形象。

再次,优秀的多渠道业务系统也可以为银行提供统一、清晰的客户视图。通过搜集分析客户历史交易和渠道使用情况的详细信息,银行可以对客户的需求特点和交易习惯进行深入分析,据此,不同客户指定差异化的营销方案,提高营销的成功率,同时也改善客户体验。

最后,多渠道经营策略下,传统银行网点的功能和业务模式将发生显著变化。网点不再一味追求满足客户所有需求的一站式服务中心,而是越来越成为银行多渠道业务体系的有机组成部分。

资料来源:国外银行业多渠道经营策略的典型案例,http://west007.fucmsweb.com/article-5bceb8635d4540a0218b4569.shtml。

### 3. 结合产品生命周期的分销渠道

金融产品所处的生命周期阶段不同,产品的成本、收益以及受欢迎程度也会有所不同。因此,在不同的阶段要根据实现情况采取不同的分销渠道策略。在产品导入期,最主要的任务就是迅速打开市场,金融机构应该以自销或者独家分销为提高产品的声誉,尽快占领市场;在产品成长期,金融机构应该选择有能力、有经验的中间商进行分销,提高销售量以扩大市场份额;在产品成熟期,金融机构应该拓宽分销渠道,寻求更多的中间商,与中间商积极配合以达到进一步拓宽业务活动的范围;在产品的衰退期,金融机构可以选择声望比较高的中间商分销产品,以获取更好的经济效益。

## 8.2 金融渠道设计策略

> 金融渠道设计决策步骤包括哪些?

在设计分销渠道时,金融企业要在自己所认为理想的分销渠道架构和切实可行的分销渠道中做出选择。确定最好的渠道也许不是问题,而如何说服一个或多个优秀的分销商加入渠道并参与管理往往是操作中的问题所在。

为了达到渠道运作的最佳效果,应该有目的地进行分销渠道设计。在分销渠道设计中,应该以正式的明确分销目标,对各种备选的分销渠道方案进行评估和选择,从而设计出新的适合企业经营要求的分销渠道或对现有的分销渠道进行改进。

### 8.2.1 分销渠道设计框架

#### 1. 分销渠道设计的原则

在进行分销渠道设计构架的过程中,我们首先要清晰地了解和掌握分销渠道设计的原则有哪些。

(1) 顾客导向原则:在进行分销渠道设计时,首先要考虑的是最终用户的需要。最终用户位于渠道链条的末端,但其是付款流的起点,是整个渠道利润的最终来源。因此,应对最终用户进行认真的分析,在整个分销渠道中建立和贯彻以顾客为导向的经营思想,从而提高顾客满意度,培养顾客忠诚度,促进企业产品的销售。

(2) 利益最大化原则:在进行分销渠道设计时,应认识到不同的分销渠道结构针对同种产品的分销效率的差异。设计出的分销渠道应能够降低产品的分销成本,使企业在获得竞争优势的同时获得最大化的利益。

(3) 发挥优势原则:在进行分销渠道设计时,企业应先选择那些能够发挥自身优势的渠道模式,以巩固自身在市场中的优势地位。

(4) 适度覆盖原则:市场环境不断变化,消费者偏好也在不断变化。生产商在进行分销渠道设计时,要充分考虑到市场覆盖范围和投入成本的关系,同时,及时把握目标市场的变化,对渠道结构进行调整,以确保渠道的覆盖范围不过少、不过度、少受市场变化的影响,并勇于尝试新渠道,不断提高市场占有率。

(5) 协调平衡原则:各渠道成员的密切协调对渠道的高效运作意义重大。在进行分销渠道设计时,应注意到渠道成员属于不同利益主体,其个体利益决策不可避免地存在冲突和分歧,因此,企业应充分考虑这些不良因素,努力为渠道成员建立有益竞争和良好合作的氛围,并通过合理分配利益使得渠道成员协调与合作。

(6) 稳定可控原则:分销渠道对于企业而言是一项战略性资源,一经建立,就对企业的整体运作和长远利益有着重大的影响。因此,应该从战略眼光出发,考虑渠道设计的问题。渠道建立之后,应保持一定的稳定性,同时,需要具有可以调整以适应环境变化的灵活性。调整时,应综合考虑各个因素的协调一致,使渠道始终在可控制的范围内基本保持稳定。

#### 2. 分销渠道设计的框架

分销渠道设计(marketing channel design)的步骤框架如图 8-1 所示。

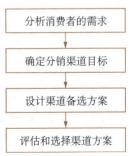

图 8-1 分销渠道设计框架

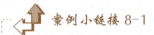

**案例小链接 8-1**

## 零售银行的渠道发展与趋势

### 一、中国银行业发展的三个历史阶段

（1）物理网点时代：主要是各家银行网点间的产品、服务等竞争。

（2）传统互联网时代：是指网上银行、P2P、第三方支付等新技术兴起，传统的互联网银行的形成。

（3）FinTech 时代：Fintech 则是由金融"Finance"与科技"Technology"两个词合成而来，意指金融科技，主要是利用大数据、区块链等互联网创新技术进行风险控制和平台管理。

### 二、新的金融科技将会带来的影响

（1）跨界合作将日益加深。随着新的技术手段的兴起，跨界合作将体现在诸多领域，人工智能、P2P、财富管理、VR、AR、区块链等，科技被整合进金融服务，与传统金融服务进行充分融合。

（2）产品形态持续优化，金融生态圈的概念日益清晰。随着市场的日益成熟，新兴的金融科技公司的市场扩张策略将从现有产品的市场渗透高全新产品的研究开发，将产品线整合优化，实现产品服务之间的无缝对接。从而形成以传统金融，例如保险、证券、银行、基金等金融牌照类业务和创新金融以互联网金融、消费金融、众筹等为代表，以及产业金融，主要涉及产业基金、PE/VC、母基金等金融生态表现。最终通过建立多层次的金融服务体系，打造金融生态的闭环。

（3）数字货币及智能账户等新生事物的出现、成长。各国央行都正在探索数字货币的使用。数字货币的出现是建立在互联网和数字加密技术基础上的，例如比特币、以太坊都是目前主流的电子货币，这些货币都是新的跨平台转移价值的方式。此外银行账户正在变得更智慧，银行卡组织也开始利用付款标记化技术保护卡号等信息。银行账户正朝着智慧化的方向转变，未来的银行账户是一种智能算法账户，利用人工智能发现账户上的钱如何能给客户带来最大价值和收益。

### 三、零售银行未来的发展趋势

未来零售银行的发展趋势将表现为"四化"。

**1. 客群差异化**

业务的发展，需要关注市场，更需要关注核心客群的变化。近年来通过权威机构对客户进行的满意度调查结果来看，核心客群正在跨渠道间发生着悄然的变化，甚至于社会总劳动人口的数量变化，总劳动人口中的年龄结构变化，社会一些文化风俗的变化，一、二、三线城市文化、生活、节奏的不同都会导致核心客群发生变化。能不能在客群尤其是核心客群发生变化之前就洞悉、观察、重视这种变化并且在零售银行渠道创新的战略规划上做相应的调整将是未来竞争的关键核心。能及时适应新客群的诉求，才能真正做到以客户为中心，才有可能做到真正有市场的创新。

2. 产品虚拟化

近年来第三方支付的兴起以及BAT局面的形成都一再证明了金融产品虚拟化的趋势。现阶段VR、AR技术已经开始在某些银行中应用，主要的业务场景是应用于智慧银行、智能银行卡等方面。未来的数字货币、区块链等新生事物的出现和发展以及应用将进一步推动产品虚拟化的现状。

3. 服务智能化

随着人工智能的出现和应用，在服务方面更多地体现出智能化的趋势，例如在互联网线上及App端已经得到广泛应用的智能机器人就是人工智能的应用体现。服务智能化是以数字化、网络化为基础；以云计算、大数据、移动互联网、人工智能等智能化技术的广泛应用为主要驱动；以语音识别、语义理解引擎建立为重要前提；以多元智能化终端为载体，实现综合智能信息服务，包括智能答复、智能链接电邮、人工服务等，打造高效、可自主学习的智能机器人服务平台，实现服务智能化。

4. 营销个性化

关注通过360消费者画像（消费者自然信息、呼叫行为、客服接触、终端信息、价值评价、网购能力、订单信息、消费者偏好、最常访问社交终端、支付信息等）感知消费者，提升体验策划精准度，推进营销互动模式创新。关于客户画像的数据来源是线下和线上两部分，线上的数据更容易量化和积累，线下通过物理网点取得的数据不容易量化，但理财经理、柜员、客户经理和客户全方位的接触能收集到客户更加立体化、层次更丰富、更具有感情的真实信息和诉求，包括对银行提供金融服务的直接感知反馈，重视物理网点收集的信息并用其修正客户画像，才能给客户提供有体感、有温度、有味道的金融服务体验成为现实可能。

渠道创新的根源从来不是也永远不会是渠道，而是源于业务导向和客户诉求，换言之是在于产品和服务，在于人心。新环境下自带Wi-Fi的新生代天线宝宝正逐渐成为核心客群，社会整体老龄化的趋势、文化风俗变化导致的单身女性的增加使得人口结构发生的变化，都会对未来零售银行发展格局产生重大以及深远的影响。

资料来源：全渠道运营时代下的零售银行渠道创新道路，2017-08-26，https://zhuanti.cebnet.com.cn/20170826/102420192.html。

**? 营销思考**

零售银行经营中的不变法则"三大（大亮点、大交易、大数据）"和"三小（消费、缴费、投资）"，客户的几大需求：买房、买车、旅游、学习教育。虽然面临着BAT的压力，但仍然给我们留下了很多思考的空间，有哪些是我们传统金融机构几十年来积累的占有优势的资源？有哪些是BAT暂时没有能力或者没有顾及的服务领域？

### 8.2.2 影响金融渠道设计的主要因素

金融企业选择最佳渠道及其组合方式要考虑许多因素，其中主要的影响因素是：目标市场环境状况、自身资源能力、金融产品的特点和种类、金融产品的分销成本、政策与法律因素等。

(1) 目标市场环境状况。

目标市场环境及地域人口和心理特征是选择营销渠道的基础，一个营销渠道成功与否，在很大程度上取决于它所在地区的地域人口状况。地域人口状况包括居民的性别、年龄的差异；职业和居住区域的变化等。顾客需要什么、为何需要、何时需要以及如何购买就决定了商业银行金融产品的营销渠道。居民的年龄和性别不同，不同金融产品和渠道有其不同的需求。随着人口的增长和年轻夫妇组建新的家庭，商业银行在选择营销渠道时，要充分考虑年轻人的需求；由于受职业方面的影响，居民总希望金融产品的营销点越近越好。另外，随着经济发展和城镇居民区的大量开发，人口会出现迁移现象，其中，最大的移迁方向是新的开发区或郊区，在这些较佳的居住环境中，选择适当的营销渠道就可以扩大金融产品的销售。

(2) 金融机构的自身资源能力。

金融机构自身的规模、资源技术力量、经营管理能力、信用能力、销售能力、服务能力、营销目标等，都会影响分销渠道的选择。如果金融机构的资金实力较雄厚，经营管理能力较强，那就可以建立自己的分销体系，直接销售产品；相反，如果金融机构资金实力较弱，管理能力缺乏，那么通过中间商进行分销则是更好的选择。一般来说，声誉高、实力强、服务能力优越的金融机构，中间商更愿意销售其产品，因而分销渠道选择的余地越大，可以尽可能地利用各种有利的分销渠道进行产品营销；反之亦然，实力较弱的金融机构，其分销渠道选择余地则小得多。另外，金融机构在选择分销渠道时，还必须考虑其现有分销渠道的适用性。

(3) 金融产品的特点和种类。

金融产品的特点在金融机构选择营销渠道时起着重要作用。金融机构需要根据产品的特性选择不同的分销渠道。产品因素包括产品的价格、专业性、及时性、技术性和售后服务等。通常，对于单位产品价格较高，专业技术性强和服务要求高的产品，比较适合选择直接分销渠道。对于单位产品较低、技术与服务要求不高的大众化产品，则可以选择间接分销渠道，或者设置多个网点进行普遍性分销。由于大多数金融产品包含较多服务成分，需要金融机构设立广泛的营销网点，建立完善的服务体系，所以应选择较短、较宽的渠道，即较少选择中间商进行分销。另外，如果涉及消费结算、缴费、电子货币等中间业务需要大力开展，那么就应该选择相应的中间商或代理行分销，以达到扩大市场接触面和资金运转渠道覆盖面的目标。

(4) 分销成本。

金融机构在发展各种分销渠道时也应该以利润最大化为前提，因此应该充分考虑分销成本。分销成本指维持金融产品销售渠道所产生的各类费用的总和。费用越低，分销成本越小,占用的金融机构的资金较少。分销成本主要受到分支网点的数量和规模,中间商数量的多少,分销渠道的长度和宽度,分销渠道维护的费用等的影响。所以,金融机构在选择分销渠道时,应当进行成本分析,做出最恰当的选择。

(5) 政策与法律因素。

政策与法律因素主要体现在国家制定的政策、法律、法规和条例对金融机构分销渠道选择的制约。例如,对于有些金融产品与服务,政府实行管制政策,不允许金融机构设立分支机构开展经营,如果金融机构想进入,那么只能选择间接分销渠道。政策对各类金融产品所采取的政策、税收政策等都会影响金融机构分销渠道的选择。金融机构受到政策与法律的约束越大,那么选择分销渠道的权利和范围越小。

 案例小链接 8-2

### 土耳其 Isbank:创新 ATM 机营销模式

Isbank 是土耳其最大的私营银行,以创新能力著称。近年来该行重点挖掘 ATM 机作为产品营销渠道的潜力,并将 ATM 机发展成为各种业务渠道的重要交汇点。

应用该行开发的 ATM 机智能排队管理系统,当最近三笔交易的间隔时间超过 9 分钟时,ATM 机便会向下一位使用者推送产品营销信息。

通过将 ATM 网络与银行客户关系管理系统相连,银行可以有效提高所推送产品信息的适用性。而客户可以在 45 秒内决定是否需要该项产品。如果客户做出肯定的反馈,该行的电话银行中心或相关网点将及时跟进,引导客户完成后续流程。

实际运行数据显示,这项创新对产品营销的贡献显著。就同一款产品而言,通过 ATM 机渠道发起营销的成功率较单纯的柜面渠道高出 50%。而与此同时,客户投诉并无增加。

资料来源:国外银行业多渠道经营策略的典型案例,http://west007.fucmsweb.com/article-5bceb8635d4540a0218b4569.shtml。

? 营销思考

土耳其 Isbank 银行的渠道创新是否能在中国借鉴?请说明理由。

### 8.2.3 需求分析与目标确定

#### 1. 分析消费者的需求

如前所述,在进行分销渠道设计时,首先要考虑的是消费者的需求,因为消费者是整个渠道利润的最终来源,而分销渠道是整个消费者价值传递系统的一部分,每个渠道成员都为顾客增添一份价值,并随之获得一份收益。因此,设计分销渠道必须首先分析消费者的需求,了解目标消费者希望从分销渠道当中获得什么。

### 2. 确定分销渠道目标

企业应当根据目标消费者的期望服务水平来确定分销渠道的目标,同时,需要对分销目标进行检验,看它是否与企业其他营销组合(产品、价格和促销)的战略目标相一致,以及是否与企业的策略和整体目标相一致。每个细分市场对渠道服务的需求通常有不同,公司应当对于每个细分市场设计分销渠道,并在满足顾客需求的前提下,使得渠道成本最小。

企业的渠道目标也受到公司性质、产品、营销中介、竞争对手和环境的影响。例如,企业规模和财务状况决定了哪些营销只能由企业自己完成,哪些必须由中间商完成。经营容易腐坏的产品,需要更多的直销,减少渠道长度和流通环节,来避免延误。

分销渠道设计时,目标是确保形成的渠道结构能满足消费者的期望服务水平,产生适合市场定位的市场覆盖率,并确保企业对渠道的适度控制和具有一定的灵活性,便于企业进行更换和调整,从而实现企业总体营销目标。

## 8.2.4 设计方案评估与决策

### 1. 设计渠道备选方案

在确定分销目标以后,下一步是设计渠道备选方案。需要考虑三个方面的因素:渠道长度、各等级的密度和各等级的渠道成员类型及责任。渠道长度和各等级的密度选择,需要确定是否采用中间商,中间商的种类,以及中间商的数量。

(1) 选择分销渠道的长度。

不管是选择长渠道、短渠道,还是直接销售,都要分销市场、产品和企业等各种因素,并根据市场情况予以调整。

表 8-1 长渠道、短渠道、直接销售的比较

| 类型 | 优点及适用范围 | 缺点及基本要求 |
| --- | --- | --- |
| 长渠道 | 1. 市场覆盖面广<br>2. 企业投入成本和费用低<br>3. 充分利用中间商资源<br>4. 降低分销风险<br>5. 适用于一般消费品 | 1. 流通环节多,销售费用增多,流通时间长<br>2. 信息传递不通畅<br>3. 企业对渠道控制程度低<br>4. 服务水平参差不齐 |
| 短渠道 | 企业对渠道控制程度高;及时了解市场;适用于专用品、时尚品 | 企业承担大部分渠道功能,风险大,投入高;市场覆盖面较窄 |
| 直接销售 | 1. 企业自建渠道,控制程度最高<br>2. 与市场信息传递程度高<br>3. 适用于复杂非标准产品,高技术含量产品 | 企业承担全部分销功能和分销风险,投入最大;<br>对企业管理经验要求高 |

(2) 选择分销渠道的宽度。

分销渠道的宽度划分依据通常有同一层级分销商数量、竞争程度及市场覆盖密度等,分为独家分销(exclusive distribution)、密集分销(intensive distribution)、选择性分销

(selective distribution)。三种分销渠道的比较见表8-2。

(3) 分配分销渠道成员职责。

渠道成员的职责需要在企业和各层次分销渠道成员中严格界定,以免在分销过程中发生扯皮,降低顾客满意度,这些职责通常包括以下内容。

表8-2 独家分销、密集分销、选择性分销的比较

| 类型 | 含义及优点 | 缺点 |
| --- | --- | --- |
| 独家分销 | 在既定区域市场每个渠道层次只有一家分销商;竞争程度低,企业与分销商关系密切,适用于专用品 | • 顾客满意度可能受影响<br>• 分销商对企业反制能力强 |
| 密集分销 | 凡符合企业要求的中间商都可以参与分销渠道系统;市场覆盖面大,适用于快速消费品 | • 中间商之间竞争激烈,可能串货<br>• 渠道管理成本高<br>• 分销控制力差,目标相对难以实现 |
| 选择性分销 | 从符合企业要求的中间商中选择一部分加入分销渠道;优点介于以上两者之间 | • 缺点介于以上两者之间 |

- 销售(促销、陈列、理货、补货、市场推广等);
- 广告(广告策划、预算、媒体选择、广告发布、效果评价等);
- 财务(融资、信用额度、保证金、市场推广费、折扣、预付款、应收款等);
- 渠道支持(经销商选择、职责分配、培训、售后服务、市场调研、信息交流、协调渠道冲突、经验研讨、产品创新等);
- 客户沟通(需求调研、客户接触、产品推介、消费咨询、客户回访、意见处理、客户档案建立与管理等);
- 渠道规则(合同管理、信誉保证、经销商利益保障、谈判、实施、监控、执法、渠道关系调整、品牌维护等);
- 奖惩(制定标准、额度、等级提升、优惠政策倾斜、特权授权、处罚、申诉等)。

2. 评估渠道备选方案

在确定几种备选渠道方案以后,下一步是从中选取一个最能达到企业长期目标的渠道方案。一般从三个方面进行评估:经济性、可控性、适应性。

(1) 经济性评估。

企业对不同渠道方案评估的第一个目标是经济性目标,这与企业的经营目标——追求利润最大化是一致的。在做经济性评价时,以渠道成本、销售量和利润额来衡量对比每个渠道方案的价值。

首先,考虑企业直接销售与利用渠道商销售哪个方案可以产生更多的销售量;其次,评估不同渠道方案在不同渠道销售量下的分销成本或投入;最后,比较不同渠道方案下的成本与销售量。企业可以首先预测产品的销售潜力,然后根据销售潜力的大小确定直销渠道和间接渠道的成本。在预期销售量确定的情况下,选择成本最小的渠道方案。

(2) 可控性评估。

企业为了达成分销渠道目标,需要对整体分销渠道的运行有一定的主导性和控制性,确保渠道顺畅有效地运行。从直接销售和间接销售来看,直接销售的成员都归属于企业,是企业建立的销售部门或销售机构,可控性最强;而对于间接销售,一旦采用的中间商,就产生了更多的控制问题。中间商是独立的商业体,只对本企业的利润负责,因此,中间商更关注为自己的企业带来最大利润的合作伙伴,也会把资金、时间、人员投入在对其最有利的产品线上。在这种情况下,企业就需要运用各种渠道管理手段,增强渠道可控性,最终提升渠道协调性和运作效率。在渠道设计阶段,要对不同渠道方案中,渠道的可控性进行评估,降低渠道风险。

(3) 适应性评估。

市场环境千变万化,企业能否适应,与其分销渠道的灵活性密切相关。但是,不同的渠道方案,不管如何变化,都会因为企业与中间商签订一定时期内的合同而失去弹性。比如,一家企业与一个中间商签订了3年的合作协议,通过该中间商完成某一区域的销售任务。在此期间,即便由于市场需求发生了变化,企业认为其他分销渠道更有效,也因为已经签订了具有法律效力的合同,而无法变更渠道成员,否则就要支付一定的赔偿成本。同时,渠道又要有一定的稳定性,不能频繁变动,否则会影响渠道成员的积极性,并对新渠道的开拓造成不好的影响。

企业在评估适应性时,要兼顾灵活性和稳定性标准。从市场趋势来看,如果产品市场变化迅速,企业就要设计适应性更强的渠道方案;而如果产品市场变化相对缓慢,企业在选择渠道方案时就应偏于稳健。

### 3. 渠道方案决策

在对几种备选渠道方案进行评估以后,下一步,企业要根据自身的实际,选择"最适合"的分销渠道方案,做最终决策。"最适合",这里用了引号,是为了说明在实际操作中,由于面对各种不确定性,企业很难找到客观最优的渠道方案,只能找到主观最满意的渠道方案。

由于金融市场发展状况的差异,金融企业在进行渠道方案决策时,一般可以采取以下方式。

(1) 分销渠道的开辟。开辟自己的分支网络和ATM网络,增加电话服务的容量,扩大直销范围以及加大人员推销力度等。

(2) 分销渠道的代理。这主要包括寻求更多的代理机构和更多的特约商户。由于代理机构可能会代理几家金融企业的产品,因而品质控制和代理机构的积极性便成为值得企业关注的问题。

(3) 分销渠道的并购。这是金融企业拓展分销渠道中最快捷的手段,尤其在地区和跨国经营中更是如此。并购方式按其目标和行业可以分为以下三种类型,分别为纵向并购、横向并购和混合并购。纵向并购,指的是在各自独立的市场上收购同样产品和服务的金融机构。横向并购,指的是在同一市场上进行的两家或两家以上的金融机构的合并。混合并购,指的是金融机构与其他机构之间的合并。金融机构进行并购不仅可以扩大其分销网络,也可以提高其自身业务的综合实力。

（4）构建战略联盟。联盟是指金融机构根据自身优势，根据签订协议，互相提供服务，以此拓宽营销渠道，扩大销售。最重要的是构建战略联盟不需要金融机构投入很多的人力和物力资源，而是重在相互借用各自的营销渠道来拓宽自身的业务，一方面风险小于收购兼并，具有更多的选择空间和更大的灵活性；另一方面还可以突破有关的政策限制，有利于金融机构拓展跨国、跨地区业务。

## 8.3 金融渠道管理决策

> 金融渠道管理决策最重要的部分是什么？

当企业确定了"最适合"的分销渠道方案以后，下一步需要对这个方案进行实施和管理。渠道管理需要在实际情况下，选择真实的渠道成员、管理和激励这些渠道成员，定期评估它们的绩效。最重要的部分，是管理好渠道冲突，建立渠道权力，增强渠道控制力，从而提升渠道系统的整体运营效率，最终达成分销目标。

### 8.3.1 金融渠道管理目标

分销渠道管理可以定义为：在完成企业分销目标的过程中，为确保渠道成员的合作，通过计划、决策、组织、协调、控制、激励等要素，对现有的渠道进行的管理行为。

理解这一定义，就理解了分销渠道管理的目标。企业进行分销渠道管理的目标，是为了完成企业的分销目标的。在这个过程中所采用的所有管理手段和行为，包括计划、决策、组织、协调、控制、激励等，都是为了达成企业分销目标的。那么渠道管理希望达到何种目标呢？这一目标可以归纳为"畅通、经济、高效和适应"。

所谓"畅通"，就是分销渠道应在沟通生产和消费方面充分发挥作用，保证企业产品能够畅通无阻地到达最终顾客手中，保证商品能延展和分布到每一个需要该产品的区域和市场。

所谓"经济"，就是渠道在保证产品畅通的前提下，尽可能节约资源和成本，一方面提高企业经营效率，另一方面降低产品价格，提高企业市场竞争力。

所谓"高效"，就是渠道的组织和运行应能尽量促使分销效率的提高，尽量花费较少的费用产生较高的效率。

所谓"适应"，就是渠道的组织和运营，一方面要和企业整个营销活动相匹配，另一方面又要和外部的市场环境相匹配，其规模、结构、方式都应该符合企业和市场的实际需要。

为了达成这一目标，还需要特别注意以下两点。

（1）渠道管理是对现有渠道的管理。也就是说，渠道设计与渠道管理是两个不同的决策，前者与"建立"渠道有关，而后者与"管理"渠道有关。两者是有先后的，先有设计再有管理;两者又是相互影响的,当渠道管理措施和目标有出入的时候,会要求及时调整渠道设计决策。

(2) 渠道管理要注意确保渠道成员之间的合作。如前所述,渠道成员是独立经济体,与企业目标不可能一致,不会自动合作,需要通过管理行为来确保合作。如果一家企业希望不通过管理就可以和渠道成员进行大量的合作,那就不是管理,而是一种侥幸心理。

### 8.3.2 分销渠道冲突与协调

#### 1. 分销渠道中的冲突

在任何社会系统中,当一个组成部分认为另一个组成部分的行为妨碍了其目标的实现,或者妨碍了其行为模式产生高绩效时,一种受挫折的氛围就开始蔓延。因此,当分销渠道系统中两个或更多的成员目标相互抵触并成为对方的阻碍时,就产生了渠道冲突(channel conflict)。

渠道冲突与竞争不同。渠道间的竞争是一种以目标为中心的、间接和非个人的行为,而冲突是一种直接的、个人的、以对抗为中心的行为。在竞争和冲突的过程中,都会产生各成员目标被认为不相称的情况,而且各成员都在努力实现各自的目标。在既定的不一致的目标下,如果一个成员的行为没有阻碍另一个成员去实现它的目标,这就是竞争。竞争和冲突的本质区别在于:是否存在干涉和阻碍行为。

渠道冲突对渠道的伤害是显而易见的。本质上,渠道冲突的原因有以下几种。

(1) 角色不协调:渠道成员对于自身在分销过程中的作用和应采取的行为界定不协调;

(2) 资源的稀缺性:渠道成员之间为达到各自的目标而在所需的有价值资源的分配上产生分歧;

(3) 观念上的差异:渠道成员对相同外界事件的解释和认知观念不同;

(4) 预期的差异:每个渠道成员对其他渠道成员的行为预期与其实际表现不同;

(5) 决策领域的分歧:渠道成员往往明确或含糊地确定了他们认为应该属于自己决策的业务领域,并不希望其他渠道成员干预;

(6) 目标上的不一致:渠道成员都有自己的目标,当两个或多个成员的目标不一致时,就可能产生冲突;

(7) 沟通上的问题:沟通上的误解、紊乱和中断,都会使良好的合作关系迅速转化为冲突。

#### 2. 分销渠道冲突的协调

渠道冲突的协调处理,对于企业渠道效率而言至关重要。如果处理不好,轻则影响企业分销目标的实现,重则摧毁企业整个分销系统,为企业带来灭顶之灾。

(1) 渠道冲突的前期防范。

- 做好分销渠道的战略设计和组织工作;

- 做好中间商的选择工作;
- 渠道成员间权利和义务的规范与平衡,包括价格政策、买卖条件、中间商地区权利、双方应提供的特定服务内容等;
- 建立渠道成员之间的交流沟通机制,包括正式和非正式的沟通机制;
- 预先设计解决渠道冲突的策略,加强危机管理;
- 合理使用渠道权力,防止权力滥用。

(2) 渠道冲突的协调原则。

企业对分销渠道冲突的处理要慎重,尽量不要改变原有的渠道模式,避免给企业原有的分销渠道系统带来大的混乱。企业可以采用先礼后兵的思路,先协商,再调节,再清除;先采用沟通、激励、合作、联盟等积极性的对策,不能达到预期效果时再采用仲裁、诉诸法律、退出该分销渠道或清除渠道成员等消极性的对策。同时,企业应该加强渠道控制力和渠道影响力,通过加强对渠道的管理、合作和协调,运用激励手段来解决渠道冲突问题。

 案例小链接 8-3

### 桑坦德银行:因地制宜的渠道策略

桑坦德银行的零售业务在欧洲和拉美市场处于领先地位,该行在经营过程中更注重对客户需求的研究与把握,并在不同市场采取了差异化的渠道策略。

在西班牙,物理网点仍是个人客户办理金融业务的最重要渠道。桑坦德银行以强大的分行网络为基础,依托先进的客户关系管理系统实现渠道整合。客户关系管理系统记录下客户每一次交易的内容和所使用的渠道,分析客户的需求特点、交易习惯和渠道偏好等特征,银行据此制定有针对性的产品推介和营销方案。

在巴西,一些银行网点的规模很大,单个网点配备的ATM机数量可以多达30台。桑坦德银行根据这一特点,将ATM机由单纯的交易终端拓展为金融产品的销售平台。将客户关系管理系统与ATM机网络相连后,客户通过ATM机完成个人贷款、信用卡的申请,还可以进行基金申购和赎回交易等。从实践情况看,ATM机网络对该行在当地市场的产品销售有显著的促进效果。

在智利,当地金融业通过互联网渠道销售产品的机制十分成熟,桑坦德银行也将网银打造成主要的营销渠道,为客户提供随时随地的产品销售和交易便利。目前,智利市场的网银销售量在桑坦德集团中占比是最高的。

在墨西哥,客户更习惯于使用电话银行渠道,因此桑坦德银行将电话银行中心作为一个主要的营销渠道,根据不同业务的特点设计了差异化的电话银行流程,并为电话客服代表销售产品和挖掘客户提供充足的激励。

资料来源:国外银行业多渠道经营策略的典型案例,http://west007.fucmsweb.com/article-5bceb8635d4540a0218b4569.shtml。

> **? 营销思考**
> 桑坦德银行的做法对中国企业有何启发？这些做法同时体现了怎样的营销战略思考？

### 8.3.3 激励渠道成员

在渠道管理中，激励指的是为完成分销目标，企业所采取的促使渠道成员高度合作的行为。激励管理主要包括三个方面。

(1) 找出渠道成员的需求与问题；
(2) 针对渠道成员的需求和问题提供支持；
(3) 通过有效地使用权力进行领导。

#### 1. 找出渠道成员的需求和问题

在进行有效激励渠道成员之前，渠道管理者首先要知道渠道成员想从渠道关系中获得什么。渠道成员通常有以下的倾向。

(1) 不认为自己是企业渠道链中被雇佣的环节；
(2) 首先而且最重要的身份是顾客的购买代理，其次才是企业的销售代理；
(3) 把可以提供的产品系列（不只是单个企业的产品）看作销售给顾客的产品集合，以满足顾客需求为导向；
(4) 不会保留所卖品牌的单独销售记录，尽管这些信息对于企业的产品开发、定价等至关重要。

渠道管理者需要对渠道成员的需求非常敏感，并且通过各种手段去了解这些需求。除了现有的渠道沟通系统中的正式信息流程，渠道管理者还需要充分利用以下手段来了解渠道成员需求。

(1) 企业对渠道成员进行的专项调查研究；
(2) 外部人员对渠道成员的专项调查研究；
(3) 分销渠道审计；
(4) 分销商咨询理事会。

#### 2. 针对渠道成员的需求和问题提供支持

对渠道成员的支持，指的是企业帮助渠道成员满足需求和解决问题。渠道系统是跨组织的，为获得一个高积极性的渠道成员合作团队，需要进行周密的计划和有针对性的激励。向渠道成员提供支持的方案通常可以分为三种类型。

(1) 合作：企业和渠道成员之间的合作方案可以有非常多种类型，只要企业有创造力，就可以想出创新性的合作模式。这些合作方案，用来刺激传统、松散地结合在一起的渠道成员是很常用和有效的。

(2) 伙伴关系或战略联盟：强调在企业和渠道成员之间建立一种持续的、相互支持的关系,并为提供一个更高积极性的团队、网络系统或渠道伙伴联盟而努力。

(3) 分销规划:把企业和渠道成员两者的需求结合在一起,开发一条有计划、专业化管理的渠道。如果做得好,就能提供给所有的渠道成员垂直一体化的好处,同时允许他们保持独立业务公司的地位。

### 3. 通过有效地使用权力进行领导

渠道权力是一个渠道成员对渠道中其他成员的行为和决策施加影响的能力。从渠道控制的角度看,渠道权力就是渠道控制力。通常由以下六种权力组成。

(1) 奖赏权:某一渠道成员因为改变其行为而得到的作为补偿的利益;

(2) 强制权:某一渠道成员在另一渠道成员不服从自己的影响时,对其进行制裁的能力。这种制裁包括消减利润、撤销原本承诺的奖励等;

(3) 专长权:某一渠道成员对其他渠道成员充当专家的职能,来源于该成员具有其他成员不具有的某种特殊知识和有用的专长;

(4) 合法权:来源于渠道的行为准则,这些规则规定一个渠道成员有权影响其他成员的行为,而后者有义务接受这种影响;

(5) 认同权:来源于一个渠道成员的形象对其他成员具有较大的吸引力,获得其他成员的尊重和认同;

(6) 信息权:某一个渠道成员提供某一类信息的能力。

## 本章小结

金融渠道是指金融产品从金融企业转移至金融消费者的过程中所经历的市场通道,也就是金融产品和服务通过各种手段和途径推向金融客户的过程。金融渠道主要承担以下功能:销售功能、服务功能、便利功能、信息功能与宣传功能。

分销渠道需要精心设计。设计时,首先要考虑的是消费者的需求,根据目标消费者的期望服务水平来确定分销渠道的目标,然后根据长、短渠道的不同特点设计备选方案,最终选择"最适合"的分销渠道方案。

在完成企业分销目标的过程中,为确保渠道成员的合作,需要通过计划、决策、组织、协调、控制、激励等要素,对现有的渠道进行管理。企业应该加强渠道控制力和渠道影响力,通过加强对渠道的管理、合作和协调,运用激励手段来解决渠道冲突问题。

## 关键术语(中英对照)

分销渠道(distribution channel)
营销渠道(marketing channel)

分销渠道设计(marketing channel design)
密集分销(intensive distribution)
独家分销(exclusive distribution)
选择性分销(selective distribution)
渠道冲突(channel conflict)

### 思考题与应用

1. 什么是金融渠道？对金融企业而言，为什么分销渠道非常重要？
2. 分销渠道有哪些功能？
3. 何为直接分销渠道？何为间接分销渠道？在选择分销渠道的过程中需要注意什么？
4. 分销渠道设计的步骤和要点是什么？
5. 假设一家中国东北小型区域性啤酒公司向你咨询关于南方区域市场渠道设计和管理的问题。过去，这家啤酒公司只是在中国北方少数省份进行销售，现在想进入上海市场。请向他们讲解以下问题：a.上海市场的分销伙伴及顾客需求是否和北方省份一致；b.作为一家实力不强的啤酒公司，应该选择什么样的渠道方案，是直销还是短渠道还是长渠道；c.如果发生渠道冲突，如何管理。
6. 随机分组讨论，学校附近的金融机构在建立营业网点时主要考虑哪些因素？

### 新技术推动证券业渠道创新

证券公司渠道建设工程的同质化所带来的无序竞争，比如前几年的"报酬战"，给证券企业乃至我国金融行业都带来了相当严重的损失。痛定思痛，证券公司准备通过大力创新，解决渠道建设同质化难题。这一方面是企业创新持续发展的自身需求，另一方面是来自互联网金融的内部市场竞争压力。与此同时，信息系统的持续发展则为渠道创新提供了机遇。

### 企业创新方针，引领证券公司渠道创新

2012年，证监会组织召开了企业创新会议，具体了国际金融的产品代销等"创新11条"。随着创新方针的逐步实施，企业创新业务百家争鸣。

非现场开户业务从2013年4月1日起重新启动，业务开展风生水起，据初步统计，非现场开户量早已超过日常开户量的10%，并且随着该系统的完善逐步提升。非现场开户业务方式分为两种：一种是见证开户，通过现场见证或者远程录像见证的方式见证人员为顾客开户；另一种是顾客自助开户，顾客自助在证券公司提供的渠道(如该公司该网站等)开立账户。

非现场开户业务推出后，证券公司全部经理人业务均可实现离柜操作，证券公司该网

站、网上交易和智能手机证券在证券经理人业务中将发挥更加大的作用,将从业务推介的平台过渡到全面性的业务平台,搜索引擎、网上交易和智能手机证券将成为证券公司的综合性业务。

### 互联网金融局势,激励证券公司渠道创新

互联网金融改变了我国国际金融及全世界银行业的布局,移动支付、服务平台等,早已深入到银行信贷和支付等各个领域,互联网金融对于证券企业的影响也是如此。我们应该借助互联网金融的绝对优势,运用电子商务改变市场竞争形势,化被动为主动,加大发展,在证券市场中取得主导地位。

证券公司针对互联网金融的负面影响,也要做好充分准备,主要体现在以下几个方面:一是加大自主开发幅度,通过自主开发进一步提升和彰显证券企业原有的资产提供者和利润管理的绝对优势,避免同质化市场竞争。二是支持业务IT化,由"网上交易"走向"网站开业",做到"柜台(单一营业部)+屏幕(网上交易)+手掌(手机及PAD)"的有机结合。三是大力开展网站市场营销与公共服务娱乐活动,紧跟"眼睛经济发展""目光经济发展"的脚步。

### 国际金融脱媒和信息系统的持续发展,支撑渠道创新

国际金融加速"脱媒",尽管由于证券中小企业自身数量较大的优势限制了企业的较慢持续发展,但国际金融脱媒,在长期看,将有利于证券企业的持续发展。金融脱媒是指随着直接融资(即依托股票、债券、投资基金等金融工具的融资)的发展,资金的供给通过一些新的机构或新的手段绕开商业银行这个媒介体系,输送到需求单位,也称为资金的体外循环,实际上就是资金融通的去中介化,包括存款的去中介化和贷款的去中介化。

随着金融市场、技术的大大持续发展,近几年的证券营业部所处的环境已发生明显变化。一是投资人交易习惯已从以现场买卖为主转向了非现场买卖为主,网上交易、智能手机证券等非现场交易量占比超过90%。二是移动互联网、操作系统、通信新技术等各类技术的持续发展,为渠道策略提供了更多的新技术选择。三是随着证券营业部基本功能的转变及现场顾客数目的大幅度减少,证券营业部信息技术的安全性保障压力早已大幅缓解,网上交易等非现场买卖的网络安全保障压力停滞加大。四是非现场证券营业部建设成本大幅度降低,支行建设从一、一线的城市渐渐向二线的城市及区县发展。

信息系统的持续发展与证监会提出的"支行放开"的创新方针相结合,证券公司终将迎来分公司全省各地全面延伸的态势。增建的分公司采取微型营业部、轻型营业部的方式,基本上不提供现场买卖公共服务,或者现场买卖采用网上交易的方法。证券公司只需要专注进行网上交易、智能手机证券及该网站网页买卖的建设工程和完善。而网上交易等渠道的开发建设工程,由证券公司集中组织资源投入,后续维护集中于总部,以点带面,成本极低,这样能够大幅度降低分公司增加而带来的建设与维护成本,对于证券公司扩大市场占有率具有重要意义。

**证券公司渠道创新的途径和方式**

证券公司渠道创新取决于证券公司业务整合。中小企业整合有所不同,业务侧重有所不同,渠道创新就不会完全相同。如加拿大格兰特克劳狄利和嘉信理财两家公司,因为格兰特克劳狄利在投行和资本人事管理方面具有绝对优势,所以他们的目光重点在大型中小企业甚至政府机构等智能化顾客上,在各国各地设立高标准的子公司或代表处,为顾客提供多元化的团队公共服务;而像嘉信理财这样的折扣经纪商,却尽力借助网络打造市场竞争绝对优势,业务虽然遍布加拿大,但单一支行却极少,大部分只是两个或三个工作人员为一组,深入邻里和公寓楼。

证券公司渠道创新,还与电子商务新技术的飞速发展有关。以网络和移动互联网为推动的技术迅猛发展,改变了人的思想意识。如今,淘宝早已做到线下、线上同价,实体店和互联网订购综合配送,这些都是我们应该学习与借鉴的。证券公司绝大多数业务都可以实现从线下向线上的转移,与之适应的支付系统将成为证券公司电子商务化的必然之选,由证券公司自建,或者与电子商务合作伙伴,将更进一步完善证券支付体制。

资料来源:金融电子化,新技术推动证券业的渠道创新,2013-07,http://www.tanrongroup.com/article/1273.html。

**【思考题】**

结合以上案例,面对新技术的推动,金融机构的渠道创新将体现在哪些方面?

# 第九章 金融营销促销策略

## 本章知识结构图

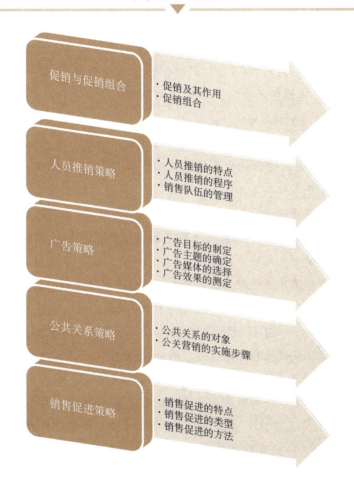

### 知识目标

1. 了解促销组合的基本含义与考虑要素
2. 了解人员推销、广告、公共关系、销售促进的概念与做法
3. 深刻理解金融营销如何运用促销组合与消费者沟通

**能力目标**

1. 能应用金融促销策略的理论分析金融机构的促销行为
2. 能结合金融机构的具体情况,独立地制定一套可行的金融促销策略

 **导入案例**

**购物狂欢背后的保险经济　鲜有保险公司直接"促销"**

2019年双十一购物狂欢已落下帷幕,回过头看,这届消费者对于"人生保障品——保险"的态度如何？近日,众安保险公布数据显示,今年双十一期间保费成交额突破10亿元。根据支付宝提供的数据,2018年双十一全天的保险单量高达11.3亿单。对于今年的数据,支付宝方面尚未公布。而《国际金融报》记者注意到,很多公司如腾讯微保、众安保险也借此机会向消费者推广了"购买保险"意识。

**保健＋保险,防范生活风险**

2019年双十一,网红养生营养品、保健器材等依然畅销。天猫公布的数据显示,海外膳食营养补充食品是最受国民欢迎的进口品类,其中,Swiss保健品位居进口品牌销售榜第二名,仅次于日本知名美容仪品牌雅萌。而SKG颈椎按摩器和蓓慈足浴器则在双十一开始后15分钟分别创下2万元和1万元的销售量,成为名副其实的爆款。除了保健品,健康险也成为年轻用户希望在不确定的当下获得确信感而愿意持续消费的产品。此前,众安的一份用户调研显示,减轻生病住院的家庭经济负担是激发消费者购险的三大痛点之一,另外两点是防范生活风险与补充社会保险保障的需求。

2019年11月11日0时起,微医保·百万医疗险、微医保·重疾险等推出了首月保费1元起活动,次月则分别为11元和3.15元起。当天投保还可免费领取高端专享体检卡。双十一当天,记者从微保相关人士处了解到,微医保·百万医疗险最受用户关注,保单成交占比29%,稳居榜单第一;重疾险、意外险也在大多数人的必购清单中。其中,处于事业打拼期的26—41岁群体健康保障需求最为旺盛,保单成交占比66%。

众安旗下的网红产品尊享e生在双十一期间就有针对年轻用户的特惠版、可为父母购买的爸妈版以及针对特殊人群的优甲版三个版本上架。尊享e生(父母版)只要消费者在11月1日—11月22日给父母同时投保,即可同一订单下2人共享2万元的年免赔额。

双十一期间,蚂蚁还与众安共同推出宠物医疗险。目前已接入天猫宠物卡,为天猫宠物行业会员提供宠物实物商品和线下服务折上95折以及宠物医疗保险等权益。而水滴保险商城和轻松保险相关人士均对记者表示,双十一期间并未有策划活动。

### 快递 + 保险，保障财物安全

双十一"买买买"控制不住怎么办？许多消费者选择加购一份"退货运费险"（发生退换货按理赔标准自动赔付）。这也是多数电商买家与卖家了解较多的财产险之一。

目前，退货运费险发展至今已有9年，产品形态趋于成熟，服务也进一步升级。如众安退运险用户在确认收货后退货，仍可获得赔偿。同时，退货运费险也走出了国门。今年双十一，用户在速卖通平台上可享受覆盖美国、加拿大、澳大利亚等8个国家的"无忧退"服务。

记者注意到，部分商家还推出了"材质包真险"，即对商品材质有异议，可申请第三方免费材质鉴定，如材质不符可获得三倍以上赔付。而被"山寨标签"负面缠身的拼多多，特意和保险公司推出了定制化的正品险，保障消费者所买到的"百亿补贴"商品均为品牌正品。

此外，众安还针对今年双十一推出了两款创新的购物保障——快递延误红包和购物车失效红包。凡在双十一期间免费领取两款保障用品，并提供淘宝购物车中商品失效或快递延误48小时以上截图的用户即可获得红包。截至11月12日，共有百万用户加购此红包。

实际上，除上述今年双十一期间的热门选手外，渗透到电商场景的消费保障产品不胜枚举，包括参聚险、众乐宝等。"参聚险"是专为聚划算卖家量身打造、用于替代保证金缴纳而推出的一款保险服务产品，包括卖家履约保证责任保险与聚划算平台责任保险。卖家选择保险产品后，无需再按以往方式冻结大额聚划算保证金，只需缴纳相对较低的保费，即获得对消费者和聚划算平台的保障服务资格，并可以享受险企提供的先行垫付赔款的服务。

### 双十一，保险"打折少"

值得注意的是，双十一活动里，鲜有保险公司直接"促销"保险产品。有分析人士指出，这是因为保险的定价流程十分严肃，保险产品的初步产品形态设计完成后，需要进行产品形态的测试，最终才把产品的形态定型。之后还需交由精算部门定价、产品部门定制合同条款。之后每一款产品的价格和条款都需报送监管部门审批或备案后方可售卖。

那为何还会偶尔见到宣传中有"打折"等字眼呢？某公司总精算师告诉《国际金融报》记者，这是因为所有的产品审批时都会有一定的浮动费率，在此区间内都是被允许的，但该费率浮动区间不大，所以常见于一些费用低廉的消费型险种。此外，有很多所谓的"打折"也只是吸引消费者的营销手段而已，实际上并没有给到保费的折扣。

业内人士表示，保险产品定价由多方风险测定后得出，定价规则与一般消费品有较大的区别，缴费期较长，产品形态较为复杂，监管对于市场价格的规范也可以避免恶性竞争与消费者的错误冲动消费。

资料来源：购物狂欢背后的保险经济　鲜有保险公司直接"促销"，2019-11-17，https://baijiahao.baidu.com/s?id=1650411264853977057&wfr=spider&for=pc。

> **? 营销思考**
>
> 结合此案例,讨论不同的金融产品,促销组合策略有何异同?

企业要取得营销活动的成功,不仅要求开发适销对路的产品,制定出合理的具有竞争力的价格,选择适当的分销渠道,而且需要采取有效的促销策略促进产品的最终销售。促销策略是市场营销组合策略的构成要素之一,主要包括人员促销、广告促销、公共关系、销售促进等四个方面的内容。从前,金融机构是"不屑"广告与营业推广的。现在,随着金融业竞争日趋激烈,它们已经放下"高贵"的身价,越来越重视产品促销及其信息传播。

由于金融市场发展水平的差异以及金融机构目标市场的不同,对于各种促销方式的偏好和选择不同,从而形成了不同的促销形式。例如,重点服务于公司客户和重点服务于大众客户的金融企业,就会采取不同的促销策略。因此,只有在掌握促销策略的基础上,才有可能确保选择最合适的产品促销类型,实现促销策略的目标。

## 9.1 促销与促销组合

> 💡 金融促销组合具体包括哪些?

### 9.1.1 促销及其作用

#### 1. 促销的概念

促销(promotion)即促进销售,是指营销者以满足消费者需要为前提,将企业及其产品(服务)的信息通过各种促销方式传递给消费者或用户,促进顾客了解、信赖本企业的产品,进而唤起需求,采取购买行为的营销活动。

金融产品的促销策略,在营销中发挥着告知、劝说和提醒的作用。告知是要让潜在客户知道金融产品的存在,了解其用途和功效,可以在哪里得到;劝说是向客户说明应该购买和使用某金融产品的理由;提醒是指当金融产品只在特定的地点和特定的时间才销售时,提醒客户不要错失购买时机。

#### 2. 促销的作用

促销在企业经营中的重要性日益显现,具体来讲有以下几方面。

(1) 传递信息。

一种产品在进入市场之前,甚至在进入市场以后,企业为了让更多的消费者了解这种产品,需要通过适当的促销手段,向消费者和中间商传递有关企业及产品的信息,以引起他们的广泛注意。同时,中间商也要向顾客介绍商品,传递信息,以吸引更多的消费者。

(2) 诱导消费。

企业针对消费者和中间商的购买心理来从事促销活动,不但可以诱导需求,使无需求变成有需求,而且可以创造新的欲望和需求。当某种产品的销量下降时,还可以通过适当的促销活动,促使需求得到某种程度的恢复。

(3) 强化优势。

在同类商品竞争比较激烈的市场上,由于商品繁多,彼此之间差异细微,消费者的辨认和选择就显得很困难。企业通过适当的促销活动,可以突出宣传本企业产品区别于同类竞争产品的特点,展示产品能给顾客提供的满足程度及物超所值。使消费者加深对本企业产品的了解和信任,感受到购买其产品在满足需求的同时能够带来特殊利益。

(4) 稳定市场。

在激烈的市场竞争中,企业的形象和声誉是影响其产品销售稳定性的重要因素。通过促销活动,可以建立起企业和产品的良好形象,使消费者产生偏好,从而促进购买,起到扩大销售,提高企业市场占有率的作用。

## 9.1.2 促销组合

促销组合(promotion mix),是一种组织促销活动的策略思路,主张企业运用各种促销方式组合成一个策略系统,使企业的全部促销活动互相配合、协调一致,最大限度地发挥整体效果,从而顺利实现企业目标。

金融企业运用促销组合工具的目标是整体促销活动的高效率和低成本。营销人员在设计和管理一个全新的促销组合,或者要对一个低效率的促销组合进行大的调整时,就需要了解影响促销组合的主要因素。下面介绍几个确定促销组合时需要考虑的因素。

### 1. 促销目标

促销目标是影响促销组合决策的首要因素。每种促销方式都有各自独有的特性和成本。营销人员必须根据具体的促销目标选择合适的促销组合。

所谓促销目标,是指企业促销活动所要达到的目的。例如,A 和 B 两家银行,A 银行新推出一款针对商务人士的信用卡产品,其促销目标是在该市场激发消费者的需求,扩大企业的市场份额;而 B 银行促销目的则是加深消费者对本银行的印象,树立银行的良好形象,为其产品今后占领市场、提高市场竞争地位奠定基础。显然,这两个企业的促销目的不同,因此,促销组合决策就不应该一样。A 银行属于短期促销目标,为了近期利益,宜采用广告促销和销售促进相结合的方式;B 银行属于长期促销目标,其公关促销具有决定性意义,辅之以必要的人员销售和广告促销。

### 2. 产品及服务特点

好的促销组合要符合产品及服务的特点,产品及服务的性质决定了客户的消费目的的不同,因此营销人员也采取不同的促销组合策略。例如,大额贷款这类金融产品主要针对的是组织市场中的工商企业,宜采用人员推销为主的促销组合;保险类、信用卡主要针对广大消费,适宜采用广告和营销推广为主的促销组合。

#### 3. 产品生命周期阶段

在产品生命周期的不同阶段，企业营销的重点不同，因而要制定相应的促销组合策略。

当产品处于导入期时，需要提高知名度，采用广告和公关宣传方式可以获得最佳效果，销售促进也有一定的作用；进入成长期，企业的促销重点从一般性的介绍转向着重宣传企业产品的特色，树立品牌形象，使消费者逐渐形成对本企业产品的偏好。因此，在这一阶段，社交渠道沟通方式开始产生明显的效果，口头传播越来越重要；到了成熟期，竞争对手日益增多，为了与竞争对手相抗衡，保持已有的市场占有率，企业往往致力于开发产品的新用途，或推出改良产品，因此增加销售促进活动能促使顾客了解产品，诱发购买兴趣。进入衰退期，企业应把促销规模降到最低限度，以保证足够的利润收入。在这一阶段，广告仅仅起到提示作用，用少量广告活动来保持顾客的记忆即可。

#### 4. 市场性质

不同的市场状况，有不同的销售特点，应选择、运用不同的促销组合。比如，促销组合应随市场区域范围的不同而变化。如规模小且相对集中的市场，应以人员推销为主；对于范围广而分散的市场，则应以广告宣传为主。

#### 5. 促销预算

促销组合的方式与规模不同，因此促销的费用也不同。企业的促销预算额度，决定了企业可以选择的促销组合。一般来说，人员推销费用最高，广告费用次之，营业推广和公共关系最低。企业应依据自身的人力、财力、物力来选择和运用促销组合，以尽可能低的促销费用取得尽可能高的促销效果。

## 9.2 人员推销策略

> 人员推销的程序是怎样的？

所谓人员推销（personal selling），是指营销人员直接与中间商或消费者沟通，提供有关产品信息，并设法诱导和说服，使其接受其推销的产品或服务。人员推销是一种最古老、最常用、最富有技巧的商品促销方式，其最大特点是直接与目标顾客接触。人员推销在金融行业至关重要，由于服务的无形性，顾客无法用感观体验产品，加上金融机构之间的金融产品同质性较高，增加了顾客识别金融产品和服务品质的难度。必须通过销售人员清楚地解释产品和服务给顾客带来的益处，才能赢得他们的认同和信任。

不同类型的金融机构对人员推销的态度不尽相同，比如，我国证券业和保险行业一开始就有较高的市场化程度，人员推销得到了较广泛的运用。而银行业曾经在比较长的一段时间是等客上门的"坐商"，瞧不起销售和推销人员。在人们的传统印象中，银行职员从来都不是推销员的形象出现。但是现在，人员推销越来越成为所有金融机构包括银行的核心竞争要素,客户经理制度得到极大的普及。

### 9.2.1 人员推销的特点

人员推销具有以下优点。

#### 1. 针对性强

由于推销人员直接和顾客接触,推销之前有机会对目标顾客进行调查研究;在推销过程中,能够根据消费者对商品的不同欲望、要求、动机和行为,采取不同的解说和介绍方法,从而实施针对性较强的推销,促成消费者购买。

#### 2. 操作灵活

推销人员在促销过程中可以直接展示商品,进行操作表演,帮助安装调试,并根据顾客反映的情况,灵活地采取必要的协调措施,对顾客表现出来的疑虑和问题,也可及时反馈和给予解答。

#### 3. 反馈信息

人员推销的双向沟通方式,使得企业在向顾客介绍商品、提供信息的同时,及时得到消费者的信息反馈,使企业及时掌握市场动态,修正营销计划,并促使商品的更新换代。

#### 4. 建立客户关系

推销人员在与顾客长期反复来往过程中,容易建立除了交易关系以外的,良好的人际关系。推销人员不仅可以帮助顾客选择称心如意的商品,还可以向顾客提供销售建议,帮助和咨询,使顾客对推销人员产生亲切感和信赖感,这有利于促使双方愿意保持长期稳定的合作关系。

人员推销的主要缺点有两个:一是在市场广阔而顾客分散的情况下,建立庞大的推销队伍会导致推销成本上升;二是对推销人员的管理较难,合格的推销人才也很难获得。

### 9.2.2 人员推销的程序

人员推销的程序大致分为五个步骤,如图 9-1 所示。

**图 9-1 人员推销的程序**

#### 1. 识别潜在客户

寻找、识别潜在客户是营销工作的第一个环节。首先,要通过一定的途径收集潜在客户的信息,比如查阅工商企业名录,广告,历史和现有客户的数据库等。列出潜在客户清单之后,应该加以核实,即评估这些潜在客户是否有购买意愿和购买力。

### 2. 前期准备

为了保证推销任务的顺利完成，客户拜访之前，销售人员需要做好事先研究准备工作，尽可能地了解销售对象的情况。准备工作的内容，主要是进行客户分析，掌握客户基本情况。比如分析潜在客户过去与现在使用的产品和对产品的评价，找到其真正急需解决的问题；销售人员还应该找出客户企业中的购买决策者和影响者，了解他们的偏好和经历，便于有针对性地进行客户访问。

### 3. 接近潜在客户

为了获得初次接触机会，最好礼貌地进行预约，预约的方法主要有：电子邮件、电话和上门拜访。最好对拜访对象的工作日程做一个了解，选择对方合适的时间和地点预约拜访。总之，在正式面谈之前，一定要建立良好的第一印象，让客户感到轻松，并试图建立与客户间的某种联系。

### 4. 实施推销

推销人员从事推销面谈时，应当意识到双方是合作共赢的关系，只有双方的需求都得到满足的条件下，交易才能达成。谈判的过程大致可以归纳成四个步骤。

（1）吸引注意力。在销售拜访中，准顾客看到的第一件事，就是你的专业形象。接下来便是开场白给予他的印象。你的表达方式、真诚与创意则会影响整个约谈的气氛。销售专家戈德曼博士强调，顾客听第一句话要比听后面的话认真得多。听完第一句话，许多顾客就会不自觉地决定是打发销售员走还是继续谈下去。因此，打动人心的开场白是销售成功的关键。

（2）诱导购买兴趣。让顾客对产品产生兴趣的最好办法是做示范。通过面对面的示范表演，让顾客耳闻目睹，或让顾客自己进行试验，直接体会产品的性能、特点。如果产品不便携带，可通过间接示范办法，如出示鉴定书等。

（3）激发购买欲望。如果产品的宣传介绍能与顾客的利益和实际需要密切相关，就会激发购买欲望，形成购买动机。为此要进行客户需求分析，将客户需求强化到最大限度，之后通过产品介绍让顾客了解产品的优势和能给其带来的价值。推荐产品的最重要因素是可信性，要抓住一切机会让对方相信你是在讲真话，你关注的是双方长期的合作关系。

（4）促成购买行为。把顾客感兴趣的商品优点与从中可得到的利益汇集起来，在推销结束前，将其集中再现；或利用消费者追求实惠的心理，通过提供优惠条件，促使其购买；或是通过售后服务保证，如包修、包换、定期检查等，让顾客感到安心，从而促成购买行为。

### 5. 后续服务

对于成功的推销人员来说，拿到订单仅仅是销售的开始。要想拥有长期合作的客户关系网络，需要通过售后跟踪服务来加深顾客对企业和产品的信赖，促进重复购买，同时也可获得各种反馈信息，为企业决策提供依据。

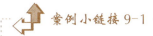
案例小链接9-1

### 最严金融销售规定来了

金融消费纠纷层出不穷,在关键争议点上,最高人民法院已经有了明确的决断思路。最高人民法院就《全国法院民商事审判工作会议纪要(征求意见稿)》(下称《会议纪要》)向全社会公开征求意见,涉及金融消费者权益保护共计6条。核心内容包括:卖方机构未尽适当性义务,导致金融消费者在购买金融产品或者接受金融服务过程中遭受损失的,可以请求金融产品的发行人、销售者共同承担连带赔偿责任等等。

北京盈科(杭州)律师事务所合伙律师倪灿表示,"上述6条每一条都极其重要,且能对现有金融纠纷案件审判造成重大影响。"

资深资管行业研究人士王苗军向记者表示,上述内容对资管业务发展极具指导意义,"金融行业积累的诸多问题靠监管文件不能彻底解决,需要有底层的法律支撑。《会议纪要》的推出,在之前在资管行业系统规范的基础上,进一步推动资管行业健康稳健发展。"

据了解,《会议纪要》旨在就审判实践中遇到的相关问题提出解决方案,作为法官在具体法律适用、进行说理论证时的参考,统一全国法院裁判思路,约束法官自由裁量空间,提高司法公信力,稳定当事人、法律工作者及社会的预期,努力让人民群众在每一个司法案件中感受到公平正义。

会议认为,在审理发行人、销售者以及服务提供者(以下简称卖方机构)与金融消费者之间因销售各类高风险权益类金融产品和为金融消费者参与高风险投资活动提供服务而引发的民商事案件中,必须坚持"卖者尽责、买者自负"原则,将金融消费者是否充分了解相关金融产品、投资活动的性质及风险并在此基础上形成自主决定作为应当查明的案件基本事实,依法保护金融消费者的合法权益,规范卖方机构的经营行为,培育理性的金融消费文化,推动形成公开、公平、公正的市场环境和市场秩序。

《会议纪要》就明确法律适用规则、依法确定责任主体、依法分配举证责任、告知说明义务的衡量标准、损失赔偿数额的确定及免责事由均作出清晰说明。下拉本文至文末处,可了解《会议纪要》6条条例内容及专业律师解读。

相关条例让不少资管从业者直呼,"《会议纪要》堪称最严资管产品销售规定!"香港国际仲裁中心、上海国际经济贸易仲裁委员会仲裁员、上海市律师协会商事争议解决委员会副主任杨培明将上述6条概括整理为:只要管理人/销售机构没法自证已经为投资者履行了"量身定做"的告知义务,就有可能承担从100%—400%的赔偿责任,并且即便不是自己"做错",只要销售机构有错,管理人同样也要背"全锅"。

举例而言,按照《会议纪要》原文,【依法分配举证责任】在案件审理中,金融消费者应当对购买产品或者接受服务、遭受的损失等事实承担举证责任。卖方机构对其是否

> 履行了"将适当的产品(或者服务)销售(或者提供)给适合的金融消费者"义务承担举证责任。卖方机构不能提供其已经建立了金融产品(或者服务)的风险评估及相应管理制度、对金融消费者的风险认知、风险偏好和风险承受能力进行了测试、向金融消费者告知产品(或者服务)的收益和主要风险因素等相关证据的,应承担举证不能的法律后果。
>
> 　　对此,律师倪灿解读称,"这条规定很严格,现在多数投资人维权过程中遇到最大的问题就是举证责任,很多案件因投资人无法证明销售机构/管理人在销售过程中存在过错及其损失与上述过错存在因果关系而败诉。现举证责任倒置,投资人一旦遭受损失提起诉讼,由销售机构/管理人举证证明已尽到投资者适当性义务,如果举证不能,将承担败诉风险。"
>
> 资料来源:最严金融销售规定来了,2019-08-19,https://baijiahao.baidu.com/s?id=1642287980815701340&wfr=spider&for=pc。

**❓ 营销思考**

最严金融销售规定,将对金融销售人员带来怎样的影响?

### 9.2.3 销售队伍的管理

#### 1. 销售人员的招聘

(1) 招聘标准。

第一,从素质来看,销售人员的职业特性,决定了销售人员应具有以下几种基本品质:从他人角度来理解和判断局势的能力;勇于克服困难,乐观积极的心态;当被拒绝时能自我调节,走出失败阴影;诚实且正直,这是赢得信赖的前提。

第二,从职业技能来看,销售人员代表企业推销商品,开发客户并保持与客户的联系,需要具备沟通、分析、信息整理、时间安排等方面的技能。

第三,从知识结构来看,销售人员应掌握产品知识、客户知识、行业状况和有关本企业的相应知识。

(2) 招聘途径。

从人员的招聘来源看,主要有内部招聘和外部招聘两种。

内部招聘,就是从企业内部人员选聘具有销售人员特质的人来充实销售队伍。内部招聘不仅成本低,成功率高,而且应聘者大多对产品和企业非常熟悉,可以省去很多培训环节。

外部招聘,就是面向社会,按照公平竞争的原则公开招聘销售人员。外部招聘的方法很多,有刊登广告、借助互联网、校园招聘、举行招聘会等,企业可以根据自己的实际情况做出灵活的选择。

## 2. 销售人员的培训

销售人员培训的内容包括：销售技能，产品知识，顾客知识，竞争和行业知识，企业知识等。要拥有一支得力的销售队伍，必须合理制定公司的培训计划。

首先，要进行需求分析，确定员工是否真的需要培训，哪些人员需要培训，需要提高的是能力还是素质，是哪方面的能力或素质等。其次，要制定培训计划和方案，主要解决以下问题：谁来进行培训，何时培训，何地培训，培训什么内容，采用何种方式培训，等等。接下来进入实质性培训阶段，培训教师要制定教学计划，一般包括培训内容分析、选择、购买、编写教学大纲和教材，受训人员分析、选择、确定培训形式和方案等。培训要在企业培训管理部门的组织下，由专门的教师在规定的时间和场所内对所确定的受训人实施，并由该培训项目的责任人组织考核和考评。

## 3. 销售人员的绩效管理

(1) 监督和评估。

销售人员的管理具有松散管理的特性，工作时间富于弹性，常常独立开展销售工作，管理人员无法全面监督销售人员的行为，销售人员的工作绩效在很大程度上取决于销售人员愿意怎样付出劳动和钻研销售。因此只有将科学有效的绩效考核制度和薪酬福利制度成为指导销售人员从事销售活动的指挥棒，才能真正规范销售人员的行为，使销售人员全身心地投入到销售工作中，提高工作效率。

绩效评估是指营销经理用制定的标准，来测评员工的工作完成情况，并把结果反馈给员工本人的过程。绩效评估是营销经理与员工双向沟通的重要途径，能更好地督促和激励员工，提高工作效率。

在绩效评估体系的设计过程中，评估指标的设定是关键的一环。评估指标可分为定性指标和定量指标两类。定性指标强调对销售人员的行为进行评价，多是一些主观性指标，比较难以把握和界定，比如工作态度、产品知识、团队精神、合作能力等；定量指标则相对客观，容易理解和应用，主要包括销售业绩与业绩目标达成率、访问成功率、平均订单数、市场占有率、利润贡献等。建立业绩标准，应当与企业的营销目标联系起来，还要考虑到销售区域之间的差异。

(2) 激励和薪酬。

公司支付给销售人员的薪酬分为外在薪酬和内在薪酬两大类。外在薪酬指可量化的货币形式薪酬，比如基本工资、佣金、奖金、退休金、医疗保险等。内在薪酬则是不能以货币形式表现的各种奖励价值，比如对工作的满意度、培训的机会、提高个人名望的机会、优秀的企业文化、相互配合的工作环境，以及公司对个人的表彰，等等。外在薪酬与内在薪酬各自具有不同的功能，它们相互补充，缺一不可。

薪酬管理时要考虑的首要因素是公平性。薪酬制度要有明确一致的原则作指导，并有统一的、可以说明的规范作依据；要有透明性，员工能够了解和监督薪酬制度的制定和管理，并能对制度有一定的参与和发言权；销售经理要为员工创造机会均等，公平竞争的条件。此外，在企业内部，不同职务、不同级别、不同销售业绩的销售人员之间的薪酬水平应该有一定的差距，从而不断地激励员工提高工作绩效，因为当他们因业绩突出时，将获得更高的薪酬水平。

## 9.3 广告策略

> 广告策略的制定包括哪些步骤？

广告(advertising)是广告主通过各种媒体将商品或服务的信息传递给受众者的一种有偿活动。作为一种常用的促销方式，广告是通过将产品和服务的个性信息，以有效的媒介与步骤，传达给目标受众，从而达到促进销售的目的。金融旨在巩固现有客户和诱使潜在客户意识到金融机构提供的某种产品或服务将有助于达到他所期望的目标，例如，在什么地方存放资金最安全、如何通过贷款买一套新住宅、委托哪家证券公司投资证券、在何处可以买到自己最需要的保险单，等等。

金融机构对营销重要性的认识日益提高，广告宣传手段越来越像工商企业那样大胆和激进，发生这种变化的主要原因如下。

(1) 各种金融机构成立，竞争激烈。

(2) 计算机技术的应用使金融业务步入信息化新时代，新产品不断出现，需要运用广告手段迅速、准确、全面地传达给顾客和潜在顾客。

(3) 金融零售业务(个人客户业务)在金融业中的地位日益提高。

(4) 金融机构之间在网点数量、产品价格和营销时间等方面的竞争作用相对下降，竞争的焦点集中到服务质量和服务差距上，更需要借助广告。

### 9.3.1 广告目标的制定

制定广告策略首先要明确广告目标。广告目标(advertising objective)是广告活动要达到的预期目的，是广告传播活动整体计划的指引，也是测量广告效果的标准。

由于金融机构提供的服务具有虚拟性、各家金融机构提供产品的同质性、金融机构社会地位决定的责任性，客户不仅要得到忠告，还理解并感觉安全。因此，金融机构在决定广告策略时，即在什么时候做广告，做什么广告以及怎样做广告等问题上都需要通过市场调研，不仅要确定金融机构的目标，而且要了解客户需要的服务方式、金融机构网点的分布状况（全国性还是地区性）、客户对象性质（公司客户为主还是个人客户为主）、客户需求特征（投资行为还是储蓄行为）等诸多因素，这些都将影响广告策略的选择。

广告的目标有很多种，比如以提高市场占有率为目的的广告，通过介绍产品的质量、性能、用途和好处,促使新产品进入目标市场;以扩大经营、延长产品生命周期为目的,侧重介绍产品或改进品的新用途和好处;以保持目前的销售水平为目的,则侧重提高老客户购买频次,吸引潜在客户。还有的广告是为了树立品牌形象,提高企业知名度;增进与经销商的关系;排除购买顾虑和障碍等。

### 9.3.2 广告主题的确定

明确了广告目标后,要根据广告目标提炼广告主题。广告主题是广告的中心思想,是对目标受众最有吸引力的承诺,确定广告主题就是为产品寻找最有可能促成购买的理由。

广告主题的确定应该与前面章节提到的"定位"概念、"品牌"概念相联系,以助推金融机构的细分市场差别化战略。事实上,金融机构也创造了许多富有个性和创意的广告主题。如牡丹信用卡"一卡在手,潇洒走神州",美国运通银行"一诺千金",保险公司"年年保险,岁岁平安",日本储蓄银行"为了孩子今后的幸福",等等。

### 9.3.3 广告媒体的选择

广告媒体是传播广告信息的物质和工具。随着经济的发展和科技的进步,广告媒体日趋复杂。目前广告媒体大致可分为三大类:第一类是传统大众传播媒体,主要有报纸,杂志,电视和广播;第二类是小众传播媒体,包括户外广告,销售点广告,直邮广告和交通广告;第三类是以电子信息技术与网络为代表的新兴大众媒体。各种媒体客观上具有不同特色和作用,各有优缺点。表9-1比较了几个传统和新兴大众传媒的不同特点。

表9-1 大众传媒的特点比较

| 媒体种类 | 传播范围 | 使用寿命 | 可选择性 | 信息内容 | 制作费用 |
| --- | --- | --- | --- | --- | --- |
| 报纸 | 广泛 | 短 | 差 | 详尽 | 低廉 |
| 杂志 | 较窄 | 长 | 强 | 详尽 | 较低 |
| 广播 | 广泛 | 很短 | 差 | 简短 | 低廉 |
| 电视 | 广泛 | 很短 | 差 | 简短 | 较高 |
| 网络 | 广泛 | 长 | 强 | 详尽 | 低廉 |

根据广告媒体的不同特点,要注意从产品特点和促销目标出发,选择覆盖面广、传播速度快,直接接触目标市场,广告成本较低,能获得最佳促销效益的广告媒体。媒体选择(media selection)时要着重考虑以下几个因素。

(1) 目标市场。选择广告媒体要考虑目标市场上的受众是否易于接触,并乐于接受,而且要根据目标市场范围,选择覆盖面与之适应的媒体。例如,开拓区域市场,可选择地方报纸、电台、电视台,如果要在全国推广,则宜选择全国性广告媒体。

(2) 产品的性质。由于产品的性质、性能、用途不同,宜选择不同的广告媒体。例如,面向大众的生活用品、多采用电视、广播等大众传媒；而工业品或高技术性能产品，宜利用专业性报纸杂志，或直邮广告形式。

（3）媒体性质。主要是考虑媒体本身的发行量，收视率，覆盖面和表现力等。

（4）媒体的成本。不同媒体费用不同，同一媒体不同时间、位置费用也会不同。企业在选择时要根据自身财力和对广告效果预期选择适宜的媒体。

（5）目标受众的媒体习惯。要了解目标受众对媒体的态度和接触媒体的习惯，要清楚他们是通过阅读报纸杂志，还是收听广播或收看电视，或者网上浏览接收信息。

### 9.3.4　广告效果的测定

广告效果评估是广告策略的最后一个环节，制定合理有效的广告评估方案，对于企业正确认识广告的作用和效果、开发成功的广告、提高广告支出的效率、提升产品、品牌形象、拉动销售等具有十分重要的意义。

广告的经济效果包含广告的传播效果和销售效果两大类：传播效果主要考察广告对消费者心理的刺激和反应，销售效果更主要从结果上反映广告效果。

#### 1. 广告的传播效果评估

广告的传播效果也称为广告的接触效果或心理效果，考察广告刊播后对消费者所产生的各种心理效应。广告活动作用于消费者而引起的一系列心理反应可以概括为感知、记忆、理解、评价和行动的过程，各阶段对应的评估指标如下。

（1）感知：用注目率、阅读率、精读率来评价报纸、杂志等印刷媒体，以及广告牌、海报等平面媒体上的广告吸引消费者眼球的能力。视听率、认知率是评价广告在电视、广播等电波媒体上的传播效果的指标。

（2）记忆：包括瞬间记忆广度、事后回忆率等指标，这两个指标是针对广告的记忆度，即消费者对广告印象的深刻程度而设置的。

（3）理解：通过对广告诉求点的理解程度的分析，考察广告诉求设计与用户实际关心的信息点是否最大限度地契合。

（4）评价：即对产品的好感度，包括产品喜好率、广告/产品信任度，产品尝试率，产品偏好率等。

（5）行动：主要包括购买决定、购买行动等。购买决定是测定广告对消费者购买行为的影响，即了解消费者购买商品的行为是随意的还是受广告的影响，考察对象为广告期间发生了购买行为的消费者。

#### 2. 广告的销售效果评估

广告的销售效果是指由于广告活动而引发的产品销售以及利润的变化，以及由此引发的同类产品的销售、竞争情况的变化。销售效果评估主要是考察广告活动对销售量的增长和市场占有率提高所作的贡献。主要有以下三种评估方法。

（1）店头调查法：以零售商店为调查对象，对特定期间的广告商品的销售量、商品陈列状况、价格、销售现场广告以及推销的实际情况进行调查。

（2）销售地域测定法：选择两个类似条件的地区来测定广告的效果。一个地区进行有关的广告活动，称为"测验区"；另一个则不进行广告活动，称为"比较区"。测验结束后，将两个地区的销售变化情况进行比较，从中检验出广告的销售效果。

（3）统计法：运用有关统计原理与运算方法，推算广告费与商品销售的比率，测定广告的销售效果。计算广告效益比率时应当注意，广告与销售增长并不是直接的因果关系。见过或听到广告并购买的人中，有的是受到广告的刺激而购买，有的不受广告刺激而购买。要精确衡量广告对销售增长所作的贡献，就要剔除见过或听过广告的消费者中非因广告的刺激而购买者。

 **案例小链接 9-2**

### 保险公司经典广告语

* 盗贼可是从不管春夏秋冬的！——标准意外事件保险公司
* 除了对你所关心的人和财产之外，你没有任何义务。——都市人寿保险公司
* 人生无价，泰康有情。——泰康人寿
* 在世界的任何角落你都是最安全的。——旅行保险公司广告
* 中国平安，平安中国。——平安保险
* 请为你的明天着想！——美国保险公司
* 95519，服务到永久。——中国人寿客户服务热线
* 人人都需要阳光。——阳光保险公司
* 让每个家庭拥有平安。——平安保险
* 平时注入一滴水，难时拥有太平洋。——太平洋保险
* 盛世中国，四海太平。——太平人寿
* 财务稳健，信守一生。——美国友邦
* 未来属于为未来作好准备的人们。——谨慎保险公司
* 95518，人保服务送到家。——中国人保客户服务热线
* 第四种生活必需品。——都市人寿保险公司
* 烈火见真情。——法尔曼火灾保险公司
* 天地间，安为贵。——天安保险
* 将不幸变成万幸。——美国火险公司
* "辛克"的承诺是无价的。——辛克人寿保险公司
* 你只需要想一想医生开出的账单。——蓝盾医疗保险公司

资料来源：https://www.lz13.cn/lizhikouhao/37660.html。

> **? 营销思考**
>
> 结合具体实例,思考如何确定广告目标与广告主题?

## 9.4 公共关系策略

> 有哪些主要的公共关系活动方式?

公共关系(public relations)是指企业利用各种传播手段,与其相关的各方面的社会公众等沟通思想感情、建立良好的社会形象和营销环境,从而达到促进销售的目的。公共关系和广告都是促销方式,但营销目标不同。广告是具体地推销某个产品,而公共关系是为了树立整个企业或组织的形象,增强金融企业内外部公众对企业及产品的了解。因此,广告的传播效果是直接的,可测的,并具有阶段性,而公共关系则具有战略性和全局性,是一项立足于长期的促销方式。

### 9.4.1 公共关系的对象

金融企业要做好公关促销,首先要处理好和各种社会公众的关系。公众是指与金融企业因利益关系而相互联系、相互作用的各种群体和个人的总和。组织所面对的公众是复杂多样,不断变化的,按照组织的内外对象分类,可以分成内部公众和外部公众两大类。内部公众,是金融企业内部成员构成的公众群体,如员工公众,股东公众,部门公众等;外部公众,是金融企业外部那些对企业的生存与发展有现实或潜在影响力的公众群体,如消费者公众、社区公众,媒介公众,政府公众,竞争者公众等。

1. 员工公关

员工公关是处理金融企业与其内部员工之间的关系,是内部公共关系中最重要的一种。员工代表着企业的形象,因而处理好员工关系可以增强企业的内部凝聚力和向心力,充分发挥员工的积极性、创造性,有利于经营目标的实现。

处理员工关系的原则是:以人为本,开发人力资源;以文为根,培育企业文化;以信息为纽带,完善内部沟通网络;以联谊为手段,创造大家庭氛围,培养员工归属感。实际操作中,除了要处理好组织与员工间的物质利益关系,还要通过开展企业文化教育等活动,培养员工对企业的认同感和归属感;加强与员工沟通联络,经常询问员工的想法和观点,让员工积极参与各项公司事务,从而创造和谐融洽的人事环境。

2. 消费者公关

消费者公关是金融企业外部公共关系中最重要的一种,其最主要的目的是争取更多的消费者。俗话说:顾客是上帝。消费者是企业必须要努力争取和依赖的公众。处理好与消费者的关系,必须做到以下几点:(1)分析和掌握消费者的消费心理,找到其真正的需求;(2)与消费者进行双方向的信息交流。比如可以建立顾客信息资料库,加强双向沟通;(3)树立正确的顾客观,增强服务意识。要向顾客提供最优质的产品和服务;提供最完善的售后服务;妥善处理顾客投诉。

### 3. 政府公关

政府公关是指金融企业同政府各级行政机构及其官员和工作人员之间的关系协调。任何社会组织都必须接受政府机构的管理和制约,因此,金融企业需要同政府有关职能机构和管理部门协调好各种关系。搞好政府关系,就可以通过政府的肯定获取政府的认可、支持,从而推动企业的发展。

处理好政府关系,需要做好以下工作:(1)培养和提高政治素质;(2)加强与政府的双向沟通;(3)加强与政府官员的交流和感情;(4)积极参加政府组织的各种公益活动;(5)邀请政府官员参加组织重大活动;(6)利用国事活动,扩大宣传效应。

### 4. 媒介公关

媒介公关是指金融企业与其相互关联、相互作用的新闻传播机构(报社、杂志社、电台、电视台等)和新闻界人士之间的关系协调。新闻媒介是任何企业都要努力争取的重要公众,金融企业希望与新闻媒介建立良好的关系,通过新闻传播的特殊效果为组织的形象和声誉带来巨大的影响。

对金融企业来说,新闻媒介是企业与外界沟通的中介。处理好与媒介的关系,需要做到以下几点:(1)真诚相待。与新闻界建立良好关系,首先必须遵循真实、可信的原则。这是一种建立在相互了解、信任的基础上的一种合作关系;(2)主动联系,保持长期接触。双方保持经常的往来,维持思想、情感、信息的频繁交流,必然为良好的工作关系和融洽的人际关系的建立创造条件;(3)理解、尊重新闻界的职业特点,虚心接受批评。金融企业公关人员应该充分理解和尊重新闻记者的职业特点和独立性,不应拒绝记者正常采访和报道不利于企业的新闻。

### 5. 社区公关

社区公关是指金融企业与所在区域的个人和群体间的关系。比如金融企业与所在的城镇、街区、相邻组织或居民的关系。企业的存在离不开具体的社区,社区是企业生存和发展的基地,企业和社区之间有着千丝万缕的联系。社区既可以使金融企业得到最有价值、最有影响的称誉,也可以使组织遭到具有危害性的指责;既可以使企业获得各种优惠和权利,也可能使组织受到种种限制而无所作为,其关键在于企业是否重视社区关系的维护和处理。

搞好社区公关,要重视以下几方面的工作:(1)搞好社区环境保护。企业要努力把经济效益与环境效益结合起来,尽量保持人与环境的和谐,不断改善社区生存环境,顺应可持续发展的时代潮流;(2)承担社会责任。金融企业是社会的一员,承担着不可推卸的社会责任,这和企业社会营销的理念是一致的。(3)加强社区交流。建立和发展融洽的社区关系,要求金融企业主动发展与社区公众的关系,在相互帮助中加深社区公众对企业的认识和了解。

### 9.4.2 公关营销的实施步骤

公共关系活动的实施包括公关调查,公关策划,公关实施和公关评估四个步骤。

1. 公关调查

公关调查是运用科学的方法,有步骤地去考察金融企业的公共关系状态,收集必要资料,进而分析各种因素及其相互关系,以期掌握实际情况、解决面临问题的公关活动。调查的内容有金融企业社会形象,相关公众情况,传播媒体情况等。调查的方法有文献研究,公共关系预测,民意测验等。

2. 公关策划

公关策划是公共关系人员根据组织形象的现状和目标要求,分析现有条件,设计公关战略,以及公关活动最佳行动方案的过程。公关策划的程序主要有以下几个步骤:(1)分析公共关系现状;(2)确定公关目标;(3)选择和分析目标公众;(4)制定公关行动方案;(5)编制公关预算。

3. 公关实施

公关实施是在公关调查、公关策划的基础上,将公共关系策划书的内容变为现实的过程,是为实现公共关系活动目标创造性地开展公共关系工作的过程。公共关系策划的实施必须有条不紊地进行:第一步,做好各项准备工作,比如设置实施机构,确定参与实施的人员,准备好活动经费和必要的物资。第二步,对参与实施的所有人员进行培训,对各职能部门和工作人员做合理的分工。第三步,做好对实施过程中的监控和动态调整。

4. 公关评估

公关评估就是根据特定的标准,对公共关系策划、实施及效果进行对照、检查、评价和估计,以判断其优劣的过程。在公共关系工作程序中,效果评估是最后一个环节,也是一个很重要的环节,它对整个公共关系工作起到承上启下的作用。常用的评估方法有公共关系工作总结法,公众意见测验法,新闻媒介测定法等。

 案例小链接 9-3

**花旗银行零售业务发展经验**

在 20 世纪 70 年代中期,大多数商业银行,尤其是纽约的大银行,都认为零售业务无利可图,因而都不重视这一块,没有一家银行的市场份额能够超过 10%。花旗银行聘请的技术与军事行动小组研究报告说,银行业的前景与消费者息息相关,而不在《财富》杂志排行榜上的 500 强之列。大额存单和商业票据已成为一个非常不可靠的市场,银行需要找到更加稳定、更加可靠的资金来源。从那时开始,花旗银行逐步重视零售银行业务,后来花旗总裁瑞斯顿还把零售业务视为"聚宝盆"。

花旗银行发展零售业务,可以追溯到 20 世纪 20 年代设立个人贷款部。那时,花旗就已经看到了个人贷款和个人财富的重要性。1977 年,花旗银行成立花旗信用卡银行中心,还率先启用了自己生产的全自动柜员机(ATM),并能够提供 24 小时全天候的银行服务,他们提出了"花旗永不休息"的广告宣传口号。这一业务创新改变了美国零售银行业的形象,客户倍感友好与方便,从而使花旗银行信用卡业务快速发展,为其奠定了在零售银行业的领导地位。为简化手续,花旗不断进行业务流程改造,将零售性放款业务如消费性贷款与小额抵押贷款标准化,将申请表格简化及标准化,1976—1981 年,花旗银行又独出心裁,成立一个不动产贷款组织的会员制度,凡是房地产经纪商均可加入,同时采取事先预估及事先批准的政策,将客户的资料与计算机网络联机,使客户在 15 分钟之内,就可以知道贷款是否核准。与一般美国银行需要 20 天以上才能完成放贷手续相比,不仅大幅度提高了房屋贷款的作业效率,也为花旗银行带来更多的业务量。

花旗银行认为销售技术在零售银行业务中作用重大,在 20 世纪 70 年代,花旗银行就开始从消费者营销公司招募人员。花旗银行在零售业务方面,学习的不是其他银行,而是那些消费品行业的主导者,如麦当劳、可口可乐、宝洁等大公司。花旗银行还有一个观点,认为零售银行业务是一个在世界范围内都可能有发展机会的业务,它的目标是全球中产阶级及高消费阶层,服务的方法是基于顾客关系而不是产品导向,强调银行要给顾客愉快的体验,要注重优质服务。花旗银行的 ATM 机一般在一个地点都安装两部以上,其中一个重要目的是交替服务,避免服务中断或暂停,避免造成客户不愉快。

花旗银行认为,进行风险和收益的平衡管理是银行管理的核心技能,也是成功发展零售业务的关键所在。当然取得良好的风险和收益平衡,需要谨慎的管理支持,特别是信息技术、定价方法和成本管理。花旗银行当年在台湾地区开展消费信贷的做法和经验是:没有风险,哪来利润。那时,台湾地区没有贷记卡,当地的银行也较少对个人提供贷款。所以当台湾地区允许贷记卡推广时,当地的银行最初采取的办法是要申请人找个保人或抵押品担保。但是,花旗银行进入后,做广告称"不要担保、不要保人"。最后客户自然都去了花旗。花旗认为从理论上当然应该是先有个人信用系统,然后才能放心地贷款,但是实践中如果银行不承担风险,就不可能赚到这笔丰厚的利润。花旗银行的目的不是要把风险减到零,而是赚钱,当时它的策略是"先集客,后筛选",规模是进入新市场的首要问题,如银行卡至少发卡 200 万张才能带来盈利。花旗银行认为,坏账不一定是坏事,关键是要带来收入,取得盈利。

花旗银行是最早把消费品营销的原则应用于营销的商业银行之一。为了吸引顾客,在竞争中立于不败之地,花旗银行制定了一系列的营销政策,在营销技术和手段上也不断地推陈出新。花旗银行成立之初,就非常注重自己的品牌形象,到 20 世纪 90 年代,花旗银行开始全面实施品牌战略。实施品牌战略的最大优势是,可以不必完全在价格上展开竞争。此外,卓越的品牌还具有购买简单化、保证一致的质量、鼓励重复购买、增加市场份额、增加附加值等积极作用。花旗银行品牌战略的目标是在世界 100 个国家建立高效方便、高质量的卓越品牌形象——Citibanking。

资料来源:花旗银行零售业务发展经验,http://blog.sina.com.cn/s/blog_56eadc0f0100o741.html。

> **❓ 营销思考**
>
> 花旗银行在拓展零售业务时,如何将促销策略与目标营销战略、品牌策略有机结合?

## 9.5 销售促进策略

**❓ 金融产品的销售促进策略具体有方法?**

销售促进(sales promotion),又称营业推广,是指除人员推销、广告和公共关系宣传以外,为了刺激消费需求而采取的能够迅速产生激励作用的促销措施。

在金融行业,按客户对象可将销售促进分为三类:第一类是向尚未接受金融服务的潜在客户促销;第二类是向已接受其他金融机构同类产品的客户开展竞争性促销;第三类是向金融产品或服务的尝试者进行挽留性促销。

销售促进作为一种非价格竞争促销手段,在金融行业具有特殊作用。金融机构在同业竞争中一般都设法避免进行直接的价格竞争,包括利率竞争和费用竞争,这样的结果常常是两败俱伤。金融机构常常使用一些特定的奖励性赠品促销方式。国内曾经比较盛行的有奖定期储蓄促销方式,由于容易为同业竞争者所模仿,有奖储蓄让位于更加隐蔽的赠品方式。

与国内金融业将促销主要用于吸收存款或增加资金来源不同,发达国家运用销售促进的范围比较广泛。例如20世纪80年代,英国以住宅抵押比企业财产抵押更安全为理由向客户推销利率优惠的住宅抵押贷款,并且同时向客户推销保险、养老基金、住宅改善等其他金融产品与服务。

### 9.5.1 销售促进的特点

销售促进的特点有以下几方面。

(1)促销效果明显。在开展销售促进活动中,可选用的方式多种多样。一般说来,只要能选择合理的方式,就会很快地收到明显的增销效果,而不像广告和公共关系那样需要一个较长的时期才能见效。因此,销售促进适合于在一定时期、一定任务的短期性的促销活动中使用。

(2)是一种辅助性促销方式。人员推销、广告和公关都是常规性的促销方式,而多数销售促进方式则是非正规性和非经常性的,只能是它们的补充方式。也就是说,销售促进方式一般不能单独使用,而是常常配合其他促销方式使用。

(3)有贬低产品之意。采用销售促进方式,虽然可以较强烈地吸引消费者,也常使其感到企业有急于出售产品的意图。若频繁使用或使用不当,往往会引起顾客对产品质量、价格产生怀疑。因此，金融企业在开展销售促进活动时，要注意选择恰当的方式和时机。

### 9.5.2 销售促进的类型

销售促进按对象常分为三类，如表 9-2 所示。

(1) 针对消费者的销售促进。目的是配合广告活动，促进消费者增加购买数量和重复购买。

(2) 针对中间商的销售促进。目的是取得中间商的支持与合作，鼓励中间商大批进货或代销，如批量优惠、广告津贴、人员培训。

(3) 针对推销人员的销售促进。目的是调动推销人员的积极性，鼓励他们大力推销新产品，开拓新市场，如按推销绩效发给红利、奖金等。

表 9-2 销售促进的类型

| 面向对象 | 具体形式 |
| --- | --- |
| 消费者 | 赠送礼品、提供各种价格折扣、消费信用、赠券、服务促销、演示促销、包装促销、购物抽奖等 |
| 中间商 | 批量折扣、现金折扣、特许经销、代销、试销等 |
| 销售人员 | 奖金、带薪休假、销售竞赛等 |

### 9.5.3 销售促进的方法

针对消费者进行短期利益诱导的销售促进方法，可以归纳为以下几种。

#### 1. 无偿赠送

无偿赠送是指针对目标消费者不收取任何费用的一种促销手段，运用赠品来促销的产品包括：吸收存款、办理信用卡、新设分支机构开业典礼等。在时间选择上，包括短时期内的促销，如对信用卡达到签账高峰时赠送礼品，以及对长时间保持交易的促销，如对在几年及至十几年内保持客户关系者赠送奖品。

#### 2. 专有权益

专有权益是指金融机构对自己的客户，提供某种特殊的权益或方便。例如，香港渣打银行推出了一种其信用卡客户可以享有专有权益，客户可以在香港地区及海外各大城市的任何一种电话上使用国限电话服务，电话费可由信用卡账户支付。由于目前国外信用卡市场激烈，发卡机构纷纷增加向用户提供的专有权益。

#### 3. 促销竞赛

促销竞赛是基于利用人们的好胜、竞争、侥幸和追求刺激等心理，通过举办竞赛、抽奖等富有趣味和游戏色彩的促销活动，吸引消费者的参与兴趣，推动和增加销售。比如通过举办某种比赛，吸引爱好者参与，同时宣传产品，如选美比赛、选秀大赛、形象代言人选拔赛等。

#### 4. 服务促销

金融机构提供的许多服务,由于前期有大量投资,一般采用按年收费或按次收费的办法。当此类产品与服务的市场竞争加剧时,为扩大市场,招揽客户,往往采用免费促销办法。如信用卡持有者曾经要付年费,后来年费基本免除了,只要求每年刷卡六次以上。近几年网络金融开始"跑马圈地",许多业务也是免费或半费,以尽可能多地网罗客户。

#### 5. 联合促销

联合促销是指两个以上的厂商(这些厂商可以分处不同的行业),基于相互利益,共同进行广告及共同推广产品和服务。例如针对信用卡业务,发卡银行和航空公司为鼓励公务出差的持卡人更多乘坐飞机出行,联合推出"信用卡航空优惠计划",实行刷卡积分换飞行里程等优惠,鼓励人们出行刷卡支付机票费。

## 本章小结

促销(promotion)即促进销售,是指营销者以满足消费者需要为前提,将企业及其产品(服务)的信息通过各种促销方式传递给消费者或用户,促进顾客了解、信赖本企业的产品,进而唤起需求,采取购买行为的营销活动。金融产品的促销策略,在营销中发挥着告知、劝说和提醒的作用。

人员推销的最大特点是直接与目标顾客接触,因而针对性强,操作灵活,利于及时反馈信息和建立长期客户关系。其不足之处是成本较高,并且销售人员管理较难。广告是通过将产品和服务的个性信息,以有效的媒介与步骤,传达给目标受众,从而达到促进销售的目的。公共关系是指企业利用各种传播手段,与其相关的各方面的社会公众等沟通思想感情、建立良好的社会形象和营销环境,从而达到促进销售的目的。销售促进是为了刺激消费需求而采取的能够迅速产生激励作用的促销措施。包括无偿赠送、专有权益、促销竞赛、服务促销、联合促销等方式。

 关键术语(中英对照)

促销(promotion)

促销组合(promotion mix)

人员推销(personal selling)

销售管理(sales management)

销售人员激励(sales personnel incentives)

广告(advertisement)

广告目标(advertising objective)

媒体选择(media selection)

公共关系(public relations)

销售促进(sales promotion)

**思考题与应用**

1. 营销学中的"促销"是指？这一概念与你平常所理解的"促销"是否存在不同？请具体说明。

2. 人员推销的优点是什么？你认为作为一个成功的金融企业推销员，应当具备哪些素质？

3. 请列举各大商业银行最近推出的广告宣传主题，并对比其广告目标的差异。

4. 假设你是学校复印店的老板。请你分析你面临的公众有哪些？（或是必须要处理好哪些关系？）你又将如何处理这些关系？

5. 请比较公关促销，广告促销和销售促进三种促销方式的区别。

6. 为什么在金融促销策略制定中，通常进行促销工具的组合？它主要包括哪些内容？

**课程互动讨论**

### 银行推出"拼团贷款"促销活动背后的原因？

最近两年，"人数越多，价格越低"的拼团购物模式在日常生活中十分流行。近期，很多银行也赶了一把时髦，纷纷推出"拼团贷款"促销活动。

以南京银行的某款线上消费贷产品为例，"3人团6.08%，8人团5.88%，15人团5.58%"。事实上，今年2月以来，很多银行都推出了消费贷利率限时优惠政策，其中利率最低的要属工行和建行，最低可至年利率4.35%，促销活动到3月31日截止。那么，为何银行要大力促销消费贷产品？

### 消费贷不良率情况

从2019年上半年的数据来看，无论是国有行、股份制银行，还是城商行、农商行，信用卡、消费贷不良率都有不同程度的上升迹象。具体来看，截至2019年6月底，建行个人消费贷、信用卡透支不良率分别为1.45%、1.21%，与2018年底相比，分别上升0.35、0.23个百分点；农行信用卡不良率为1.43%，与2018年底相比，下降0.23个百分点，但消费贷不良率却上升了0.22个百分点，达1.03%；交行信用卡透支不良率为2.49%，与2018年底相比，上升0.97个百分点……

由于疫情冲击，对于今年的信用卡、消费贷不良率，业内人士的预测也是"波动上升"。那么，银行为何要顶着不良率持续上升的风险，力推消费贷呢？

### 银行为何力推消费贷？

央行公布的数据显示,今年 2 月住户部门贷款负增长 4 133 亿元,其中,短期贷款减少 4 504 亿元。要知道,住户部门短期贷款的主要组成部分便是个人消费贷款,这意味着,受疫情冲击,2 月份居民消费额大幅下降。国家统计局发布的数据也证实了这一点:1—2 月份社会消费品零售总额仅为 52 130 亿元,同比下降 20.5%。有业内人士指出,受疫情影响,1 月下旬以来很多银行个人消费贷款、信用卡交易量明显下降。这也是银行开展个人消费贷促销活动的最主要的原因。

当然,银行敢在此时推出促销活动,还有很多其他原因。

第一,部分银行迎来了央行的资金支持:3 月 16 日央行正式实施普惠金融定向降准,释放 5 500 亿元长期资金。这让银行在资金方面更有底气。据中泰证券银行组测算,此次享受定向降准政策的主体为工行、中行、交行三家银行,释放流动性高达 4 000 亿元左右,占比 73%;招商、浦发、兴业、光大、广发、渤海等六家银行释放的流动性大约为 1 600 亿—1 700 亿,而大部分城商行、农商行不享受本次降准福利。

虽然本次定向降准并没有具体提及消费金融,但可以肯定的是,这几家银行肯定会投放更多资金在普惠金融贷款上面,从而带动消费贷的发放。比如,招行推出的一款面向小微企业和个体户的产品,在贷款用途上既可用于生产经营,也可用于个人消费。

第二,优惠力度并没有看上去那么大。不是每位客户都能申请到这些消费贷产品的优惠利率。比如,建行的超低优惠年利率目前只适用于信用良好的客户,通常还要求客户在本行有存款、理财、代发工资等相关业务。多家股份制银行工作人员也表示,在实操过程中,利率和额度是根据客户的资产情况、按揭情况、信用记录等信息来决定的,且促销总量不会很大,风控管理相当严格。

第三,政策鼓励。由于市场上个人消费贷产品乱象较多,近两年国家一直鼓励银行发展个人消费贷业务。

第四,银行转型策略。近两年银行一直在向主要服务于个人客户的"零售银行"转型,个人消费贷正是力推的业务之一。另外,"线上化"也是银行的转型重点,疫情期间正好成为银行加快消费贷线上渠道布局的好时机。

### 个人短期消费贷会持续负增长吗？

前面提到,2 月居民短期消费贷款负增长是银行此次促销消费贷的主要原因,那么这一负增长会持续下去吗?其实,央行《2019 年 2 月金融统计数据报告》显示,去年 2 月我国住户部门贷款曾减少 706 亿元,是 2016 年 2 月以来的首次负增长,主要原因也是短期贷款环比减少 2 932 亿元,其中仅短期消费贷款就减少了 2 581 亿元。

当时有业内人士分析了居民短期消费贷款负增长的原因。

首先是节日因素。每年的春节大多都在 2 月份,多数居民倾向于提前准备年货,因此,1 月通常为采购高峰期,2 月多以消耗存货为主,消费需求减少,相应的短期消费贷款额也会下降。

其次，宏观经济形势影响居民消费需求。2018年开始，各大企业裁员的消息不断传出，2019年初，多位经济学家表示我国经济下行压力较大，导致部分居民不敢消费。

不过，到了3月住户部门短期贷款突然猛增，一下增加约4 294亿元，创下历史新高。有专家总结了3月信贷超预期反弹的三大原因。第一，节日效应影响结束，居民正常消费需求回归。这也是公认最主要的原因。第二，更多"消费需求"显现。2019年春节后股市持续升温，部分消费贷款可能违规流入股市；同时，随着部分地区房贷政策的收紧，不排除消费贷违规流入楼市的可能性。第三，央行在2019年1月15日和1月25日分别降准0.5个百分点，银行流动性相对充裕。由此可见，只要居民有消费需求，且银行流动性充裕，个人短期消费贷款就会回归正常水平。

金库君认为，本次疫情只是让居民的部分消费需求延后了，而不是消失。因此，无论银行是否推出消费贷促销活动，等疫情过后，消费需求重现时，个人短期消费贷款都会恢复正常，甚至迎来报复性上涨。不过，银行倒是可以把这一波消费贷宣传当作是进一步向线上转型的机会，告诉大众：曾经复杂的贷款业务，如今也可在线上办理了

资料来源：银行推出"拼团贷款"促销活动，背后的原因是……，2020-03-23，https://www.sohu.com/a/382412013_482518。

**【思考题】**

1. 银行为什么要推出"拼团贷款"促销活动，具体原因有哪些？
2. 结合该案例，思考制定金融促销策略需要考虑哪些因素？

# 第十章 金融服务营销策略与客户关系管理

**本章知识结构图**

- 金融服务营销策略概述
  - 金融服务营销的内涵与特点
  - 服务营销对策
  - 服务营销要素

- 银行服务营销
  - 银行营销人员的构成
  - 银行服务营销策略

- 证券服务营销
  - 证券营销人员构成
  - 证券服务营销策略

- 保险服务营销
  - 直接保险服务营销
  - 间接保险服务营销
  - 我国保险销售中存在的问题
  - 保险销售问题的解决对策

### 知识目标

1. 理解金融服务营销的内涵与特点
2. 了解银行、证券公司及保险公司的营销人员构成
3. 区分银行、证券公司及保险公司的服务营销的异同

 **能力目标**

1. 能够根据客户特点,为客户提供金融产品或服务的理财或投资咨询
2. 能够运用沟通技巧与客户进行良好的沟通,处理客户异议,促成交易

### 中信银行私人银行——"钻石管家"专属服务

在中信 95558 客服中心,有一个神秘色彩十足的部门。她们总是随身带着两个手机,打字速度快如闪电,所向披靡;她们总是 24 小时开机,时刻等待客户的呼唤,第一时间帮助客户解决问题;他们像家人一样,像朋友一样,关心着客户的吃、住、行,他们就是贵宾服务室的钻石管家团队。

陈先生早上 5 点多就醒来了,作为一家互联网公司的 CEO,他每天的行程异常紧张:上午要与三家企业洽谈合作,下午要与各个部门开会讨论,中午只有一个小时的时间,助理还给他安排了饭局。

"这个行业个个都是工作狂,休息放松的时间很少,一直在拼搏,不敢有丝毫松懈。"如此忙碌的工作使得陈先生很少能顾及家里的事情,他太太还不时在微信上咨询他下个月旅行计划的建议,要带上两个孩子出趟远门,这让他感到格外头疼,特别是在出入机场的时候。

其实这些问题在中信银行私人银行看来都不是什么问题,中信银行私人银行针对行内超高净值客户推出"钻石管家"专属服务,可以实现零时差及时响应,7×24 小时无间断。不管客户人在境内境外,都可在有需要时 3 分钟内得到钻石管家的回应,这是一次极致客户服务体验的创新。

陈先生在微信上提醒太太联系中信银行"钻石管家"团队,钻石管家线上团队和线下供应商及时响应、互相协同,为陈先生全家制订了接送机、旅游线路定制等全程计划,同时还为他们提供了健康管理服务,在关爱客户的同时也帮客户节省不少的时间和精力。

随着财富积累和超高净值人群所处生命周期阶段的变化,私人银行客户的需求,不再局限于财富的保值增值和财富传承,他们更加注重一些非金融领域的综合服务。针对这种新的需求变化,2017 年 6 月,中信银行私人银行推出"钻石管家"服务,以主动探索高端客户需求为导向,通过一对一专属服务模式,以管家般的服务姿态,为客户提供多元化的服务渠道,定制个性化的服务。中信银行 95558 客服中心总经理助理卢燕介绍,钻石管家是一种主动服务模式的借鉴,其背后是私人银行强大的资源整合能力和系统支撑,树立了高端客户服务行业标杆。

24 小时、真实身份、专属管家,3 分钟内回应客户请求,无论什么情况用最大能力帮助客户实现需求,这就是钻石管家。更重要的是,钻石管家会主动发现客户的需求,想客

之所想，做客户所想做，让客户无论身处何地，都像有一个贴心管家随时在身边，帮客户解决困难。

卢燕介绍，不是随便一个人就能做钻石管家，除了不一样的激励方式，钻石管家在选人、育人、用人、留人上，自有一套体系。钻石管家岗位的特殊性也代表着，她们有不一样的培训体系，能够学习到一些别的岗位学不到的技能，还有机会出差到全国其他分行，与其他呼叫中心交流工作心得。

未来，私人银行将钻石管家这种主动服务模式进行延展，计划推出"钻石助理"服务，争取今年覆盖全部私行客户。私人银行为钻石管家的服务策略提供了大数据分析和运用，在维护客户隐私的前提下，通过更精准的客户需求标签，更完整的客户画像，更丰富的场景，为客户提供细致的服务。

打通储蓄卡和信用卡的权益平台，也是近期重要的工作。私人银行的工作就是要整合资源与服务，一方面，部分私行客户同时也是信用卡高端客户，平台的打通有利于资源整合和客户体验；另一方面，信用卡的客户服务在其生命周期里是一个必要的环节，客户喜欢在什么场所消费，消费哪些商品等交易属性可以为私行客户服务提供更好的数据分析和支撑。

资料来源：这家银行打造的极致服务体验，背后到底是什么？，2019-04-17，https://www.sohu.com/a/308753270_660486。

> **❓ 营销思考**
> 站在客户的角度考虑，各类金融机构如何提升服务质量？

服务营销理论于20世纪60年代兴起于西方，80年代进入高潮。服务营销学是市场营销运用于服务行业后，进行适应性的蜕变或变革的必然结果。金融服务营销有别于有形产品及一般服务营销，在中国，在金融服务营销尚未提出之时，人们普遍认为已有的营销概念与策略足以指导一切产品的营销工作，然而，对于这样一个特殊的服务行业而言，事实并非如此，金融服务营销活动的主体、表现形式及实现方式都有其自身的特点。分析金融服务营销的特征及提供有针对性的营销策略可以帮助金融机构在竞争中取得优势。

## 10.1　金融服务营销策略概述

💡 服务营销组合7P是指什么？

服务营销从理论上分析并解释服务活动的本质与特征，比较了解服务产品与实体产品的差异,提出了许多新的营销理念。人们常常将金融产品或金融服务混为一谈,但本质上金融就是服务,因此,从事金融营销,仅仅了解市场营销理论还不够,还需要进一步掌握服务营销的理论知识。

### 10.1.1　金融服务营销的内涵与特点

1960年,"AMA"最先给服务定义为"用于出售或者是同产品连在一起出售的活动、利益或满足感"。金融服务营销(financial services marketing)是指金融机构以满足客户需求为导向,以服务为手段将金融产品销售给客户的各种经营活动。金融服务营销是一个大的范畴,贯穿于产品形成、营销、业务运行、内部组织和管理等多个方面。在金融服务营销中,服务一般也被认为是金融产品的一种,它以无形的状态存在于有形产品的营销过程中,并延伸到有形产品的生命之外,成为一个连续的、循环的价值链。因此,金融机构对服务营销的重视程度高于产品营销,产品营销蕴含于服务营销,服务被看作产品营销的一个总的运行环境。

金融机构引入服务营销是从1977年花旗银行副总裁发表《从产品营销中解脱出来》这篇文章开始的。其后,花旗银行率先对服务在银行中的应用进行了实践,并且在营销上屡创佳绩。金融机构营销是通过研究确定客户的金融需要,规划新的服务或改善原有的服务,来满足不同客户的需求,整个过程包括金融产品的设计、制作、服务、组织、控制、信息反馈等活动。由于金融服务营销是服务营销的一个分支,而服务营销脱胎于有形商品的市场营销,因此,金融服务具有以下特点。

(1) 无形性(intangibility)。同其他行业的服务一样,金融机构的服务是无形的,只有在和金融产品共同运行时才表现为有形,如为客户提供眼镜布、茶水等,这种有形只是服务的一个表象和寄托。

(2) 异质性(heterogeneity)。与金融产品的同质性相悖,金融服务具有典型的异质性。在市场经济下,金融服务以客户为中心、以效益为前提的,它强调客户要为金融机构带来利润,金融机构的服务要与客户盈利能力的大小相对应,所以要根据客户产生利润的大小提供不同的服务。服务的异质性也叫差异性,表现为服务内容和服务形式的差异。

(3) 不可分性(inseparability)。服务的生产与消费同时进行,生产过程与消费过程紧密相连。顾客只有参与生产才能接受或享用服务,而服务出售者同一时间只能在一个地点提供直接服务,因此服务难以进行大规模生产。这促使服务企业更多地从客户关系的角度,在与顾客接触"真实的瞬间"提高服务质量。

(4) 易逝性(perishability)。服务的无形性及其生产与消费同时进行的特性,决定了服务不能生产后储存备用,消费者也无法购后储存。许多服务价值若不及时利用,就会"过期作废",不能退货或转售,不能申请专利。因此,为了提高服务生产能力的利用率,需要对服务供需进行管理。

### 10.1.2 服务营销对策

上述服务产品的四大特征可以简单归纳为:摸不着、分不开、难同质、无储备。这些特性带来了特定的营销问题,需要用特定的策略去解决。

**1. 无形性问题的对策**

在超市里,顾客可以拿两种不同品牌的酸奶对比,了解其成分、分量、阅读其标签,比较其价格,在饮用之前对广告宣传的信息加以对照验证。可是,顾客要对尚未去过的两处跟团旅游项目做出选择就没有那么简单了,对于那里的生态环境、气候、安全、服务品质,甚至与其他同行游客的契合,顾客能预期什么呢?这就是服务产品无形式给顾客带来的在选购产品时的困惑,进而导致放弃购买。解决这个问题的主要对策如下。

(1) 使之可触摸。

尽量使不可触知的无形变为可触知的有形展示,以信用卡为例,一张小小的长方形塑料卡片,印上表现卡片特性的漂亮图片,客户持有它就使得发卡金融机构的信用卡服务变得可视、可触摸。这种有形化带来的好处是,更利于宣传品牌、扩大信用卡发行量;把销售者(发卡银行)与服务者(零售商)分开。

(2) 树立良好口碑。

口碑传播在购买服务中起着重要作用。在普通大众心目中,口碑传播比其他信息来源更具有信誉。因此,服务要善于创建和利用口碑传播,服务的最佳推广者是那些向周围人推荐自己喜欢的服务产品的顾客,许多顾客将"慕名而来"。

(3) 建立信任。

服务组织的声誉和形象是服务购买者决策的关键因素。声誉和形象的作用是建立人们对服务的信任,比如银行靠雄伟坚固的建筑物传达自信可靠的信息,一线服务人员的能力也非常重要,他们的形象常常就是服务企业或服务产品给顾客的"第一印象"。

**2. 不可分性问题的对策**

有形产品的消费者在决定是否购买时,只需注重评价其性能特征,无需考虑其生产过程。生产者与消费者之间无需对话,更不必接触。而服务的购买则不然,消费者会试图了解服务主体的个人或集体情况(态度、能力、专业化水平等)。在外科手术室里,病人得知自己的主刀医生被调换后,其反应通常是非常强烈的。此外,服务的规模效益较低。一位医生无论他是否出名,每天可以接受就诊的患者数量总是有限的,想要扩大规模非常困难。要克服服务产品生产和消费不可分的局限,通常的措施有如下几种。

(1) 鼓励顾客积极介入服务。

例如在餐厅里,教会顾客怎样做到擅于点菜;在理发店,引导顾客说清楚自己喜欢某种发型的意思;在培训课上,启发学员的学习热情和积极性;在医院,鼓励病人配合医生的诊断,准确描述自己的病情。总而言之,服务质量不仅取决于服务提供者,还取决于顾客的态度、动机和经验。

(2) 设法延长服务半径。

但凡需要与顾客直接接触的服务都受地域的限制，一家银行、券商或保险公司的营业网点都只能服务一个有限的区域。如果服务半径过大，或者客户要承担较高的交通成本，或者对提供服务者的往返移动造成许多不便，尤其是需要携带很多精密仪器的时间就更困难。

解决地域限制的办法就是在若干地方开办网点分店。另外，随着通信网络技术的发展，极大地扩展了客户直接接触服务的经营范围，越来越多的服务可以做到远距离"面对面"地进行。

### 3. 异质性问题的对策

服务异质性产生的问题是质量难以保持和评价。无论是对不同的生产者，还是对同一生产者的不同时段，要保持服务产品质量的稳定不变是很难做到的。因为人的介入成分很大，很难保持服务质量的稳定不变。其他顾客的存在也可能影响服务的生产，只要仔细观察营业大厅、课堂教学、餐馆等场合，都可以看到顾客之间相互影响产生的效果。以营业大堂为例，柜台上有办现金业务的、有兑换货币的、有买理财产品的，这些顾客的活动状态以及彼此的相处情况，都会让他们产生不同的服务感受，而感受决定质量，因此服务质量很难保持一致。

服务异质性问题和对策表如表 10-1 所示。

表 10-1　服务异质性问题和对策表

| 潜在的问题 | 主要应对措施 |
| --- | --- |
| 服务在于提供一种活动 | 控制生产过程，制定一定的标准 |
| 消费与生产同步同时 | 将服务分解为若干部分并加以简化 |
| 对服务质量的感受具有主观性 | 降低一些服务部分的职业性要求 |
| 对生产过程的控制能力取决于对服务性质的了解和经验积累 | 对人员的筛选、培训和激励进行投资 |
| 服务的可变性加大了其质量评价的风险 | 用机械替代人工 |

### 4. 易逝性问题的对策

服务产品是在生产中被消费的，其消费时间是有限的，如果不在有效时间内消费，就会不可弥补地失去。例如，节目演出时剧场的空座位、未成行的旅游项目等，这些都是无法挽回的没有被消费的产品，顾客不能为将来消费购买并"储存起来"。

服务企业在需求稳定或者需求走势可以预料的时候，服务产品的这种不可储存性并不重要。但是，在需求波动严重且难以预料时，这一问题就会凸显。

服务易逝性问题和对策表如表 10-2 所示。

表 10-2　服务易逝性问题和对策表

| 潜在的问题 | 应对的措施 |
| --- | --- |
| (1) 企业若不在生产时销售就会失去服务的收益，而消费者对此并不关心；<br>(2) 只有几秒钟，服务的概念就会留在记忆里；<br>(3) 在服务供不应求时，消费者才意识到服务没有库存的特点，被迫排队等候 | (1) 预定系统；<br>(2) 通过刺激手段调节需求流量；<br>(3) 补充服务；<br>(4) 人员的弹性；<br>(5) 自助；<br>(6) 只提供服务的主要内容；<br>(7) 引导需求（如高峰时段的提醒） |

对易逝性问题进行管理的目标是：(1)设法让生产能力尽量具有弹性，在设施和人力资源上加以调节而不影响服务质量；(2)设法削减高峰期、提高低谷期的需求量，使需求总体上尽可能稳定均衡地在各个时段。

相应的措施主要有：(1)建设预定系统，尽量监控需求流量；(2)在需求下降时期设法刺激需求增长；(3)当顾客在等候主要服务的时候，提供补充服务，使其不因丧失耐心而离去，例如在等候用餐时，餐馆给客人送开胃小菜；(4)服务人员的弹性工作制，根据需求情况决定工作时间的延长或缩短；(5)需求高峰期只提供服务的主要部分；(6)让顾客动手"自助"。

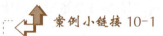 案例小链接 10-1

### 首家无人银行网点亮相上海　提供个性化服务

2018年4月，位于九江路"银行一条街"的建设银行九江路支行，将其重新改造后的一层营业网点对外开放，这里成为国内首家"无人银行"网点。

走进"无人银行"，机器人大堂经理会迎上来，通过自然语言与客户交流互动，引导客户进入不同服务区域。从机器人取代大堂经理开始，无人银行便显示出与普通银行网点自助终端的区别：无人银行中不仅有大量智能化自助终端，还通过技术与理念创新，将银行各环节的智能服务串联起来，实现整个网点无人化。

林立的高低柜台、忙碌的工作人员、拥挤的排队人群已成为过去式，取而代之的是智慧柜员机、VTM机、外汇兑换机以及AR、VR等互动体验区，各种自助机具承担了90%以上传统网点的现金及非现金各项业务，对于VIP客户的复杂业务还专门开辟私密性很强的空间，可在这里通过远程视频专家系统由专属客户经理一对一服务。据介绍，目前这家无人银行网点依然会有人在，比如平时会安排保安值班，顾客在智能终端上开卡、汇款时，出于安全风险考虑，也会安排工作人员现场服务。

目前银行业务还难以实现百分之百无人化，但无人银行为银行网点转型打开想象空间。机器人大堂经理介绍："无人银行内有约5万多册图书供到店客户免费阅读；前沿的VR、AR元素游戏可供客户畅享，完成游戏体验还会获得各具特色的小礼物；办理相关金融业务可在自助售货机上领取免费饮品……"

建行相关负责人介绍,无人银行背后其实是"有人服务",过去集中在前台的服务人员变成后台技术开发和远程服务团队,完善的后台系统和"以客户为中心"的理念,支撑客户在无人银行中享受全程智能化服务。无人银行和网点智能化改造,让更多人力从程式化的岗位上解放出来,集中资源,为客户提供个性化服务。

资料来源:首家无人银行网点亮相上海　集中资源提供个性化服务,2018-04-10,http://finance.sina.com.cn/money/bank/bank_hydt/2018-04-10/doc-ifyvtmxe8163550.shtml。

**? 营销思考**

科技发展如何推动金融服务营销创新?请举例说明。

## 10.1.3　服务营销要素

20世纪80年代初,BOOMS和BITNER将原传统理论的营销组合4Ps加入了服务营销概念,服务营销3Ps为:人员(people)、有形展示(physical evidence)、过程(process)。在制订营销战略时,营销人员需要熟悉各个要素并结合实际情况认真分析,确定各个要素之间的联系及如何有效运行,制定确切营销方案。扩展之后的服务营销要素"7P"的结构图可以用图10-1表示。

(1) 人员要素。

人员(people)是指参与服务提供并影响感觉的全体员工、顾客以及服务环境中的其他顾客。在服务企业担任生产或操作性角色的人,在顾客看来其实就是服务产品的一部分,其贡献也和其他销售人员相同。大多数服务企业的特点是操作人员可能担任服务表现和服务销售的双重工作。因此,市场营销管理必须和作业管理者协调合作。金融企业工作人员的任务极为重要,尤其是那些经验"高度接触"的服务业务的企业。所以,市场营销管理者还必须重视雇佣人员的筛选、训练、激励和控制。

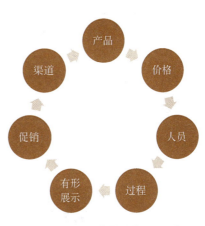

图10-1　服务营销组合7P要素

此外,对某些服务业务而言,顾客和顾客之间的关系也应引起重视。因为,一位顾客对一项服务产品质量的认知,很可能是受到其他顾客的影响。在这种情况下,管理者应面对的问题,是在顾客与顾客之间相互影响方面的质量控制。

(2) 有形展示要素。

有形展示(physical evidence)是指服务环境、顾客与员工相互接触的场所,以及任何便于服务履行和沟通的有形要素。有形展示会影响消费者和客户对一家服务企业的评价,具体包括的要素有:实体环境(装潢、颜色、陈设、声音)以及服务提供时所需要的装备实物(比如汽车租赁公司所需要的汽车),还有其他的实体性线索,如航空公司所使用的标志或干洗店将洗好衣物上加上的"包装"。

(3) 过程要素。

过程(process)是指服务提供的实际程序、机制和作业流,即服务的提供和运作系统。人的行为在服务企业很重要,而过程(即服务的递送过程)也同样重要。表情愉悦、专注和关切的工作人员,可以减轻顾客必须排队等待服务的不耐烦的感觉,或者平息顾客在技术上出问题时的怨言或不满。整个体系的运作政策和程序方法的采用、服务供应中机械化程度、员工裁断权的适用范围、顾客参与服务操作过程的程度、咨询与服务的流动、定约与等待制度等,都是市场营销管理者要特别注意的事情。

与服务营销特征相关的"3P"营销要素,对于金融服务营销是非常重要的,其意义在于:可以使金融机构摆脱产品同质化竞争,使客户对金融机构或产品的满意度提高,稳定员工队伍,建立良好的企业文化。

## 10.2 银行服务营销

> 不同角色的银行营销人员,他们各自的营销流程是怎样的?

### 10.2.1 银行营销人员的构成

银行营业部营销人员构成图如图 10-2 所示。

图 10-2 银行营销人员构成

(1) 银行客户经理。

银行客户经理是指在银行内从事市场分析、客户关系管理、营销服务方案策划与实施,并直接服务于客户的专业技术人员。工作主要是以客户为中心,处理客户存贷款及其他中间业务,并负责维护客户关系。

(2) 银行大堂经理。

银行大堂经理是指在银行营业网点内,以流动形式,采用主动引导方式来分流客户,为客户提供咨询指引、金融服务并进行营销宣传的银行工作人员。

(3) 银行柜员。

银行柜员一般指在银行的综合柜台里直接跟顾客接触的银行员工。银行柜员在最前线工作，负责柜面基本业务操作，提供查询和咨询等业务。

(4) 银行理财经理。

银行理财是指银行内具备相应任职资格和能力，从事银行个人客户关系管理、营销方案的策划和实施，为个人客户提供各种财务分析、规划和投资建议，进行个人金融产品营销、提供金融咨询和理财服务的营销人员。

### 10.2.2 银行服务营销策略

#### 1. 银行客户经理的服务营销技巧

银行客户经理的服务营销流程如图10-3所示。

图10-3 银行客户经理营销流程

(1) 销售准备。

作为一名银行客户经理，应深入了解产品、熟悉产品功能、了解目标客户、了解同类产品，并相信自己的产品。经验证明，营销人员对产品的态度可以影响顾客的选择，客户经理要提高销售成功率，就要对自己的产品充满信心，坚信自己的产品会给客户带来收益，营销人员的行动会无形中影响到顾客。

(2) 寻找客户。

银行拥有大量的个人客户，客户经理从海量的客户中缩小范围，准确地找到目标客户并获得客户信息，显得尤为重要。客户经理可以通过业务系统，自动检索客户，明确客户群，同时通过业务间联动，比如高低柜业务的互动、公私业务的联动、信贷业务客户的挖掘等，判断其成为目标客户的可能性。高低柜联动是指高柜人员在为客户办理业务的过程中发现潜在的高价值客户时，及时将客户介绍给营业网点的客户经理。公私联动是指公司客户经理在与公司客户办理业务的过程中，获取公司客户的个人理财需求，并把有潜力的客户介绍给个人客户经理。

(3) 了解客户需求。

客户需要什么，这是营销人员最关心的问题，如果我们的产品很好，但是客户并不需要，那么再优秀的营销人员也无法完成销售任务。因此，在寻找到潜在客户后，需要认真分析客户需求，包括：了解客户性格、分析风险态度、评估承受能力、掌握其购买心理。

(4) 提出销售建议。

在充分了解客户需求后，客户经理自信、细心、稳妥地引导客户，挖掘彼此潜能，站在客户立场设想问题，针对不同顾客的实际情况，有针对性地说服客户购买产品，与同行同类产品比较分析，突出自己产品的优势。

(5) 异议处理。

顾客异议又叫推销障碍,是指顾客针对推销人员及其在推销中的各种活动所做出的一种反应,是顾客对推销品、推销人员、推销方式和交易条件发出的怀疑、抱怨,提出的否定或反对意见。在实际推销过程中,推销人员会经常遇到:"对不起,我很忙""对不起,我没时间""对不起,我没兴趣""价格太贵了""质量能保证吗?"等被顾客用来作为拒绝购买推销品的问题,这就是顾客异议。

对销售而言,可怕的不是异议而是没有异议,不提任何意见的顾客通常是最令人头疼的顾客。因为顾客的异议具有两面性:既是成交障碍,也是成交信号。我国一句经商格言"褒贬是买主、无声是闲人",说的就是这个道理,有异议表明顾客对产品感兴趣,有异议意味着有成交的希望。客户经理通过对顾客异议的分析可以了解对方的心理,知道他为何不买,从而按病施方,对症下药,而对顾客异议的满意答复,则有助于交易的成功。

(6) 售后服务。

产品和售后服务是密不可分的,周密而尽心的售后服务,不但能够给我们的客户送去银行产品,还能送去真诚与温暖,从而把客户变成忠实客户。真正的销售永远不会结束,它是一个循环,成交并不是销售的终点。要及时处理客户投诉,客户的投诉一方面说明服务和产品出现了问题,另一方面对客户投诉的处理常常能化危机为机会,最后达到提升客户满意度的效果。在处理投诉时,要考虑到银行的经济利益、社会效益和企业形象。不仅要以理服人,做到有理有据有节,还应当设身处地为客户考虑。

2. 银行大堂经理的服务营销技巧

银行大堂经理的服务营销流程如图 10-4 所示。

图 10-4　银行大堂经理营销流程

(1) 工作准备。

大堂经理要求统一着装,举止得体,仪态大方;熟悉银行产品或服务的相关知识,掌握各项业务的操作流程;确认文件夹里的各种凭条、客户信息采集卡、名片、银行产品或服务的宣传资料等准备充分。同时确保营业网点内部环境清洁、物品摆放符合规范;测试大堂内各服务系统运作情况正常,客户填写台的各种凭条申请表准备齐全充足;客户等候区的宣传材料供应齐全,数量充足,做好准备笑迎客户。

(2) 迎接客户。

大堂经理要保持恰当的站位,营业开门时应站立营业厅入口处醒目位置;对进入营业网点的客户面带微笑,并第一时间上前询问。要耐心、细致地为客户提供咨询服务,注意语气与措辞。

（3）引导分流。

客户进门时，根据客户的衣着、气质、谈吐等进行观察，但切忌以貌取人，询问客户办理的业务。客户咨询时，当询问某种产品购买流程或某种业务办理程序时，大堂经理应主动开展服务营销。

（4）业务营销。

大堂经理通过问候、询问，识别客户类型，了解客户金融需求，向其营销银行产品或服务，但切忌强行向客户推荐产品或服务。

（5）投诉处理。

大堂经理要始终保持冷静，能够大度、友善地调整自我心态，耐心聆听客户投诉，迅速、果断地将投诉客户引导离开事发区域，到一个相对独立和安静的区域进行处理，以避免其他在场客户由于不了解事情缘由而误解，并适时安排主管人员接洽，以示对客户的重视。

（6）跟踪维护。

大堂经理要与客户保持密切联系，定期向客户发放客户满意调查表，不失时机地向客户发放银行产品或服务的宣传资料，抓住有利时机向客户进行业务营销，以开发客户资源，提升营销业绩。

### 3. 银行柜员的服务营销技巧

银行柜员服务营销流程如图 10-5 所示。

图 10-5 银行柜员营销流程

（1）迎接客户。柜员对办理业务的客户要做到礼貌热情地接待，主动打招呼，微笑迎接。

（2）掌握信息。柜员通过对客户年龄、衣着打扮、言谈举止等的观察，以及与客户时掌握的基本信息、理财能力和意愿，结合客户提交的相关证件和银行卡信息，掌握客户的基本财务状况。

（3）挖掘需求。当客户有大额活期存款，提取大笔资金或定期转存，观看宣传资料主动询问时等，柜员要把握时机，主动开展营销活动。

（4）主动营销。对于银行产品或服务不了解的，柜员应具体解释产品或服务的特点和优点，重点介绍与客户当前办理的业务相比能给客户带来的利益和便捷性。而对于银行产品或服务了解、但心存疑虑的客户，柜员要了解客户疑虑，重点帮客户解决疑虑，进行有针对性的宣传和推广。

（5）促成合作。促成合作时间包括：当客户对银行产品或服务介绍较为满意时，当客户了解其他客户购买情况时和当客户了解办理业务所需的相关细节时。

（6）礼貌送客。柜员办理完业务后，将证件、单据双手递交客户，礼貌道别。同时，还要能及时抓住最后的有利时机，向客户推荐满足其金融需求的银行产品或服务。

**4. 银行理财经理的服务营销技巧**

银行理财经理服务营销流程如图 10-6 所示。

图 10-6　银行理财经理营销流程

（1）客户定位。这里的目标优质客户一般指具有较稳定的职业，拥有较高学历和收入的人群。

（2）寻找开发。开发途径包括：理财经理个人现有关系网、银行内部相关部门已开发的客户资源、与银行有合作关系或业务往来的单位以及其客户转介绍等。开发时机包括银行推出新产品或服务时或市场发生重大变化时。

（3）跟踪筛选。理财经理通过多种渠道和方式收集客户信息，并及时对信息进行分析整理，根据客户对银行的贡献程度和客户自身的发展潜力筛选出准优质客户，尽可能多地了解准优质客户的金融需求，为客户开发找准切入点。

（4）发展转换。理财经理通过各种方式对准优质客户开展服务营销工作，加深客户对银行产品或服务的认识与了解，取得客户认同，获得客户信任，为使准优质客户向潜在优质客户或现在优质客户发展打下基础。

## 10.3　证券服务营销

证券公司是专门从事有价证券买卖的法人企业，具有证券交易所会员资格，专门从事承销发行、自营买卖、代理买卖证券业用。证券公司的功能可分为：证券经纪商、证券自营商、证券承销商。证券公司作为证券经纪商，从事经纪业务，即接受投资人的委托、代为买卖证券。

> 证券服务营销策略包括哪些？

### 10.3.1　证券营销人员构成

证券公司的经纪业务分为零售业务和机构业务，零售业务是指管理全国营业部的部门，机构业务是指统管机构客户的部门。目前来看，经纪业务的净利润占券商整体盈利的 90%，是券商利润最稳定、最主要来源。营业部的营销人员从事的经纪业务是证券公司的最大利润来源,所以对证券公司来说,营销人员招聘、培训是非常重要的。证券营销人员直接面对客户,人数众多,工作压力大。

证券公司营业部营销人员的构成如图 10-7 所示。

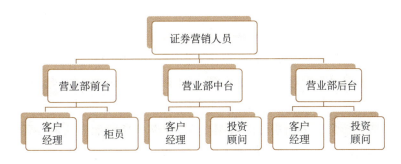

图 10-7　证券营销人员构成

(1) 证券客户经理。

证券客户经理是指从事客户招揽和客户服务等活动的证券公司营销人员,其主要职能是开发和招揽客户、向客户进行理财产品销售等。

(2) 证券前台柜员。

证券前台柜台是指负责营业部前台客户开户、委托交易、资金存取以及交易清算等业务复核的证券营销人员。

(3) 投资顾问。

投资顾客是指在授权的范围内,负责产品及账户的投资组合管理,完成投资任务指标。并负责证券、期货投资分析与研究,根据研究结果提出可行的投资策略和投资计划的证券营销人员。

### 10.3.2　证券服务营销策略

证券类产品是指股票、债券、基金等有价证券,金融衍生产品,以及基于上述产品的投资组合,还有与证券投资有关的理财产品。证券服务包括证券营销人员向客户介绍证券基础知识、为客户开户、提供买卖投资资讯、让客户认识投资风险,等等。

#### 1. 了解证券产品

证券产品的特点,了解各类证券产品,证券产品通常有以下特点。

(1) 收益性。收益性是指投资于证券产品可能得到的收益,收益又分成两类,第一类来自股份公司,第二类来自股票流通。比如:股票的收益主要来源于股息收入、红利和投资者在二级市场上买卖的资本利得。债券的收益主要源于利息收入和债券在市场上转让的价差收入。

(2) 风险性。风险性是指投资者购买证券产品面临预期收益的不确定性,其表现是预期收益不能实现,甚至亏损的可能性。比如:投资股票的风险,取决于股份公司的盈利情况,还取决于宏观经济状况、政治局势等因素,这些因素导致股票价格下跌,投资者将会遭受损失。

(3) 流动性。流动性是指投资者可以在市场上卖出,取得现金。债券持有人可以在市场上转让而取得现金。

#### 2. 分析客户差异

证券营销人员,在为客户推介证券产品前,根据客户的风险承受能力和投资偏好,对客户进行分类,不同类型的客户对证券产品的需求是有很大差异的。根据客户风险承受能力和投资偏好,可以将客户分为保守型、稳健型和积极型。一般来说,保守型客户不愿意承担风险,稳健型客户愿意承担一定的风险,积极型客户的风险承受能力较强。客户经理应该根据客户的不同风险承受能力,为客户推荐投资产品,保证客户利益最大化。

#### 3. 为客户推介证券产品

营销人员在为客户推荐证券产品时,需要注意以下技巧。

(1) 简洁明了推介产品,尽可能少用一些专业术语,注意不要滔滔不绝只顾说自己,不顾及客户是否理解。

(2) 运用视觉材料推介产品,有助于客户形象地了解所能得到的好处。

(3) 列举成功案例推介产品,有助于客户经理树立信誉。

#### 4. 证券投资风险测评

证券投资风险测评是客户经理对客户服务的一项非常重要的内容,关乎客户与公司合作的深度和广度。因为如果客户对风险没有认识,总结害怕风险,或者总是担忧买卖股票会承担损失的风险,客户就会选择其他的投资方式。

证券投资风险主要有:系统性风险,包括政策风险、周期风险、利率风险和购买力风险;非系统性风险,包括信用风险、经营风险和财务风险。对客户进行风险承受能力测评,根据风险测评结果,为客户提供与之相匹配的投资品种,这是客户经理必备的能力。

**案例小链接 10-2**

### 京东金融进军证券服务业

金融科技公司京东金融集团于 2016 年 5 月 31 日在京宣布,其依靠强大的数据能力和技术能力,推出两款服务于证券行业的最新产品:一是京东金融大数据消费指数及京东天灏投资数据平台,二是京东金融量化策略开发平台(简称"量化平台")。两款服务于证券行业的产品推出,体现了京东金融在金融科技定位下,挖掘数据价值、输出金融科技的实力。

**京东金融大数据消费指数登陆彭博全球终端**

京东金融大数据业务现推出消费指数以及京东天灏投资数据平台,其中京东金融大数据消费指数已经登陆彭博全球终端。

京东金融大数据消费指数包含家用电器、计算机、手机数码、食品饮料、酒类、服装鞋包、家居家装、珠宝首饰、母婴保健、办公设备、运动户外及个护化妆等12个大消费类行业的价格指数和销售指数。

京东金融大数据消费指数主要应用于证券投资行业,能够为证券分析和策略生产提供高质量、独家的信息,提高基本面投资的有效性。目前,京东金融已经与彭博达成合作,每个月向全球公布指数,其中家用电器、个护化妆、服装鞋包三个品类指数是免费公布,其余指数可免费试用一个月。

京东天灏投资数据平台,是京东金融与专注挖掘数据的投资公司天灏资本合作推出的。该平台为投资者提供上述12个大消费行业中68个子行业的销售和价格指数。该数据平台具有三大特点:一是连续性,每月会第一时间公布最新月度数据;二是精度高,对行业进行了深度挖掘,例如在饮料大品类,可挖掘到果汁、茶饮料、功能饮料等细分行业;三是频率快,针对价格指数,未来将从当前每月发布提高到每周发布,让指数更有预测价值。

京东金融副总裁姚乃胜表示,京东金融具备中国最大自营电商——京东商城12年积累的庞大一手数据优势,再结合京东金融所构建的大数据生态圈,包括数库、聚合数据、天灏资本等,拥有海量且安全的数据量;有了这些数据,再结合京东金融在数据清洗、分析和建模上的优势,有效挖掘这些数据的应用价值。最新发布的大数据消费指数和投资数据平台,既能为政府、学术研究、证券行业提供宏观及行业研究上的参考,又能为证券投资者提供策略因子,帮助投资者完善交易策略。

**京东金融量化平台助力投资**

京东金融当天还发布了京东金融量化平台,这是京东金融基于自身科技能力,所开发的第一款服务证券投资的策略生产型产品,目前是免费为证券投资方提供支持。

京东金融量化平台为投资者提供了更简单的编程语言和丰富可靠的数据,降低了投资人使用量化工具的知识门槛,服务更多的投资人群。一方面,京东量化平台能够为各类投资者提供量化策略生产及回测服务;另一方面,京东金融自身的大数据消费指数以及数据平台的指数产品还能为量化平台提供独有的量化因子,为策略开发者提供更多的策略选择。值得关注的是,该量化平台尚未接入任何交易系统,不提供程序化交易功能,不会对市场交易秩序造成影响。

目前,京东金融量化投资大赛已经启动,感兴趣的投资者可以登录京东金融官方网站股票频道报名参加。京东金融希望通过这样的方式,收集用户对量化平台的建议,继续改进体验,同时支持市场上的量化策略爱好者和从业者,为今后孵化出优质的量化策略开发者和量化私募基金做准备。

**金融科技服务证券生态**

京东金融透露,目前,京东金融证券业务终端已率先接入纳斯达克交易所的数据,为投资者提供美股和全球 ETF 的资产选择。未来京东金融将借助纳斯达克交易数据，优化相关指数及量化工具，为投资者全球资产配置提供更多决策支持。

姚乃胜在发布会上表示，以京东金融大数据消费指数和量化平台两大类产品以及未来还会持续公布的新产品为基础，京东金融致力于完善证券投资行业的基础设施，通过技术能力连接整个证券行业的所有参与者，为买方、卖方提供技术服务、产品服务，进而融入整个证券生态之中，为证券生态的健康发展作出自己的贡献。

关于京东金融集团

京东金融集团，于 2013 年 10 月开始独立运营，定位为金融科技公司。京东金融依托京东生态平台积累的交易记录数据和信用体系，向社会各阶层提供融资贷款、理财、支付、众筹等各类金融服务。夯实金融门户基础，并依托京东众创生态圈，为创业创新者提供全产业链、一站式服务。

京东金融现已建立七大业务板块，分别是供应链金融、消费金融、众筹、财富管理、支付、保险、证券。京东金融 App，为用户提供了"一站式金融生活移动平台"，涵盖了理财加消费的金融产品。

资料来源：京东金融发布大数据新产品 打响证券服务先河，2016-06-01，https://m.sohu.com/a/78987205_335551。

**营销思考**

京东金融如何借助自身科技能力，为证券投资方提供支持？

## 10.4　保险服务营销

自 1979 年保险业恢复经营以来，我国年均保费收入增长达到 20％以上，保险行业已成为我国国民经济中发展最快的行业之一。在我国保险业高速发展的同时，保险业的销售模式也正朝着多元化的方向发展。

保险公司是依法设立的专门从事保险业务的公司，它通过向投保人收取保险费，建立保险基金，向社会提供保险保障并以此获得相应的利润。与其他公司想方设法转移、回避风险不同，保险公司本身就是以风险为经营对象。保险公司通过让全体投保人或被保险人承担损失，或由其他保险公司或再保险公司承担部分损失，来实现保险的经济补偿或经济给付，而损失的发生以及损失的大小具有不确定性和偶然性，由此决定了保险公司经营本身的风险性。

直接保险服务与间接保险服务的区别有哪些？

## 10.4.1 直接保险服务营销

直接保险服务营销,也称直销制,是指保险公司不通过保险中介对保险消费者直接提供各种保险险种的销售和服务。在我国,财险公司相当一部分业务和寿险公司的大部分业务都是通过保险业务员直接销售的途径获得的。

### 1. 直接营销的作用

(1) 降低销售成本,减少中介环节所发生的费用。

(2) 渠道扁平化,使企业尽可能地拉近与客户的距离。

(3) 可以和顾客进行双向沟通、收集市场情报、进行产品测试与消费满意调查等,能对客户要求和建议及时做出积极反馈,便于把握市场的真正需求。

(4) 根据客户需求设计相匹配的产品,尽可能地扩大客户利益。

(5) 可以省去中间环节,使客户足不出户即可以享受便捷的服务,符合效率社会的理念。

保险公司的业务人员由于工作稳定性又比较熟悉保险业务,在而有利于控制保险欺诈行为的发生,不容易发生因不保险业务而欺骗投保人的道德风险。保险公司的业务直接代表保险公司开展业务,具有较强的公司特征,优质的服务有利于保险公司树立良好的形象,增强信任感,提高顾客的忠诚度,更好地满足保户的需要,从而达到提高保险公司续保率、增加新"保单"的目的。所以,优质的服务能为保险带来销售,创造利润,是一种"双赢"策略,即顾客满意、获利。相反,低劣的服务,将严重损害保险公司的形象,流失原有顾客群,导致保户退保、断交保费、拒绝续保以及失去顾客源等一系列不良后果。

### 2. 提升保险服务质量的基本策略

就保险而言,提升保险服务质量的基本策略有两大类。

(1) 标准跟进策略。

它是指保险将自己的服务同市场上竞争对手的标准,进行对比,在比较和检验的过程中,逐步提高自身服务水平的一种策略。保险在运用此策略中,可从如下几个方面着手。

① 在营销策略方面,保险应将自身的策略与竞争者成功的策略进行比较,寻找它们的相关关系;

② 在服务经营方面,保险主要集中于从降低竞争成本和提高竞争差异化的角度,了解竞争对手的做法;

③ 在服务管理方面,保险应该根据竞争对手的做法,重新评估那些支持性职能部门对整个的作用。

(2) 蓝图技巧策略。

它是指分解组织系统和架构,鉴别顾客同服务人员接触点,并从这些接触点出发,改进保险服务质量的一种策略。从而借助流程图的方法,来分析服务传递过程的各方面,包括从前台服务到后勤服务的全过程。它通常涉及四个步骤：第一步，把服务的各项内容用流程图画出，使服务过程清楚显示；第二步，把容易导致服务失败的点找出；第三步，确立执行标准和规范；第四步，找出顾客能看见的服务展示，而每一展示将视为保险与顾客服务的接触点。

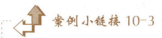案例小链接 10-3

### 保险销售人员行为须规范

近日，多个网络论坛均出现了一则名为《无良交行无证经营，挂羊头卖狗肉，坑骗客户 50 万元》的帖子。南都记者联系到了发帖人陈小密及其家属。原来在 2010 年，陈小密在交通银行中山分行为自己以及弟弟妹妹每人购买了 1 份保险，每年保险费分别为 20 万元、20 万元、10 万元。陈小密说："原来说是理财产品，后来才知道是太平洋保险；原来说 3 年缴，实际是 5 年缴"。2012 年，陈小密陆续向省市多个信访部门反映情况，广东保监局介入了调查。

**销售人员隐瞒缴费期夸大收益率**

据了解，三乡镇平南村村民陈小密与交通银行中山分行的保险纠纷至今已持续了两年多。陈小密介绍，2010 年初，她在交通银行中山支行实习，该行客户经理冯均鹏向她推荐了一款"银行理财产品"。陈小密说："冯均鹏说每年有非常高的定期利率，分 3 年存入，3 年后本金可拿回来。"2010 年 1 月，陈小密为自己和妹妹陈林果各买了 1 份，每年存入金额均为 20 万元；当年 6 月又为未成年的弟弟阿豪也买了一份，每年存入金额为 10 万元。

2011 年，陈小密到交通银行续缴费用，她说："交行的人跟我说，我买的不是银行理财产品，是太平洋保险，限缴期限为 5 年。"根据陈小密出示的太平洋保险个人长期人身保险单据，陈小密等三人所买的产品的确是红福宝两全保险（分红型）10 年期 5 年限缴。

"每年交 50 万，5 年累计 250 万，到时候也不一定能收回本金，这是一个沉重负担。"陈小密说，即便现在取出来，她也要损失约 20 万元。从 2011 年开始，陈小密没有再向交通银行续缴费用，而是向广东保监局等多部门反映情况。

**保险公司未向客户明确分红的不确定性**

2012 年 12 月 13 日，广东省保监局就陈小密反映的情况给出书面回复称，在该保险的销售实施中存在以下问题：单号为 GUZ10BEL6600724、GUZ10BEL6600784 的两份投保单所载的客户经理"冯均鹏"，当时不具备保险销售资质，而太保寿险对 2 份保单进行电话回访时未与客户确认是否知悉分红的不确定性，对保单号 GUZ10BEL6615652 的资料审核不严。

广东省保监局称，上述事项发生于 2010 年上半年，已有两年多，根据行政处罚法相关规定，属于不再予以行政处罚的情形，该局将依法采取其他监管措施处理。对陈小密所主张的退保及利息补偿的事项，该局建议陈小密与交通银行、太平洋保险协商，或按照保险合同争议解决条款处理。

**冯均鹏将客户转介绍给了有资质的人**

日前,就陈小密投诉事宜,交通银行中山分行在给南都记者的书面回复中做了解释。针对销售该保险的客户经理冯均鹏不具备保险销售资质的问题,银行解释称,冯均鹏当时与客户沟通的过程中发现客户存在保险需求后,是将客户转介绍给该行具备保险销售资质的客户经理进行销售。

**关于代签确认书**

代理保险确认书只是核对投保信息,陈小密提出:"保险业务客户确认书并不是我和妹妹签的,而是银行的员工代签的"。交通银行中山分行称,"交通银行代理保险业务客户确认书"的内容是依据客户填写的"个人人身保险投保单"进行系统录入后打印的结果,是对投保信息的再次核对,内容并不超出"个人人身保险投保单"的内容,且它的成立与否并不影响投保单的法律效力。

**资料由太平洋保险公司负责审核**

对违规向未成年人阿豪销售保险一事,交通银行中山分行称,该保单投保人是陈小密,被保险人是陈家豪,太平洋保险公司经资料审核后,同意投保人陈小密的投保申请,目前已中止合同,这与银行无关。交通银行中山分行认为,陈小密、陈林果在2010年投保的两份保险合同为有效合同。

**代理销售员无资格证书当事人可申请撤销合同**

广东中亿律师事务所陈甫书律师说,根据《中华人民共和国保险法》的相关规定,个人保险代理人、保险代理机构的代理从业人员、保险经纪人的经纪从业人员,应当具备国务院保险监督管理机构规定的条件,取得保险监督管理机构颁发的业务许可证。陈律师说:"如果销售人员没有资质,就可能影响到当事人对权利和义务的全面知悉。"陈甫书律师建议,当事人可就此向法院申请撤销保险合同。

**父母可为子女投保兄弟姐妹不能代买**

2010年6月4日,投保人陈小密为被投保人阿豪购买了红福宝两全保险(分红型)10年期5年限缴,保险费为10万元。根据该保险单,阿豪当时的年龄为17周岁。2012年12月6日,太平洋保险发布保全资料签收单,阿豪的保单退保成功。

广东中亿律师事务所陈甫书律师解释,未成年人购买保险有特殊规定,一般只有法定代表人(一般是父母)可以代为购买,姐姐显然不行。陈律师说:"非法定代表人代为购买保险,可能构成不法侵害。"

保险行业近年来一直在整改行业内的不规范问题,目的是给消费者更好的体验,但是在其中避免不了会出现一些问题,当事人在购买和选择理财产品时一定要对产品内容有详细的了解和认识,在遇到利益受侵犯时应采取法律武器保护自己。

资料来源:保险销售人员行为规范问题依然需要加强,2017-08-27,https://xuexi.huize.com/study/detal-71507.html。

> **? 营销思考**
> 请分析造成保险销售人员行为不规范的原因有哪些？如何杜绝此类不规范的行为？

### 10.4.2 间接保险服务营销

间接保险服务营销是指保险公司以合同的形式委托中介人向客户销售保险产品和服务和一种销售模式。这种间接销售模式在发达资本主义国家的保险市场已成为主流销售模式，随着我国保险市场逐步与国际接轨、保险中介市场日益扩大，间接销售发展迅速。

在我国保险市场上，保险代理人和保险经纪人就是常见的间接销售中介人。间接销售模式主要包括以下四种形式。

(1) 专业代理人销售。

专业代理人销售是指保险产品通过专业的保险代理法人机构代为销售的模式。在发达国家保险市场，专业代理机构往往掌握市场的主动权，而在我国，尽管大多数保险公司均采用了这种销售模式，但其保费占比却始终很低，专业代理不专、兼业代理准入门槛低是造成这一现状的主要原因。

(2) 兼业代理人销售。

兼业代理人销售是指保险产品通过兼业代理法人机构代为销售的模式，如银邮代理、车商代理等。兼业代理机构通过销售与其主要经营业务相关的保险产品，既为其主业增添了配套服务，增加了收益，又方便了投保人投保，拓宽了保险公司的销售渠道。在我国，这种销售模式自本世纪以来已成为保险公司快速扩张业务规模的一大法宝。

(3) 个人代理人销售。

个人代理人销售是指保险产品通过具有保险代理人资格的自然人代为销售的模式，其与保险营销机制在20世纪90年代同时引入我国。因其具有人力成本较低和人员较易掌控的特点，颇受保险公司特别是寿险公司的青睐。目前我国绝大多数的保险公司均采用了个人代理人销售模式，个人代理人每年都为我国保险业特别是寿险业带来了大量的保费收入。

(4) 专业经纪人销售。

专业经纪人销售是指保险公司通过专业的保险经纪法人机构来获得保险业务的销售模式。我国的保险公司一些业务，例如大型的工程险、团体保险业务大都是通过专业经纪人开展的。

### 10.4.3 我国保险销售中存在的问题

(1) 险种创新不足。

目前我国保险市场上销售的险种仅有几百种，这与国外保险市场相差甚远。同时，许多险种针对性和适用性都较差,条款设计缺乏严密性,不能很好地满足投保人多方面的需要,甚至成为滞销产品。近年来,各家保险公司虽然也在极力开发新险种,但从保险市场的需求来看,创新十分有限且形式较为单一,保险产品的"同构现象"非常明显。据相关资料显示,我国各家保险公司使用的险种相似率达到 90% 以上,各家保险公司的险种创新实质就是在同样的基础上不断地变着花样,这种形式不仅无法提高自身竞争优势,还导致了保险公司的"重复建设"和过度竞争,造成社会资源的严重浪费。

(2) 队伍素质不高。

当前,保险销售队伍素质不能满足保险行业转变发展方式的需要,不能适应保险消费者多样化的保险需求,是我国保险业发展中遇到的一大难题。与其他金融机构相比,保险销售人员总体素质偏低。不少保险公司对保险代理人的要求不高,大量招收没有任何风险管理知识和保险业务知识的销售人员,同时忽视对销售人员的培养和高素质人才的引进,导致在保险销售的过程中出现不少误导甚至诈骗的行为,在一定程度上损害了客户和公司的利益。

(3) 客户导向不明。

企业经营最基本的原则是满足客户的需求。在国外发达的保险市场,就不乏"客户需要什么,保险公司就为其定制什么"的保险实例,如球星为腿投保、钢琴家为手指投保等。反观我国保险业,基本还停留在以产品为导向的阶段:保险公司负责推出产品,而客户却只有对保险产品的买或不买的选择。这就是典型的保险信息不对称,导致客户对保险产品选择具有很大的盲目性。

(4) 售后服务不佳。

保险业是金融服务行业,由于保险产品具有专业性、无形性及长期性的特点,使得保险的服务属性远强于一般商品。保险服务包括售前、售中和售后服务,当前我国保险消费者最为关注和在意的就是售后服务。保险公司售后服务不佳,就无法赢得保险消费者的信任。事实上,我国保险售后服务总体远未达到客户的心理预期,如客户普遍感到的"理赔难"问题。由于保险具有投保在前、赔付在后的特殊性,大多数客户通常只有在发生保险事故后才能真正感受到保险公司的服务。现阶段社会公众的保险知识还相对薄弱,对保险原本就存在一些认识上的误区,加上保险公司在理赔环节中存在的服务人性化不足、赔付效率低、"惜赔""拖赔"等问题,加深了客户对保险服务的不满程度。

### 10.4.4 保险销售问题的解决对策

(1) 树立正确的销售观念。

一是以机制建设为基础。销售不单指卖产品,从某种意义上而言,销售是要求企业内部所有部门通力合作,保证产品从开发到销售、获利全过程的顺利完成。因此,要做好销售,为企业获取利润,就一定要用科学的方法,建立起系统的企业运行机制和销售机制。二是以产销一体化为主线。产销一体化就是指公司将保险产品、渠道、价格和销售这四个环节科学地连接起来,做到信息快速的传达,达到效率最大化。以产销一体化为公司销售的主线,有利于公司管理者保持销售策略的系统性，而不会因只重视销售过程中的某个环节而造成整体的失衡。

（2）明确合理的顾客导向。

一是发掘客户潜在需求。目前，社会公众的保险意识相对而言比较淡薄，对大多数的保险产品没有非常强烈的需求，而且保险商品一般是为人们的财产、身体（或生命）提供保障，不少人因此会对保险有所避讳。因而保险公司需要继续加大力度，从创新、宣传、服务等各环节入手，消除人们对保险的观念误区，主动发掘客户的潜在保险需求，并将其转变为现实购买力。二是加强客户双向沟通。保险公司应加强高素质销售队伍建设，培养可以和客户进行科学、合理沟通且不产生误导等的销售精英。精英队伍可以在详细说明保险产品信息的同时把保险企业的服务理念传达给消费者，让消费者真正了解保险公司的理念、产品和服务。同时，还应努力提升保险公司的服务水平，注意跟踪了解消费者对保险公司的反馈意见，及时调整和改进服务措施，做到最大程度地满足客户需求。

（3）设计科学的保险产品。

只有最能体现客户需求、最为消费者群体广泛接受的保险产品创新才是成功的创新。保险公司应该本着以客户为中心的理念，对保险市场进行细分，针对不同消费者的需求及时开发新险种投入市场。保险公司在开发、设计产品时应重点考虑到以下两个方面：一是细分要到位。保险公司针对不同的保险消费者设计相对应的险种时，要考虑到不同的人群面临的风险和处理风险的手段，在细分市场时必须明确不同群体各自的特点和区别，设计出让不同群体均能满意的产品。二是保障要全面。保障性保险产品的开发是我国保险业必须加快付诸实施的一项重大工程。保险公司应认真分析、研究保险市场需求，设计产品时尽可能考虑回归保险产品的保障功能，使设计出来的各类产品从人身、健康、医疗、养老、财产等各方面最大程度满足保险消费者更全面的保障需求。

（4）服务营销创新。

保险超市也是一种新兴、个性化的保险销售模式，在美国、日本等国家的保险市场上已成为一道独特的风景线，我国的华康、大童等先一步抢滩涉足保险超市的保险企业目前已收获颇丰。保险超市销售模式给保险销售市场带来了一丝新意，也为消费者购买保险提供了一种全新的选择，其主要形式就是保险超市代理多家保险公司的产品，在保险超市内，每位客户不仅可以根据自己的经济能力和消费偏好，像选购超市商品一样，以惬意的心情自由购买单项保险或组合保险产品，而且可以根据自己的特殊要求，让保险超市为自己量身定制个性化的保险产品。

## 本章小结

服务营销理论于20世纪60年代兴起于西方，80年代进入高潮。服务营销学是市场营销运用于服务行业后，进行适应性的蜕变或变革的必然结果。金融服务营销（financial services marketing)是指金融机构以满足客户需求为导向,以服务为手段将金融产品销售给客户的各种经营活动。

20 世纪 80 年代初,BOOMS 和 BITNER 将原传统理论的营销组合 4Ps 加入了服务营销概念,服务营销 3Ps 为:人员(people)、有形展示(physical evidence)、过程(process)。营销人员需要熟悉各个要素并结合实际情况认真分析,确定各个要素之间的联系及如何有效运行,制定确切营销方案。

银行营业部营销人员包括:银行客户经理、银行大堂经理、银行柜员、银行理财经理。证券公司的经纪业务分为零售业务和机构业务,零售业务是指管理全国营业部的部门,机构业务是指统管机构客户的部门。保险公司是依法设立的专门从事保险业务的公司,它通过向投保人收取保险费,建立保险基金,向社会提供保险保障并以此获得相应的利润。与其他公司想方设法转移、回避风险不同,保险公司本身就是以风险为经营对象。在我国保险业高速发展的同时,保险业的销售模式也正朝着多元化的方向发展。

## 关键术语(中英对照)

金融服务营销(financial services marketing)
无形性(intangibility)
异质性(heterogeneity)
不可分性(inseparability)
易逝性(perishability)
人员(people)
有形展示(physical evidence)
过程(process)

## 思考题与实践训练

1. 试归纳总结金融服务有哪些特点?就其中一个特点展开讨论,并说明其对金融服务过程中营销方式的影响。
2. 请简述目前我国金融机构服务质量的发展水平,并讨论主要的改进措施。
3. 银行客户经理、银行大堂经理、银行柜员、银行理财经理,如何分别展开营销活动?
4. 证券公司的经纪业务分为零售业务和机构业务,试分析两者在服务营销方面的异同。
5. 金融营销人员如何处理客户异议?请举例说明。
6. 我国保险销售中存在哪些问题?如何应对?

 课程互动讨论

### 奔驰女车主怒怼"金融服务费",汽车金融套路销售能走多远?

刚刚过去的周末,哭诉维权的西安女车主事件继续发酵,这次直指汽车金融领域,4S店涉嫌欺诈收取"金融服务费"。按照女车主的说法,她本可以全款购车,但在4S店中被诱导使用奔驰金融业务贷款买车,然后又在不知情的情况下通过微信转账给店内一名员工的方式支付了1.52万元"金融服务费"。

奔驰汽车金融反应迅速,立刻在14日晚间发布声明:一向尊重并依照相关法律法规开展业务运营,不向经销商及客户收取任何金融服务手续费。并且不忘表态:梅赛德斯-奔驰公开并反复地要求经销商在其独立经营的过程中要诚信守法,确保消费者的合法权益。

那奔驰公司知道"金融服务费"的存在吗?在奔驰官方网站上,金融服务栏目下提供两种金融方案,都没有提到具体的服务费用。但是点开"金融计算器",在页面最后的补充说明中有:具体的零售交易价格、产品配置及交易细节请与相关授权经销商协商确定。

有行业人士说,市场中几乎所有提供汽车金融服务的4S店都会收取"金融服务费",收取标准也没有具体规则,一般为贷款金额的2%—4%左右。越是强势品牌,豪华车型,收取的服务费越高,弱势品牌则低一些。

很多消费者本来有全款购车的意向,但是不少4S店会提供一个贷款购车更优惠的套餐,让选择相应的汽车金融产品看起来更划算。比如原价40.28万元的车型,店方给出两种方案:一是走金融贷款,优惠后的价格是29万元;二是全款支付价格是32万元。但其实加上各种捆绑服务和各种费用,贷款购车的落地价格往往就不便宜了。

消费者大多对办理车贷不熟悉,并且也嫌麻烦,很容易选择4S店提供的金融产品。而且在贴息策略下,汽车金融产品的名义利率也会比银行提供的车贷利率更优惠。只要支付购车定金,对消费者来说后面的事情就身不由己,比较被动了。中国汽车工业协会秘书长助理许海东在接受媒体采访时表示,豪华车汽车金融渗透率比例在提升,而收取贷款服务费也是经销商里的行业惯例,收取费用究竟多少也没有行业标准。

那消费者可以自己办理银行贷款,不向4S店支付"金融服务费"而贷款买车吗?理论上当然可以,但在实际当中却困难重重。有4S店工作人员私下说,"一般不允许这种,我做了这么多年都没有遇到过客户能够在外面做贷款的。"因为店家会找各种理由不配合车主提供贷款需要的资料。

现在4S店非常热衷做汽车金融,因为现在汽车销售利润非常薄,大概2%—3%,甚至就不赚钱。4S在对销售人员考核时,也不会单纯核算销量,而是把汽车金融、保险等等捆绑产品都纳入进去。一方面为了吸引客户尽量降低报价,另一方面为了自身利润捆绑各种套餐

服务,像汽车金融贷款、汽车保险、上车牌、摇号等。

在港交所上市的东正金融(港股 02718)专做豪华品牌汽车的金融服务,在招股说明书中提到:豪华品牌汽车经销商通常就转介的每笔成功贷款,向汽车金融服务提供商收取 500 元到 1 000 元的一次性费用。4S 店除了能从消费者身上赚一笔服务费,可能还会从汽车金融公司赚一笔钱,所以销售人员基本都有向用户推销汽车金融产品的任务。

"金融服务费"的流向,一部分可能是作为销售人员的抽成和 4S 店的利润。另外有经销商说,当下车企为了促进销量和旗下汽车金融业务的发展,会推出低利率,甚至"零利率"的贴息贷款方案,有的汽车厂商会要求经销商按比例共同提供贴息。"金融服务费"也有可能部分补充了贴息支出。

2018 年中国车市遭遇了 28 年来首次销量下滑,汽车金融市场仍然在高速发展,相关公司利息收入保持 50% 甚至翻倍增长。比如长城汽车(H02333),2018 年汽车销售量比上一年减少 1 万辆,但 2018 年度汽车金融业务发放贷款规模同比增长 105.76%。

面对从未有过的销售寒冬,车企可以采取直接降价的方式进行促销,也可以采取贴息鼓励办理汽车金融的方式促进销售。贴息会让消费者感觉享受实惠,利于多卖车,所以车企会赚钱,4S 店也可以钻空子收手续费赚钱,所以在这个套路中车企和 4S 店都是赢家。

但是消费者,被套路的不仅仅是额外花费的钱。使用金融贷款服务购车后,第一次还贷将发生在合同生效后的隔月。以奔驰女车主的例子,虽然所购车辆因质量问题正在投诉,但如果不按时偿还贷款,仍将被视为逾期。汽车金融公司则按照监管规定,将把逾期情况上报央行、纳入征信。

现在对 4S 店收取"金融服务费"是否违法还存在争议。有人认为只要明确告知消费者,并且收款途径合法,提供相应单据就不算违法。但从近一两年的法院判例来看,并不支持汽车经销商收取此类费用。今年 3·15 期间,合肥通源丰田汽车销售服务有限公司通过"丰田金融"按揭贷款销售汽车 100 辆,向 100 位消费者收取金融服务费总额 41.74 万元,被监管部门没收违法所得,并罚款 43 万元。

北京多个区法院也有多起判例。比如 2017 年 7 月,北京市朝阳区法院经审理后认为:宏和通达公司不属于金融机构,不具备提供金融服务的资质,实际上也没有向迟伦民提供任何金融服务,故宏和通达公司向迟伦民收取"金融服务费"没有依据……

在销量大幅下滑的情况下,汽车金融业务已经成为很多车企飞速增长的一块新业务,但再好的商业模式也无法建立在套路销售和强买强卖的基础上。

资料来源:奔驰女车主怒怼"金融服务费",汽车金融套路销售能走多远? 2019-04-16, http://www.bugutime.com/news/9541.html。

**【思考题】**

所谓"产融结合"是指产融资本一体化,即产业组织与金融组织的相互投资、共同发展。在汽车业步入新常态,结构调整和转型升级需求日益迫切的当下,深植于产业链的汽车金融所扮演的角色愈发重要,已从过往传统的供应链融资和汽车消费金融扩展开来,更多地渗透到产业链的各组成部分中。

1. 结合此案例,思考如何规范汽车金融业务的发展?
2. 金融产品及服务如何渗透到汽车产业链的其他领域,试举例说明。

# 第 V 篇

## 金融营销扩展：新市场与新领域

# 第十一章 互联网金融与营销创新

## 本章知识结构图

### 知识目标

1. 了解互联网金融的含义与特征
2. 掌握互联网金融的主要形式
3. 深刻理解互联网金融营销创新的发展特点与应用

**能力目标**

1. 厘清众筹、P2P 网贷、第三方支付、数字货币、大数据金融、信息化金融机构、金融门户的分类与特点
2. 结合金融企业实际,分析其互联网金融营销创新活动的路径

**各大银行的互联网金融之路**

一、自主发力系

银行代表:农业银行、包商银行、交通银行、工商银行。

1. 农行推掌上银行+B2B 产品

2014 年 3 月 30 日,农行重点推出最新版本的"掌上银行","掌上银行"提供移动银行、移动支付、移动商务、移动社交等应用。继掌上银行之后,农行多个 B2B 平台和产品也陆续推出。

2014 年 3 月在总行机构改革中,农行专门设立了互联网金融推进工作办公室,作为专职的战略实施推进机构。在 2015 年 3 月中旬发布的 2014 年年报中,曾主管互联网金融监管的央行副行长的农行董事长刘士余提出"努力发展农行特色的互联网金融业务"。2014 年初,农行副行长李振江曾表示,农行的互联网金融将从 O2O、B2C、B2B、数据应用、物理网点二次转型等五个领域介入。

2. 民生银行探索直销银行新经营模式

2014 年 2 月,民生银行率先推出的直销银行,提供如意宝、定活宝、民生金等门槛低、体验好的纯线上金融服务。除探索直销银行新型银行经营模式外,民生银行也持续发力移动金融,新推自助注册客户小额支付、小微客户在线贷款和续授信、信用卡在线申请以及实时购汇等手机银行特色功能。

3. 包商银行智能理财平台"小马 bank"

2014 年 6 月 19 日,包商银行独立研发的被业内誉为中国银行业第一家智能理财平台的"小马 bank"正式上线。该平台上线初期主推的重点产品包括两类:产品债券(千里马)和货币基金(马宝宝)。产品债券是指把包商银行传统的小贷业务的贷款转化成为债券在线上出售。"小马 bank"是包商银行内部 100%的全资控股子公司。

2015 年 3 月,推出不到一年的包商银行互联网金融战略遇到了变故——创业核心团队集体出走,且公司核心人员也为同一拨人,因此,中国中小企业协会从包商银行的子公司手里接过了主导权。

**4. 工行发布互联网金融品牌"e-ICBC"**

2015年3月23日上午,中国工商银行在京正式发布互联网金融平品牌"e-ICBC"及其"三大平台+三大产品线",成为国内第一家发布互联网金融品牌的商业银行。此次工行发布的互联网金融品牌包括"三大平台"和"三大产品线",其中,三大平台分别为"融e购"电商平台、"融e联"即时通信平台、"融e行"直销银行平台;三大产品线则分别为支付、融资、投资理财以及"支付+融资""线上+线下"和"渠道+实时"等多场景应用。

**5. 交通银行小微金融O2O创新产品——"好生意"**

2015年5月底,交通银行正式对外发布其小微金融O2O创新产品——"好生意"。据悉,该产品基于"互联网+"云端技术,整合软硬件平台,为小微商户提供了线上线下(O2O)一体化收单、商品管理、财务管理、理财融资等综合解决方案。

除了上述的几家银行之外,还有许多银行也推出了互联网金融产品。2014年来,互联网金融站在了风口上,各大企业各路资本纷纷进入。作为金融系不可或缺的一个分支,银行系自然不可能不加入这场战局。去年以来,各大银行纷纷制定各自的互联网金融发展战略,从手机银行、移动支付、网上银行、电子商务、微信银行到P2P、O2O、B2B等,都加大投入和创新力度,意欲打造一批竞争力强的互联网金融产品,顺应潮流的同时,不断发掘"互联网+"的"金矿"。

## 二、借船出海系

银行代表:北京银行、中国银行、兴业银行、华夏银行。

**1. 北京银行是"第一个吃螃蟹的人"**

2013年9月,北京银行成了国内"第一个吃螃蟹的人",这家银行与境外战略合作伙伴荷兰国际集团(ING)将直销银行概念引入中国,北京银行的直销银行采用的是"互联网平台+直销门店"的方式。直销银行在服务渠道上提供线上和线下融合、互通的渠道服务,线上渠道由互联网综合营销平台、网上银行、手机银行等多种电子化服务渠道构成;线下渠道采用全新理念建设便民直销门店,其中布放VTM(智能银行机)、ATM、CRS(自动存取款机)、自助缴费终端等各种自助设备以及网上银行、电话银行等多种自助操作渠道。

**2. 北京银行牵手腾讯提供百亿意向性授信**

2015年4月29日,北京银行与腾讯签署全面战略合作协议,根据协议,北京银行将向腾讯提供意向性授信100亿,双方将围绕京医通项目、第三方支付、集团现金管理、零售金融等领域开展业务合作。作为此次双方合作重点,京医通微信公众账号的开通是京医通平台首次与第三方支付平台进行对接,也被视为"互联网+医疗"的一次重要尝试。

**3. 中国银行与百度就互联网金融领域展开全面合作**

2015年6月11日,中国银行北京分行与百度金融事业部在北京签署战略合作协议,双方将发挥各自优势,在互联网金融领域展开全面合作。百度旗下的百度小贷牵手中国银行,将在"线上+线下""数据+风控""获客+资金成本"多维度展开。同时,还将面向个人消费信贷领域。根据协议,双方将围绕百度体系内企业,提供包括联盟贷在内的中小企业授信服务,并在个人消费金融服务等方面进行探索。

资料来源:各大银行的互联网金融之路,2020-01-12,http://www.hnwtv.com/shm/176280.html。

> **营销思考**
> 宏观层面,互联网金融行业的迅速崛起在搅动整个金融行业的发展,各家银行都在寻找应对互联网金融发展的对策,但从微观层面看,这种冲击对于每一个银行的影响却又是不一样的。请举例分析互联网金融发展对某家银行的具体影响。

以互联网为代表的现代信息科技,特别是移动支付、社交网络、搜索引擎和云计算等,正加速渗透到社会的各个角落,对于金融业的影响将是根本性的。它改变了金融行业竞争的规则、秩序和结构,使得广大机构和个人客户在寻求金融服务时有了空前巨大的选择空间。同时,以网上银行和第三方支付平台为代表的新金融组织正在通过新的营销技术、营销模式不断地推动着金融营销创新。

此外,我国加入WTO以后,国家逐渐放开了对外国金融机构的金融管制,大批跨国金融机构纷纷抢占中国市场,这些对于我国的金融机构来说,机遇和挑战并存。借助网络技术,制定互联网金融新时代营销战略和战术,对金融企业的发展,尤其对中小型金融企业的发展来说,意义极其重大。

互联网不会颠覆掉金融服务需求,但会颠覆金融服务机构。如何将互联网与金融营销结合,获得更好的营销效果已成为当前金融营销领域的热门问题。那么,作为未来的金融营销人员,深入学习"互联网+"营销的相关知识也就变得非常必要,如此才能紧跟"互联网+"时代,获得更好的营销业绩。

## 11.1 互联网金融的含义

> 互联网金融的特征是什么?

### 11.1.1 互联网金融的概念

互联网金融(internet finance)就是互联网技术和金融功能的有机结合,依托大数据和云计算在开放的互联网平台上形成的功能化金融业态及其服务体系。包括基于网络平台的金融市场体系、金融服务体系、金融组织体系、金融产品体系以及互联网金融监管体系等,并具有普惠金融、平台金融、信息金融和碎片金融等相异于传统金融的金融模式。

互联网金融不是互联网和金融业的简单结合,而是在实现安全、移动等网络技术水平上，被用户熟悉接受后（尤其是对电子商务的接受），自然而然为适应新的需求而产生的新模式及新业务，它是传统金融行业与互联网技术相结合的新兴领域。

### 11.1.2 整体格局与发展历程

当前互联网＋金融格局，由传统金融机构和非金融机构组成。传统金融机构主要为传统金融业务的互联网创新以及电商化创新、App软件等；非金融机构则主要是指利用互联网技术进行金融运作的电商企业、(P2P)模式的网络借贷平台，众筹模式的网络投资平台，挖财类（模式）的手机理财App（理财宝类）以及第三方支付平台等。

中国互联网金融发展历程要远短于美欧等发达经济体。截至目前，中国互联网金融大致可以分为三个发展阶段。

第一个阶段：1990—2005年前后的传统金融行业互联网化阶段；

第二个阶段：2005—2012年前后的第三方支付蓬勃发展阶段；

第三个阶段：2012—至今的互联网实质性金融业务发展阶段。

在互联网金融发展的过程中，国内互联网金融呈现出多种多样的业务模式和运行机制。

### 11.1.3 互联网金融的主要特征

（1）金融服务基于大数据的广泛应用。

数据一直是信息时代的象征，金融业是大数据的重要产生者，交易、报价、业绩报告、消费者研究报告、官方统计数据公报、调查、新闻报道无一不是数据来源，同时，金融业也高度依赖信息技术，是典型的数据驱动行业。互联网环境中，数据作为金融核心资产，将撼动传统客户关系、抵质押品在金融业务的地位。

大数据促进了高频交易、社会情绪分析和信贷风险分析等金融创新。高频交易是指交易者为获得利润，利用硬件设备和交易程序的优势，快速获取、分析、生成和发送交易指令，在短时间内多次买入卖出，且一般不持有大量未对冲的头寸过夜。社交媒体数据应用已经成为互联网商业模式的重要组成部分，金融市场的投资者将研究与应用结合起来，开始从社交媒体中提取市场情绪信息，开发交易算法。金融机构收集大量中小微企业用户日常交易行为的数据，判断其业务范畴、经营状况、信用状况、用户定位、资金需求和行业发展趋势，解决由于小微企业财务制度的不健全，无法真正了解其真实的经营状况的难题，从而降低信贷风险。

（2）服务趋于长尾化。

一直以来，"二八定律"被视作是银行经营管理的"金科玉律"，20%的客户可以掌握80%的利润，因此资源有限的高端客户成为激烈竞争的对象，"长尾"客户的资金需求无法得到满足。而互联网金融争取的更多是80%的"长尾"小微客户。这些小微客户的金融需求既小额又个性化，互联网金融服务在服务小微客户方面有着先天优势，从而代替传统金融体系解决用户个性化需求。

（3）金融服务低成本、高效率。

互联网金融的低成本特点体现在两个方面。

第一，在交易成本上，传统金融中，由于小制企业、部分个人客户等大众客户群体信用记录很少，缺乏有效的抵押品，加上交易金融小，难以实现规模经济，运营成本较高，传统金融机构无法有效满足这部分客户的金融需求，从而导致金融排斥。而互联网金融最大的优势在于其开放性和共享性，资金供求双方可以通过网络平台完成信息甄别、匹配、定价及交易等流程，减少传统中介的介入，降低了交易过程的成本。

第二，在服务成本上，互联网金融降低了小微企业的融资成本，因为可以避免开设营业网点的资金投入和运营成本，让客户以更低成本搜索比价更多优质的金融服务产品。互联网金融带来了全新的渠道，为客户提供方便、便捷高效的金融服务，极大地提高现有金融体系的效率。

### 11.1.4　互联网金融在中国的现状

中国金融业的改革是全球瞩目的大事，尤其是利率市场化、汇率市场化和金融管制的放松。而全球主要经济体每一次重要的体制变革，往往伴随着重大的金融创新。中国的金融改革，正值互联网金融潮流兴起，在传统金融部门和互联网金融的推动下，中国的金融效率、交易结构，甚至整体金融架构都将发生深刻变革。

据《中国互联网金融行业市场前瞻与投资战略规划分析报告前瞻》分析，在中国，互联网金融的发展主要是监管套利造成的。互联网金融公司没有资本的要求，也不需要接受央行的监管，这是本质原因；从技术角度来说，互联网金融虽然具有自身优势，但也要考虑合规和风险管理（风控）的问题。

从政府不断出台的金融、财税改革政策中不难看出，惠及扶持中小微企业发展已然成为主旋律，占中国企业总数98%以上的中小微企业之于中国经济发展的重要性可见一斑。而从互联网金融这种轻应用、碎片化、及时性理财的属性来看，相比传统金融机构和渠道而言，则更易受到中小微企业的青睐，也更符合其发展模式和刚性需求。

当前，以往不被重视的大量中小微企业的需求，正被拥有大量数据信息和数据分析处理能力的第三方支付机构深度聚焦。随着移动支付产品推出，这种更便携、更智慧、更具针对性的支付体验必将广泛惠及中小微商户。

## 11.2　互联网金融的主要形式

💡 互联网金融的主要形式包括哪些？

### 11.2.1 众筹

众筹(crowdfunding)即大众筹资或群众筹资,香港地区译作"群众集资",台湾译作"群众募资",具有低门槛、多样性、依靠大众力量、注重创意的特征,是指一种向群众募资,以支持发起的个人或组织的行为。一般而言是透过网络上的平台连结起赞助者与提案者。群众募资被用来支持各种活动,包含灾害重建、民间集资、竞选活动、创业募资、艺术创作、自由软件、设计发明、科学研究以及公共专案等。

众筹最初是艰难奋斗的艺术家们为创作筹措资金的一个手段,现已演变成初创企业和个人为自己的项目争取资金的一个渠道。众筹网站使任何有创意的人都能够向几乎完全陌生的人筹集资金,消除了从传统投资者和机构融资的许多障碍。众筹由以下三方面构成。

(1) 发起人:有创造能力但缺乏资金的人,或者是需要快速出售产品的人;
(2) 支持者:对筹资者的故事和回报感兴趣的,有能力支持的人;
(3) 平台:连接发起人和支持者的互联网终端。

众筹具有以下特征。

(1) 低门槛:无论身份、地位、职业、年龄、性别,只要有想法有创造能力都可以发起项目。
(2) 多样性:众筹的方向具有多样性,在国内的众筹网站上的项目类别包括设计、科技、音乐、影视、食品、漫画、出版、游戏、摄影等。
(3) 依靠大众力量:支持者通常是普通的草根民众,而非公司、企业或是风险投资人。
(4) 注重创意:发起人必须先将自己的创意(设计图、成品、策划等)达到可展示的程度,才能通过平台的审核,而不单单是一个概念或者一个点子,要有可操作性。

众筹平台所带来的优势有以下几点。

(1) 众筹平台令投资决策过程更加合理。

传统的风投项目都来自关系网推荐,或各种网站提交的资料,而众筹平台则为风投公司带来了更多的项目,也拥有更高效的机制对项目进行审核,能更快地与企业家进行沟通,令投资决策过程更加合理。

(2) 众筹平台能让尽职审查过程变得更快。

众筹平台会要求公司提供一些必要的数据,供投资者参考,帮助做出决策。标准化的项目呈现和商业计划节省了风投的时间,他们不必亲自搜索特定的信息,而这些信息往往会因格式不同,而难以查找。

(3) 众筹平台能吸引投资人的注意。

众筹平台帮助企业家了解如何准备及呈现自己的项目,从而吸引更多的投资人。众筹平台还能提升信息分享,谈判及融资的速率,像 AngelList,Fundable,Crowdfunder 和 EquityNet 这样的众筹平台,都拥有自己的技术,帮助简化融资过程。

(4) 众筹平台能用来检验产品及服务的优劣。

像 Kickstarter 这样的平台允许任何年满 18 岁的人参与,因而能让大批早期支持者帮助检验产品和服务,之后投资者可决定是否进一步参与。Oculus Rift 就是一个很好的例子,它先在众筹中成功获得了 240 万美元的资金,之后才获得了风投公司 Andreeseen Horowitz 领投的 7 500 万美元融资。

### 11.2.2　P2P 网贷

P2P 网贷(peer-to-peer lending),即点对点信贷,是指个体和个体之间通过互联网平台实现的直接借贷。通过第三方互联网平台进行资金借、贷双方的匹配,需要借贷的人群可以通过网站平台寻找到有出借能力并且愿意基于一定条件出借的人群,帮助贷款人通过和其他贷款人一起分担一笔借款额度来分散风险,也帮助借款人在充分比较的信息中选择有吸引力的利率条件。

它包括两种运营模式,第一种是纯线上模式,其特点是资金借贷活动都通过线上进行,不结合线下的审核。通常这些企业采取的审核借款人资质的措施有通过视频认证、查看银行流水账单、身份认证等。第二种是线上线下结合的模式,借款人在线上提交借款申请后,平台通过所在城市的代理商采取入户调查的方式审核借款人的资信、还款能力等情况。它的风险在如下方面。

(1) 资质风险。

网贷不同于金融机构,金融机构是"净资本"管理,无论是银行还是信托公司都要有自己的注册资本,其注册资本少则几个亿,多则十几个亿甚至几十个亿,且注册资本不是用来经营的,而是一种担保、是一种"门槛"。但由于网贷公司门槛低,政府尚没有出台指导性意见,平台软件几千到几万都可以买到,很多在民间借贷欠款很多的人,买了个平台虚拟借款人、虚拟抵押物品,以高利率吸引投资人投资。高利率一般都是年利息最少为 30%,个别平台达到了 50%—70%。

(2) 管理风险。

P2P 网络借贷看似简单,其实是一个比银行及其他金融机构都要复杂的模式。P2P 网贷属于新兴产业,是金融行业的创新模式,其发展历程不过几年,市场并没有达到成熟的地步。很多投资人及借款人都没有正确对待这种金融产品,只是冲着高收益而去,而资金需求者则奔着套现而去。作为网贷公司本身,由于开设的初衷只是为了牟利,其组织架构中缺乏专业的信贷风险管理人员,不具备贷款风险管理的知识、资质,因此很难把握和处理好平台运营过程中所出现的问题,产生大量的坏账,最终只能倒闭。

(3) 资金风险。

关注一家 P2P 网贷平台,投资人的资金流向也是至关重要的。不少网贷平台不仅没有采取第三方资金管理平台,还可以动用投资人的资金,特别是一些网贷平台老总自己从平台借款几千万,用于企业经营,达到自借自用,风险无人控制也无人承担,其背后隐藏的巨大的资金风险只能落在投资人的头上,这也是成为不少平台能出现跑路的原因。而目前最为安全的做法则是将投资人的资金置于第三方支付平台进行监管,作为平台要严控其动用投资人资金,唯有这样才能给投资人的资金增加保障。

(4) 技术风险。

信息技术的进步,常引发新的、更多形式的安全威胁手段与途径,随着网贷行业的蓬勃发展,各平台多为购买模板,在进行技术改造时不能保证完全成熟和完善,存在安全隐患,而平台老总不重视技术,宁可花费几十万搞营销也不肯重视技术,从而极大地影响计算机系统运行的稳定性。技术漏洞的存在,导致恶意攻击风险不断。如电脑黑客入侵等,攻击平台、修改投资人账户资金、虚拟充值真提现等问题开始逐步显现。特别是由于网贷属于新兴业务,相关的法律法规条文非常缺乏,黑客大肆攻击、要挟平台事件频繁出现,严重影响了平台的稳定运行。

### 11.2.3 第三方支付

第三方支付(third-party payment)狭义上是指具备一定实力和信誉保障的非银行机构,借助通信、计算机和信息安全技术,采用与各大银行签约的方式,在用户与银行支付结算系统间建立连接的电子支付模式。

根据央行 2010 年在《非金融机构支付服务管理办法》中给出的非金融机构支付服务的定义,从广义上讲第三方支付是指非金融机构作为收、付款人的支付中介所提供的网络支付、预付卡、银行卡收单以及中国人民银行确定的其他支付服务。第三方支付已不仅仅局限于最初的互联网支付,而是成为线上线下全面覆盖,应用场景更为丰富的综合支付工具。

第三方支付具有显著的特点。

(1) 第三方支付平台提供一系列的应用接口程序,将多种银行卡支付方式整合到一个界面上,负责交易结算中与银行的对接,使网上购物更加快捷、便利。消费者和商家不需要在不同的银行开设不同的账户,可以帮助消费者降低网上购物的成本,帮助商家降低运营成本;同时,还可以帮助银行节省网关开发费用,并为银行带来一定的潜在利润。

(2) 较之 SSL、SET 等支付协议,利用第三方支付平台进行支付操作更加简单而易于接受。SSL 是应用比较广泛的安全协议,在 SSL 中只需要验证商家的身份。SET 协议是发展的基于信用卡支付系统的比较成熟的技术。但在 SET 中,各方的身份都需要通过 CA 进行认证,程序复杂,手续繁多,速度慢且实现成本高。有了第三方支付平台,商家和客户之间的交涉由第三方来完成,使网上交易变得更加简单。

(3) 第三方支付平台本身依附于大型的门户网站,且以与其合作的银行的信用作为信用依托,因此第三方支付平台能够较好地突破网上交易中的信用问题,有利于推动电子商务的快速发展。

在第三方支付交易流程中,支付模式使商家看不到客户的信用卡信息,同时又避免了信用卡信息在网络上多次公开传输而导致信用卡信息被窃。以 B2C 交易为例,流程如下。

第一步,客户在电子商务网站上选购商品,最后决定购买,买卖双方在网上达成交易意向。第二步,客户选择利用第三方作为交易中介,客户用信用卡将货款划到第三方账户;第三步,第三方支付平台将客户已经付款的消息通知商家,并要求商家在规定时间内发货;第四步,商家收到通知后按照订单发货;第五步,客户收到货物并验证后通知第三方;第六步,第三方将其账户上的货款划入商家账户中,交易完成。

知识锦囊 11-1

### 第三方支付的主流品牌

中国国内的第三方支付产品主要有支付宝、微信支付、百度钱包、PayPal、中汇支付、拉卡拉、财付通、融宝、盛付通、腾付通、通联支付、易宝支付、随行付支付、中汇宝、快钱、国付宝、物流宝、网易宝、网银在线、环迅支付 IPS、汇付天下、汇聚支付、宝易互通、宝付、乐富等。

**PayPal**

PayPal 于 1998 年 12 月由 Peter Thiel 及 Max Levchin 建立,是一个总部在美国加利福尼亚州圣荷塞市的在线支付服务商。致力于提供普惠金融服务、通过技术创新与战略合作相结合,资金管理和移动创造更好的方式,转账、付款或收款提供灵活选择,帮助个人及企业参与全球经济。

**支付宝**

支付宝(中国)网络技术有限公司是国内领先的独立第三方支付平台,是由阿里巴巴集团在 2004 年 12 月创立的第三方支付平台,是阿里巴巴集团的关联公司。支付宝致力于为中国电子商务提供"简单、安全、快速"的在线支付解决方案。

**拉卡拉支付**

成立于 2005 年,专注于整合信息科技,服务线下实体,从支付切入,全维度为中小微商户的经营赋能。向客户提供支付科技、金融科技、电商科技以及信息科技服务。截至 2019 年 6 月末,拉卡拉支付覆盖商户超过 2 100 万。

**财付通**

财付通是腾讯公司于 2005 年 9 月正式推出专业在线支付平台,致力于为互联网用户和企业提供安全、便捷、专业的在线支付服务。

**Moneybookers**

2003 年 2 月 5 日,MB 成为世界上第一家被政府官方所认可的电子银行。它是英国伦敦 Gatcombe Park 风险投资公司的子公司之一,它还是英国电子货币协会 EMA 的 14 个成员之一,其外汇可以转到国内银行账户里。

> **宝付**
>
> 宝付推出的"我的支付导航"主要分个人支付导航与商户支付导航两大板块。从网上交水电煤等基本生活需要,到旅行买机票、火车票、订酒店,再到网上购物、通信充值等各种类型"日常便民服务""我的支付导航"不仅为广大个人用户提供了便利生活支付服务,也给企业商户提供行业解决方案、一站式解决方案及增值服务等产品服务。
>
> **国付宝**
>
> 国付宝信息科技有限公司(以下简称"国付宝")是商务部中国国际电子商务中心与海航商业控股有限公司合资成立,针对政府及企业的需求和电子商务的发展,精心打造的国有背景的,引入社会诚信体系的独立第三方电子支付平台,也是"金关工程"的重要组成部分。
>
> **迅银支付**
>
> 迅银支付是由国内金融、支付、科技等领域资深从业人士组成,以终端消费群体的需求为核心,其智能终端中还包括信用卡还款、话费充值,水电煤代缴等一系列便民服务,最大化地服务了消费者。除此之外,迅银支付加盟的审批也十分简单,办理较便捷,安装完即能使用。除此以外,迅银支付还拥有金融服务T+0平台、商盟生活服务平台、数据外包服务平台等。
>
> 资料来源:https://baike.baidu.com/item/第三方支付/3625139?fr=aladdin。

## 11.2.4 数字货币

除去蓬勃发展的第三方支付、P2P贷款模式、小贷模式、众筹融资、余额宝模式等形式,以比特币为代表的数字货币也开始崭露锋芒,它比其他任何互联网金融形式都更具颠覆性。数字货币(digital currency)是电子货币形式的替代货币,是一种不受管制的、数字化的货币,通常由开发者发行和管理,被特定虚拟社区的成员所接受和使用。

在2013年8月19日,德国政府正式承认比特币的合法"货币"地位,比特币可用于缴税和其他合法用途,德国也成为全球首个认可比特币的国家。这意味着比特币开始逐渐"洗白",从极客的玩物,走入大众的视线。

按照数字货币与实体经济及真实货币之间的关系,可以将其分为三类。

(1) 完全封闭的、与实体经济毫无关系且只能在特定虚拟社区内使用,如魔兽世界黄金。

(2) 可以用真实货币购买但不能兑换回真实货币,可用于购买虚拟商品和服务,如Facebook信贷。

(3) 可以按照一定的比率与真实货币进行兑换、赎回,既可以购买虚拟的商品服务,也可以购买真实的商品服务,如比特币。

数字货币具有以下特点。

(1) 交易成本低。与传统的银行转账、汇款等方式相比,数字货币交易不需要向第三方支付费用,其交易成本更低,特别是相较于向支付服务供应商提供高额手续费的跨境支付。

(2) 交易速度快。数字货币所采用的区块链技术具有去中心化的特点,不需要任何类似清算中心的中心化机构来处理数据,交易处理速度更快捷。

(3) 高度匿名性。除了实物形式的货币能够实现无中介参与的点对点交易外,数字货币相比于其他电子支付方式的优势之一就在于支持远程的点对点支付,它不需要任何可信的第三方作为中介,交易双方可以在完全陌生的情况下完成交易而无需彼此信任,因此具有更高的匿名性,能够保护交易者的隐私,但同时也给网络犯罪创造了便利,容易被洗钱和其他犯罪活动等所利用。

数字货币是一把双刃剑,一方面,其所依托的区块链技术实现了去中心化,可以用于数字货币以外的其他领域,这也是比特币受到热捧的原因之一;另一方面,如果数字货币被作为一种货币受到公众的广泛使用,则会对货币政策有效性、金融基础设施、金融市场、金融稳定等方面产生巨大影响。

(1) 对货币政策的影响。

如果数字货币被广泛接受且能发挥货币的职能,就会削弱货币政策的有效性,并给政策制定带来困难。因为数字货币发行者通常都是不受监管的第三方,货币被创造于银行体系之外,发行量完全取决于发行者的意愿,因此会使货币供应量不稳定,再加上当局无法监测数字货币的发行及流通,导致无法精准判断经济运行情况,给政策制定带来困扰,同时也会削弱政策传导和执行的有效性。

(2) 对金融基础设施的影响。

基于分布式分类账技术进行价值交换的分散机制改变了金融市场基础设施所依赖的总额和净额结算的基本设置。分布式分类账的使用也会给交易、清算和结算带来挑战,因为它促进不同市场和基础设施中传统服务供应商的非中介化。这些变革可能对零售支付体系以外的市场基础设施产生潜在影响,如大额支付体系,证券结算体系或交易数据库。

(3) 对广义金融中介和金融市场的影响。

数字货币和基于分布式分类账的技术如果被广泛使用,就会对金融体系现在的参与者特别是银行的中介作用带来挑战。银行是金融中介,履行代理监督者的职责,代表存款人对借款人进行监督。通常,银行也开展流动性和到期转换业务,实现资金从存款人到借款人的融通。如果数字货币和分布式分类账被广泛使用,任何随后的非中介化都可能对储蓄或信贷评估机制产生影响。

(4) 安全隐患与金融稳定的影响。

假定数字货币被公众所认可,其使用大幅增加并在一定程度上替代法定货币,则与数字货币有关的用户终端遭到网络攻击等负面事件会引起币值的波动,进而对金融秩序和实体经济产生影响。

### 11.2.5 大数据金融

大数据金融(big data finance)是指集合海量非结构化数据,通过对其进行实时分析,可以为互联网金融机构提供客户全方位信息,通过分析和挖掘客户的交易和消费信息掌握客户的消费习惯,并准确预测客户行为,使金融机构和金融服务平台在营销和风险控制方面有的放矢。

大数据的关键是从大量数据中快速获取有用信息的能力,或者是从大数据资产中快速变现利用的能力。因此,大数据的信息处理往往以云计算为基础。目前,大数据服务平台的运营模式可以分为以阿里小额信贷为代表的平台金融模式和京东、苏宁为代表的供应链金融模式,具体分析如下。

(1) 平台金融模式:是平台企业对其长期以来积累的大数据通过互联网、云计算等信息化方式对其数据进行专业化的挖掘和分析。譬如现在众所周知的阿里金融,以及未来可能进入这一领域的电信运营商等。

(2) 供应链金融模式:是核心龙头企业依托自身的产业优势地位,通过其对上下游企业现金流、进销存、合同订单等信息的掌控,依托自己资金平台或者合作金融机构对上下游企业提供金融服务的模式,譬如京东金融平台、华胜天成供应链金融模式等。

大数据金融模式广泛应用于电商平台,以对平台用户和供应商进行贷款融资,从中获得贷款利息以及流畅的供应链所带来的企业收益。随着大数据金融的完善,企业将更加注重用户个人的体验,进行个性化金融产品的设计。未来,大数据金融企业之间的竞争将存在于对数据的采集范围、数据真伪性的鉴别以及数据分析和个性化服务等方面。

### 11.2.6 信息化金融机构

信息化金融机构(information financial institutions),是指通过采用信息技术,对传统运营流程进行改造或重构,实现经营、管理全面电子化的银行、证券和保险等金融机构。金融信息化是金融业发展趋势之一,而信息化金融机构则是金融创新的产物。目前信息化金融机构的主要运营模式分为以下三类。

(1) 传统业务的电子化模式。

传统业务的电子化实质也是金融电子化的过程,是指金融企业采用现代通信技术、网络技术和计算机技术,提高传统金融服务行业的工作效率,降低经营成本,实现金融业务处理的自动化、业务管理的信息化以及决策的科学化,为客户提供快捷、方便的服务,达到提升市场竞争力的目的。它是一种基于传统的、封闭的金融专用计算机网络系统,其本质是行业内部管理的自动化与信息化。

(2) 基于互联网的创新金融服务模式。

金融机构信息化建设为金融服务电子化创造了条件。近年来金融机构依托云计算、移动互联等新技术加速转型，不断扩大金融服务电子化的范围及影响。金融服务电子化的变革体现在金融电子渠道对金融业务和服务的不断创新。

(3) 金融电商模式。

对于传统金融机构而言，在互联网时代充分抓住互联网带来的机会，主动拥抱互联网金融是每个机构的必然选择。这种选择体现在运营模式上的一个最大特色和共同点就是金融机构电商化的选择。他们或者自己建立电商平台，或者与其他拥有海量客户信息和渠道的互联网企业合作建设电商平台，无论采用何种模式，其目的都是获得多元化的盈利模式。

从金融整个行业来看，银行的信息化建设一直处于业内领先水平，不仅具有国际领先的金融信息技术平台，建成了由自助银行、电话银行、手机银行和网上银行构成的电子银行立体服务体系，而且以信息化的大手笔——数据集中工程在业内独领风骚，其除了基于互联网的创新金融服务之外，还形成了"门户""网银、金融产品超市、电商"的一拖三的金融电商创新服务模式。

### 11.2.7　金融门户

互联网金融门户(the internet financial portal)是指利用互联网进行金融产品的销售以及为金融产品销售提供第三方服务的平台。它的核心就是"搜索比价"的模式，采用金融产品垂直比价的方式，将各家金融机构的产品放在平台上，用户通过对比挑选合适的金融产品。这种模式不存在太多政策风险，因为其平台既不负责金融产品的实际销售，也不承担任何不良的风险，同时资金也完全不通过中间平台。

从金融产品销售产业链的层面进行分类，根据服务内容及服务方式不同，分为第三方资讯平台、垂直搜索平台以及在线金融超市三大类。

(1) 第三方资讯平台是为客户提供全面、权威的金融行业数据及行业资讯的门户网站，典型代表有网贷之家、和讯网以及网贷天眼等。

(2) 垂直搜索平台是聚焦于相关金融产品的垂直搜索门户，所谓垂直搜索是针对某一特定行业的专业化搜索，在对某类专业信息的提取、整合以及处理后反馈给客户。互联网金融垂直搜索平台通过提供信息的双向选择，从而有效地降低信息不对称程度。

(3) 在线金融超市汇聚了大量的金融产品，其在提供在线导购及购买匹配，利用互联网进行金融产品销售的基础上，还提供与之相关的第三方专业中介服务。该类门户一定程度上充当了金融中介的角色，通过提供导购及中介服务，解决服务信息不对称的问题。

## 11.3 互联网金融的营销创新

> 何为互联网金融营销?

互联网金融是我国金融业发展中的一种新业态,是不同于银行、证券、保险的一种"新型金融业务模式",是传统金融行业与互联网精神相结合的新兴领域,互联网"开放、平等、协作、分享"的精神向传统金融业态渗透。互联网金融与传统金融的区别不仅仅在于金融业务所采用的媒介上有所不同,而且在金融活动的参与者、金融活动的操作平台、金融活动的运行成本上都存在很多不同。在互联网金融的推动下,以网上银行和第三方支付平台为代表的新的金融组织正在通过新的营销技术、营销模式不断地推动着金融营销创新。

### 11.3.1 互联网金融营销的定义

互联网金融营销(internet financial marketing)是通过电子方式,营造网上经营环境,创造并交换客户所需要的金融产品,构建、维护以及发展各个方面的关系,从而获取利益的一种营销管理过程。当前互联网金融营销相关研究主要可以分为两大类别:一类是营销现状和问题总结,即讨论当前存在的问题;另一类是营销工具研究,即讨论互联网金融营销可以采用的各类手段和工具。

互联网金融营销的主体包括卖方、买方、第三方交易中介。

(1)卖方:主要是金融组织,互联网金融营销的典型卖方代表是网上银行。

(2)买方:主要是由政府、企业和消费者等对金融产品的需求者组成。

(3)第三方交易中介:主要是从事交易或者促使交易顺利完成的人或者组织的一种媒介方式,支付宝、财付通就是典型的代表。

### 11.3.2 大数据对金融营销的影响

目前大数据已经渗透到各行各业,它是一类海量数据的合集,大数据更加意味着一个崭新时代的到来,是人工智能飞速发展以及数据爆炸增长的时代。大数据不仅改变了人们的思维方式,也改变了传统的工作方式。金融营销策略的创新是伴随着时代发展方向以及发展内容含而不断地发展、变化、改革和推进的。大数据时代的到来,让信息更加多元化,而对于金融行业来说要想将金融营销与大数据技术完美融合,就要充分认识大数据的特征以及其对金融营销所带来的影响。

(1)引发了金融生态与资源配置的变化。

伴随着互联网技术的不断发展,引发了社会形态以及组合方式的巨大裂变,互联网时代更加高效、快捷和透明。在这种背景之下,便产生了互联网金融,这使得金融形态和资源配置都发生了深刻的变化。众所周知,金融行业具有天然的数据属性,随着大数据在金融行业的应用,对其创新发展、风险防控政策等都提出了新的要求,产生了新的挑战。

(2) 提高了数据的应用能力。

营销的根据在于对用户的信息的了解程度,以便能够对用户的精准程度进行判断,在不同阶段与用户进行合理的对话,提升用户的价值,最大限度地减少客户流失。大数据技术的应用,让用户的信息更加全面性,描绘用户头像,对其进行侦查营销。

大数据时代大大提高了金融行业的数据应用能力,主要表现在以下几个方面:首先,提高了数据的管理能力,金融行业所面对的数据是庞大而繁杂的,并且企业在运营过程中要不断对数据信息进行交换,不断充实自己的数据库,这就对数据的及时处理和全面分析提出了挑战;其次,增强了数据挖掘能力,大数据分析的应用,可以将无关的数据提出,减少工作量提高工作效率,并且对客户的信息挖掘更加全面;最后,提高了执行力的精准性和效率。大数据分析只能作为促进营销的一种手段,更重要的是要将其对实际相结合,将数据分析的结果转化为有效的金融营销策略和行动,定制出具体的具有差异化的营销策略并对其实施,为金融行业提高经济效益。

(3) 客户服务得以优化。

大数据背景下,金融行业对于市场动向的了解会更加具体,并且还可以从客户画像中对客户的个性特征、消费需求、消费习惯以及风险偏好进行了解,这样可以更好地了解客户的潜在需求。在此基础上,改变和创新营销策略,开发新的具有针对性的产品和服务。在日常的客户维护中,可以根据资料库中的目标客户的特征进行具体分析,根据其需求提供相应的服务,以提高服务质量。比如可以根据不同用户在企业APP或者官方网站的点击咨询不同,为其提供针对性的宣传和咨询服务,此外根据客户人群的年龄不同,给出不同的首页展示信息,而对于年龄较大的用户可以为其提供简洁化的视觉服务,以减少操作的难度,让其通俗易懂,这样的个性化的服务方式大大增加了客户的满意度和忠诚度,更加减少了客户的流失,对潜在客户群体进行培养。

### 11.3.3　互联网金融营销的发展特点

#### 1. 基于大数据的创新营销方式

(1) 采取精准人群的营销策略。

在目前的数字营销市场上,精准营销有两个流派:一个是精准媒体,另一个是精准人群。以人群为目标的精准营销,不按照人口特征去定义人群,而是通过行为去辨别什么样的人群对所营销的产品有兴趣。而根据行为可以反推人群属性(如性别、年龄和收入等)并且不断用其他的方式去验证,对准确性的量化指标进行确认。

专门做属性的传统数据公司也会对用户注册和使用等数据的产生与运算提供帮助,而互联网金融利用大数据技术可以将数据库的人群属性、维度丰富起来,与传统数据进行比对,其更为精准可靠。例如,将目标客户群的单纯数据资料以画像的形式展示出来。

(2) 采取浏览行为定向和实时投放相结合的方式。

互联网金融企业用非 Cookie 网民数据库,可以获取多家竞争理财网站的人群,以及登录过理财内容网站、搜索过指定关键词的人群。基于目标人群定位,通过动态定向技术,调取短期特定时间段内访问过竞品网站或者理财类垂直网站和最近的搜索等行为,通过搜索词和浏览数据建立用户模型,并实时优化投放。把搜索词与展示结合起来,是非常有效的方式,但目前大多数公司尚不具备这个能力,除非是在搜索引擎上进行广告投放,否则在展示广告上没有这样的机会。以浏览行为为定向和投放为基础方法,再辅以时间、地域、人群属性等其他的定向方式,也就自然达成了良好的营销效果。

(3) 进行实时动态优化,不断提升营销效果。

之前广告公司进行优化都是通过传统调研方式,一旦要调整策略,往往也要等到上一波广告执行完成之后才能进行,调整方式都是人为的,耗时长、效率低,营销效果大打折扣。而互联网金融企业利用大数据可以迅速得知什么样的关键词捆绑和浏览定向在广告投放中带来的流量最多,人群质量最高,然后,通过画像还原这部门人群,调整投放重点,甚至调整广告创意,从而使营销效果大幅度提升。

(4) 控制成本,同时提升效果和质量。

在成本方面,与在主流搜索引擎上进行广告投放的方式相比,利用大数据带来用户的单位成本低得多。另外,利用大数据筛选之后得到的用户质量,整体比之前风传统电商的数字营销公司带来的要高,得到的客户都是真实的用户,从而使得营销效果大幅上升。

### 2. 营销工具的推陈出新

互联网的普及,使得金融企业愈发重视互联网平台对于金融业务发展的巨大作用,例如,基金公司的基金产品开始在有影响力的支付(如支付宝)进行销售。互联网金融企业的营销工具不断推陈出新,从原来将独立网站作为营销平台,利用各种形式的网络广告宣传到现在利用各大社交软件(如微博、微信)来进行金融产品的营销,营销工具也越来越引人眼球。

首先,金融市场同质化竞争日趋严重,而网站成为企业提高顾客忠诚度和满意度的有力武器,是互联网与金融服务的完美结合,更是企业重要的营销平台。网站作为有效的品牌窗口,在金融组织推广自身与金融产品的过程中蕴含着巨大价值,能激发更多潜在顾客的消费投资欲望。

其次,国内金融业的传播已经从传统媒介营销的如平面媒体、广播、电视等领域等转移到互联网,开始在网络进行广告投放。网络广告形式包括展示类广告、搜索排名广告、视频广告和文字链接广告等,大多数金融机构投放网络广告集中在门户网站和财经网站。

再次,微博、微信的兴起,使得各家金融组织纷纷在各门户网站开通自己的官方微博、微信公众号,各种网络流行语信手拈来,微博和微信等网络工具开始成为新的营销方式。

最后,交互式营销成为竞争的常用工具。为了以人们乐于接受的方式推广传统的金融服务,各大金融网站不断推陈出新,充分利用互联网资源,与更多的企业跨行业运作,试图开创一种全新的网络作营销模式。

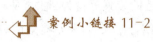

**案例小链接 11-2**

宜人贷荣获"十佳互联网金融营销创新奖"

2017 年 6 月 15 日,由《银行家》杂志主办的中国金融创新论坛暨"2017 中国金融创新奖"颁奖典礼在北京举行,该届论坛以"回归金融本源 服务实体经济"为主题,吸引众多知名专家学者就金融应如何更好地服务实体经济进行探讨。会上,宜人贷荣获"十佳互联网金融营销创新奖"。

创新,是金融科技行业不断取得突破发展的基础,作为行业的引领者,宜人贷更是将创新视为注入血脉的基因。宜人贷致力于成为一家技术驱动型公司,始终追寻利用技术创新满足用户的需求,此外,在产品和服务升级、用户获取、品牌营销等多个层面,宜人贷都坚持用创新的思维驱动发展。

在大数据精准获客上,宜人贷积极尝试深度技术与数据应用,深入挖掘数据价值,以"技术+数据"驱动提升营销效率,创造用户价值。在与腾讯的营销获客探索中,双方基于宜人贷数据建模描绘的用户画像,成功实践出有效的优质人群触达方案,成功解决了客户推广的痛点需求问题,实现了营销行为在社交场景中有效、精准地触发转化,大幅降低了营销获客成本,将有效注册用户数提升数十倍,也成功为金融科技行业的营销获客提供了借鉴。

在品牌营销领域,宜人贷旗下在线财富管理平台——宜人财富瞄准其所聚焦的大众富裕阶层,通过与马拉松赛事进行品牌合作,锁定马拉松人群,增强用户黏性,提升用户的信赖度。同时,将与目标用户相关度极高的"健康财富"功能以体验的形式进行展示,并通过线上线下联动积极推广品牌,将马拉松这一 IP 的价值发挥到了极致,成功提升了品牌形象。

"中国金融创新奖"评选活动自 2007 年起由《银行家》杂志发起,至今已成功走过 10 年。根据金融创新实践的发展变化,该奖项也在不断完善和丰富评选体系,奖项设置、评选标准与流程日臻科学;社会影响力越来越大。凭借在营销创新领域的积极探索与实践,宜人贷被"中国金融创新论坛"授予"十佳互联网金融营销创新奖",以期寄宜人贷在未来能够为行业在营销等多领域的创新注入活力,为行业的发展提供借鉴。

资料来源:宜人贷荣获"十佳互联网金融营销创新奖",2017-06-19,https://news.163.com/17/0619/15/CNA81FT1000187VG.html。

> **? 营销思考**
>
> 请列举你身边的互联网金融营销创新实例,并分析其优缺点。

### 11.3.4 互联网金融营销的创新应用

互联网金融模式下进行营销创新活动可以从以下几个方面展开。

(1) 创新金融产品。互联网金融的精神就在于重视客户体验,商业银行也要对客户体验引起重视,从客户体验的角度进行产品设计。

(2) 提升差异化营销能力。在互联网金融时代,商业银行可以考虑组建专业团队,为其定制产品来开展个性化经营。针对不同的客户群体,银行要能结合客户的贡献度,为他们提供相应的优惠政策。

(3) 应加强与客户的沟通。这就要求金融机构在着力发展网络营销这一新的营销模式之外,还要能够将网络营销与传统营销进行有机整合,充分发挥银行物理网点的优势,加快网点经营的转型发展,从而实现公司与客户的良好互动和沟通,实现公司内线上和线下的融合,提升其互联网金融营销能力。

无论是国内还是国外都拥有诸多颇为典型的创新应用案例,以下将逐举例几个标杆性案例。

(1) Kabbage 公司。

Kabbage 是一家为网店店主提供营运资金贷款服务的企业,客户是 eBay、亚马逊、雅虎、Etsy、Shopify、Magento、PayPal 上的美国网商。通过查看网店店主的销售和信用记录、顾客流量、评论以及商品价格和存货等信息,来最终确定是否为他们提供贷款以及贷多少金额,贷款金额上限为 4 万美元。店主可以主动在自己的 Kabbage 账户中添加新的信息,以增加获得贷款的概率。Kabbage 通过支付工具 PayPal 的支付 API 来为网店店主提供资金贷款,这种贷款资金到账的速度相当快,最快 10 分钟就可以搞定。

Kabbage 用于贷款判断的支撑数据的来源还来自于网上商家的自主提供,且提供的数据多少直接影响着最终的贷款情况,这样科学地运用了大数据技术,挖掘和探索虚拟经济形态下的网络和商务平台数据,高效地控制了风险,同时保障了业务的稳定拓展,目前已开拓了近万家客户,成效显著。

(2) 友邦保险。

友邦保险面对茫茫的客户名单,每个保险业务员每天拨打 200 个电话,才能找到 2—3 个意向客户的现状很苦恼,友邦保险选择使用大数据魔镜分析软件,平均每天拨打 10 个电话,就能找到一个意向客户。

作为保险公司的管理层,想要了解不同年龄阶段的人员购买不同险种的平均保费情况,如果需要查看传统的报表,需要统计:年龄阶段——平均保费、不同险种——平均保费、年龄阶段——不同阶段,三张报表,不仅费时费力,而且不够直观。而使用了大数据魔镜分析后,轻松做到了客户挖掘、精准投放、二次开发、战略指导、全民分析等多种智能分析模型,为管理层的管理决策提供了最直接的数据依据,同时易读的可视化展现带来了清晰直观的产品体验。

根据大数据时代背景下金融营销的特点,金融机构要不断创新自己的金融营销模式,将大数据技术合理运用到企业的经营和管理中,充分应用数据挖掘技术以及大数据分析工具,达到对海量数据进行精准分析的目的,并根据不同客户提供针对性的营销策略。

## 本章小结

如何将互联网与金融营销结合,获得更好的营销效果已成为当前金融营销领域的热门问题。互联网金融就是互联网技术和金融功能的有机结合,依托大数据和云计算在开放的互联网平台上形成的功能化金融业态及其服务体系。

互联网金融不是互联网和金融业的简单结合,而是在实现安全、移动等网络技术水平上,被用户熟悉接受后(尤其是对电子商务的接受),自然而然为适应新的需求而产生的新模式及新业务,它是传统金融行业与互联网技术相结合的新兴领域。互联网金融的主要形式包括:众筹、P2P网贷、第三方支付、数字货币、大数据金融、信息化金融机构、金融门户。

互联网金融营销是通过电子方式,营造网上经营环境,创造并交换客户所需要的金融产品,构建、维护以及发展各个方面的关系,从而获取利益的一种营销管理过程。当前互联网金融营销相关研究主要可以分为两大类别:一类是营销现状和问题总结,即讨论当前存在的问题;一类是营销工具研究,即讨论互联网金融营销可以采用的各类手段和工具。

## 关键术语(中英对照)

互联网金融(internet finance)

众筹(crowdfunding)

P2P网贷(peer-to-peer lending)

第三方支付(third-party payment)

数字货币(digital currency)

大数据金融(big data finance)

信息化金融机构(information financial institutions)

互联网金融门户(the internet financial portal)

互联网金融营销(internet financial marketing)

**思考题与实践训练**

1. 什么是互联网金融？互联网金融的主要特征是什么？
2. 与传统营销相比，互联网金融有什么特点与优势？
3. 互联网金融的主要形式有哪些？
4. 选择 3 家金融机构（银行、证券或保险等，但不要跨行业交叉），分别登录浏览，了解网站的各个界面及其主要内容，并比较相互的共同与不同之处。
5. 请说明 P2P 网贷的风险哪些？如何防范？
6. 国内众筹平台有哪些分类？请举例说明。
7. 请举例说明互联网金融营销创新的应用。

 **课程互动讨论**

### 微众银行：打造独具特色的互联网银行智能营销解决方案

互联网的快速发展不仅带来了信息流的快速发展，也造福了各行各业的转型和创新。相较于传统银行的发展现状，国内首家民营银行和互联网银行——微众银行的成立，开创了金融服务行业在互联网领域发展的先河。

微众银行是由腾讯公司及百业源、立业集团等知名民营企业发起设立，总部位于广东省深圳市，2014 年 12 月经监管机构批准开业，是国内首家民营银行和互联网银行。建立之初，微众银行就将发展战略确定为"普惠金融为目标、个存小贷为特色、数据科技为抓手、同业合作为依托"。因此，微众银行选择普惠金融作为首要目标，响应国家号召、落实监管要求。2019 年 6 月 11 日，微众银行入选"2019 福布斯中国最具创新力企业榜"。2020 年 1 月 9 日，胡润研究院发布《2019 胡润中国 500 强民营企业》，微众银行以市值 1 500 亿元位列第 36 位。

2020 年 6 月 18 日，2020 中国金融科技国际峰会（YHBH2020）在上海隆重召开，在这次会议上，政府与监管机构、银行、保险公司、互联网金融、AI、大数据分析、风险投资等企业的代表们济济一堂，共同深入探讨了最能引领全球和中国金融科技发展前沿和未来的系列话题。

2019 年，是金融科技深入发展的一年，中国人民银行在《金融科技（FinTech）发展规划（2019—2021 年）》中提出，进一步增强金融业科技应用能力，实现金融与科技深度融合、协调发展，推动我国金融科技发展居于国际领先水平。

微众银行人工智能部副总经理郑文琛作为此次峰会的开场演讲嘉宾，以《互联网银行的 AI 在线营销》为题分享了微众银行作为国内首家互联网银行，其 AI 在线营销和传统线上营销有何不同。

### 互联网银行中的 AI 在线营销

以小微企业金融为例:互联网银行没有线下网点,怎么找到目标客户呢?微众银行智能营销解决方案利用联邦学习等隐私保护技术,联合多方数据进行用户画像,特征行为等数据建模,从而筛选出可能感兴趣的用户进行广告投放。用户在看到广告后可通过手机上传联系方式和企业信息,经过线上评估流程,最终成功提款。整个过程:线上广告、线上申请、线上授信、线上提款只用短短几分钟(见图11-1)。

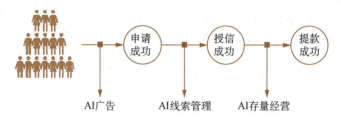

图 11-1  互联网银行的 AI 在线营销环节

#### "RTA+联邦广告"技术:兼顾数据安全与广告投放效率

AI 在线营销的第一步是 AI 广告,金融行业产品有转化链条长、对数据安全与隐私保护要求高等特性,相比传统线上广告投放,面临更大挑战。

传统的线上广告流程分为三步:用户看到广告内容(曝光);用户感兴趣打开页面(点击);用户在页面进行操作(如填写资料,注册或购买等,称为转化)。而对于银行等金融场景,三步变为六步:"1 曝光—2 点击—3 留个人资料—4 提交企业资料—5 核定额度—6 发放款项"。在此长链路下,每一步都会流失部分用户,广告投放效果大打折扣。

如果能获得后端转化的用户画像回传到广告平台,进行筛选,就可以过滤点击广告后也不会发生转化的用户,但基于数据隐私保护要求,用户的数据不能提供给广告平台。在此情况下,微众银行智能营销解决方案中的"RTA+联邦广告"技术凸显出它巨大的价值。联邦广告可以在不上传后端实际转化数据,只上传加密参数的情况下,训练 AI 模型,此外还可安全合规引入第三方数据能力,优化模型效果。再通过 RTA(real time API)技术,广告平台投放之前通过 API 询问广告主是否对该用户投放,这种模式平衡了数据安全和投放效率,达到安全高效。

作为国内首家互联网银行,微众银行的智能营销解决方案,聚焦金融行业,覆盖从拉新、留、用户营收的整个营销链路。包含了专注效果与安全的全媒体智能广告平台;实现存量客户经营、客户旅程分析、沉睡客户唤醒等功能的客户运营平台;安全引入三方数据,无需上传后台数据的智能推荐平台。三大平台打通 AI 在线营销通路,为企业带来在线营销价值最大化。

资料来源:微众银行,打造独具特色的互联网银行智能营销解决方案,2020-06-24,https://baijiahao.

baidu.com/s?id=16703524893993700050&wfr=spider&for=pc。

**【思考题】**

作为"互联网金融元年"的"第一枪",微众银行的成立可以视为互联网金融迈向"正规军"的标志性事件,也是互联网金融业务探索的重要一步。结合此案例,思考面对个人消费者和小微企业的需求,未来的营销创新可以在哪些方面展开?

# 参 考 文 献

1. 菲利普·科特勒、凯文·莱恩·凯勒,《营销管理(第15版)》,格致出版社、上海人民出版社,2017年。
2. 加里·阿姆斯特朗、菲利普·科特勒、王永贵,《市场营销学(全球版第12版.中国版)》,中国人民大学出版社,2017年。
3. 迈克尔·R.所罗门、格雷格·W.马歇尔、埃尔诺·W.斯图尔特,《市场营销学:真实的人,真实的选择(第7版)》,电子工业出版社,2013年。
4. 菲利普·科特勒、加里·阿姆斯特朗,《市场营销学原理(亚洲版第3版)》,机械工业出版社,2013年。
5. 于洁,《市场营销学:原理与实践》,复旦大学出版社,2016年。
6. 格雷格·W.马歇尔、马克·W.约翰斯顿,《营销管理精要》,北京大学出版社,2014年10月。
7. 戴维·乔布尔、约翰·费伊,《市场营销学(第3版)》,东北财经大学出版社,2013年。
8. 小威廉·D.佩罗、约瑟夫·P.坎农、E.杰罗姆·麦卡锡,《市场营销学基础(第18版)》,中国人民大学出版社,2012年。
9. 魏文静、曾瑾,《市场营销学》,上海财经大学出版社,2012年。
10. 许棣、欧捷,《金融营销实务》,中国人民大学出版社,2018年。
11. 陆剑清、黄溥君笑,《金融营销学精讲(第3版)》,东北财经大学出版社,2017年。
12. 赵占波,《金融营销学(第2版)》,北京大学出版社,2018年。
13. 安贺新、张宏彦,《金融营销》,清华大学出版社,2016年。
14. 陆剑清,《金融营销学(第2版)》,清华大学出版社,2016年。
15. 张晨琰,《金融营销基础》,经济管理出版社,2018年。
16. 杨米沙,《金融营销(第3版)》,中国人民大学出版社,2018年。
17. 梁昭,《金融产品营销与管理(第3版)》,中国人民大学出版社,2019年。
18. 安贺新、张宏彦,《金融服务营销》,清华大学出版社,2017年。
19. 韩宗英,《金融服务营销(第2版)》,化学工业出版社,2019年。

图书在版编目(CIP)数据

金融营销学:原理与实践/牛淑珍,王峥,于洁主编. —上海:复旦大学出版社,2021.1
(2024.1重印)
(复旦卓越.金融学系列)
ISBN 978-7-309-15405-4

Ⅰ.①金… Ⅱ.①牛…②王…③于… Ⅲ.①金融市场-市场营销学-高等学校-教材 Ⅳ.①F830.9

中国版本图书馆 CIP 数据核字(2020)第 271117 号

**金融营销学:原理与实践**
牛淑珍　王　峥　于　洁　主编
责任编辑/姜作达

复旦大学出版社有限公司出版发行
上海市国权路 579 号　邮编:200433
网址:fupnet@fudanpress.com　http://www.fudanpress.com
门市零售:86-21-65102580　　团体订购:86-21-65104505
出版部电话:86-21-65642845
上海四维数字图文有限公司

开本 787 毫米×1092 毫米　1/16　印张 17.5　字数 404 千字
2024 年 1 月第 1 版第 3 次印刷

ISBN 978-7-309-15405-4/F·2757
定价:52.00 元

如有印装质量问题,请向复旦大学出版社有限公司出版部调换。
版权所有　　侵权必究